“十三五”国家重点出版物出版规划项目

·经／济／科／学／译／丛·

Student Solutions Manual of Basic Econometrics, 5e

《计量经济学基础》(第五版) 学生习题解答手册

达摩达尔·N·古扎拉蒂（Damodar N. Gujarati）
唐·C·波特（Dawn C. Porter） 编

林少宫 校

费剑平 王俊杰 译

中国人民大学出版社

·北京·

《经济科学译丛》编辑委员会

《经济科学译丛》总序

中国是一个文明古国，有着几千年的辉煌历史。近百年来，中国由盛而衰，一度成为世界上最贫穷、落后的国家之一。1949 年中国共产党领导的革命，把中国从饥饿、贫困、被欺侮、被奴役的境地中解放出来。1978 年以来的改革开放，使中国真正走上了通向繁荣富强的道路。

中国改革开放的目标是建立一个有效的社会主义市场经济体制，加速发展经济，提高人民生活水平。但是，要完成这一历史使命绝非易事，我们不仅需要从自己的实践中总结教训，也要从别人的实践中获取经验，还要用理论来指导我们的改革。市场经济虽然对我们这个共和国来说是全新的，但市场经济的运行在发达国家已有几百年的历史，市场经济的理论亦在不断发展完善，并形成了一个现代经济学理论体系。虽然许多经济学名著出自西方学者之手，研究的是西方国家的经济问题，但他们归纳出来的许多经济学理论反映的是人类社会的普遍行为，这些理论是全人类的共同财富。要想迅速稳定地改革和发展我国的经济，我们必须学习和借鉴世界各国包括西方国家在内的先进经济学的理论与知识。

本着这一目的，我们组织翻译了这套经济学教科书系列。这套译丛的特点是：第一，全面系统。除了经济学、宏观经济学、微观经济学等基本原理之外，这套译丛还包括了产业组织理论、国际经济学、发展经济学、货币金融学、公共财政、劳动经济学、计量经济学等重要领域。第二，简明通俗。与经济学的经典名著不同，这套丛书都是国外大学通用的经济学教科书，大部分都已发行了几版或十几版。作者尽可能地用简明通俗的语言来阐述深奥的经济学原理，并附有案例与习题，对于初学者来说，更容易理解与掌握。

经济学是一门社会科学，许多基本原理的应用受各种不同的社会、政治或经济体制的影响，许多经济学理论是建立在一定的假设条件上的，假设条件不同，结论也就不一定成立。因此，正确理解掌握经济分析的方法而不是生搬硬套某些不同条件下产生的结论，才是我们学习当代经济学的正确方法。

本套译丛于 1995 年春由中国人民大学出版社发起筹备并成立了由许多经济学专家学者组织的编辑委员会。中国留美经济学会的许多学者参与了原著的推荐工作。中国人民大学出版社向所有原著的出版社购买了翻译版权。北京大学、中国人民大学、复旦大学以及中国社会科学院的许多专家教授参与了翻译工作。前任策划编辑梁晶女士为本套译丛的出版作出了重要贡献，在此表示衷心的感谢。在中国经济体制转轨的历史时期，我们把这套译丛献给读者，希望为中国经济的深入改革与发展作出贡献。

《经济科学译丛》编辑委员会

前　言

本手册为《计量经济学基础》（第五版）中的494个问答题和解答题提供了回答和答案。大多数回答和答案都给得十分详尽。在少数无须详细解答的情况下，我就只给出一些指导。编写本手册是一件费时而又单调的工作。虽然我竭尽全力去检查解答的准确性，但仍难免存在个别数字上的错误或不准确，打印错误更是在所难免。若读者能将这些错误告诉我，以便在本手册重印时予以更正，则不胜感激。

有些问题的答案是定性的，因此可以广泛地进行讨论。在有些时候，求解一个问题或对一个经济现象进行模型化的方法不止一种。我希望各位教师能以自己的习题来补充《〈计量经济学基础〉（第五版）学生习题解答手册》。

欢迎读者提出各种建议和意见，以提高问答题和解答题的质量，以及《〈计量经济学基础〉（第五版）学生习题解答手册》的任意一个方面。也欢迎对《计量经济学基础》（第五版）提出各种评论。

达摩达尔·N·古扎拉蒂
美国西点军校社会科学系

目　录

第 1 章 回归分析的性质

1.1 (a) 这些国家的通货膨胀率（%）如下，它们是从 1981 年开始的年度数据。

年份	美国	加拿大	日本	法国	德国	意大利	英国
1980							
1981	10.32	12.48	4.84	13.28	6.34	19.30	11.97
1982	6.16	10.86	2.94	11.97	5.31	16.31	8.53
1983	3.21	5.80	1.73	9.49	3.30	14.94	4.61
1984	4.32	4.28	2.30	7.67	2.39	10.62	5.01
1985	3.56	4.11	2.06	5.83	2.04	8.61	6.01
1986	1.86	4.13	0.67	2.53	−0.10	6.11	3.42
1987	3.65	4.32	0.00	3.24	0.19	4.59	4.18
1988	4.14	4.05	0.67	2.73	1.33	4.99	4.93
1989	4.82	4.95	2.27	3.46	2.73	6.59	7.72
1990	5.40	4.80	3.15	3.34	2.75	6.12	9.53
1991	4.21	5.61	3.23	3.16	3.65	6.39	5.87
1992	3.01	1.54	1.74	2.41	4.99	5.30	3.70
1993	2.99	1.79	1.28	2.14	4.50	4.25	1.60
1994	2.56	0.20	0.68	1.60	2.74	3.92	2.48

续前表

年份	美国	加拿大	日本	法国	德国	意大利	英国
1995	2.83	2.16	−0.08	1.78	1.83	5.37	3.36
1996	2.95	1.59	0.08	2.02	1.50	3.87	2.46
1997	2.29	1.63	1.84	1.19	1.70	1.75	3.12
1998	1.56	0.96	0.58	0.65	0.94	3.15	3.46
1999	2.21	1.71	−0.33	0.52	0.65	1.66	1.52
2000	3.36	2.74	−0.66	1.68	1.43	2.52	2.99
2001	2.85	2.55	−0.74	1.65	1.97	2.76	1.75
2002	1.58	2.25	−0.92	1.94	1.31	2.52	1.67
2003	2.28	2.78	−0.25	2.08	1.09	2.66	2.90
2004	2.66	1.86	0.00	2.16	1.69	2.19	3.00
2005	3.39	2.15	−0.34	1.70	1.92	1.95	2.83

(b)

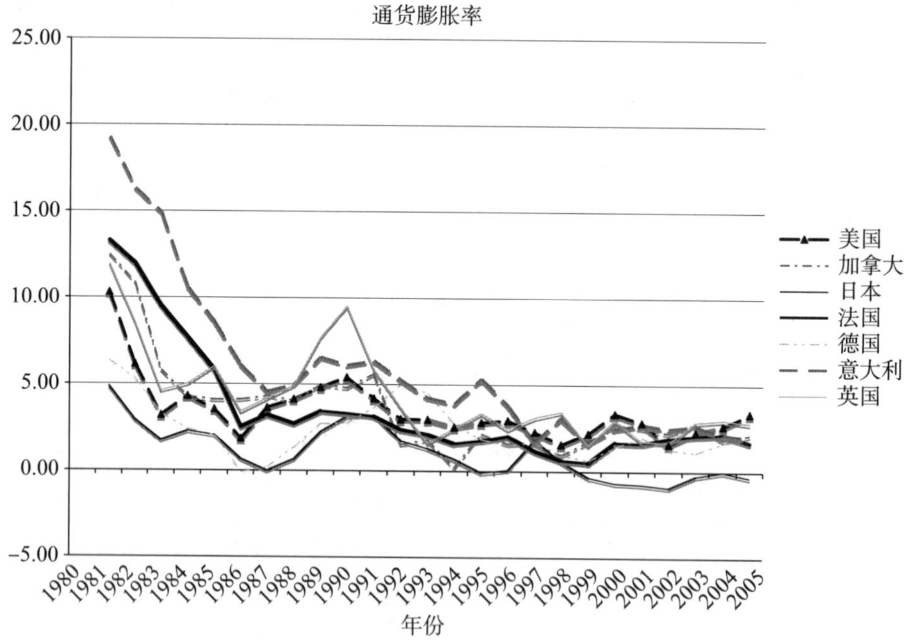

(c) 你从上图中可以看出，每个国家的通货膨胀率总体来说是逐年递减的。

(d) 作为对变动性的一种度量，我们可以使用标准差。美国、加拿大、日本、法国、德国、意大利和英国的标准差分别是 1.81、2.85、1.49、3.40、1.60、4.70 和 2.65。由此可见，变动最大和最小的国家分别是意大利和日本。

1.2 (a) 这六个国家的通货膨胀率相对于美国的通货膨胀率的散点图如下：

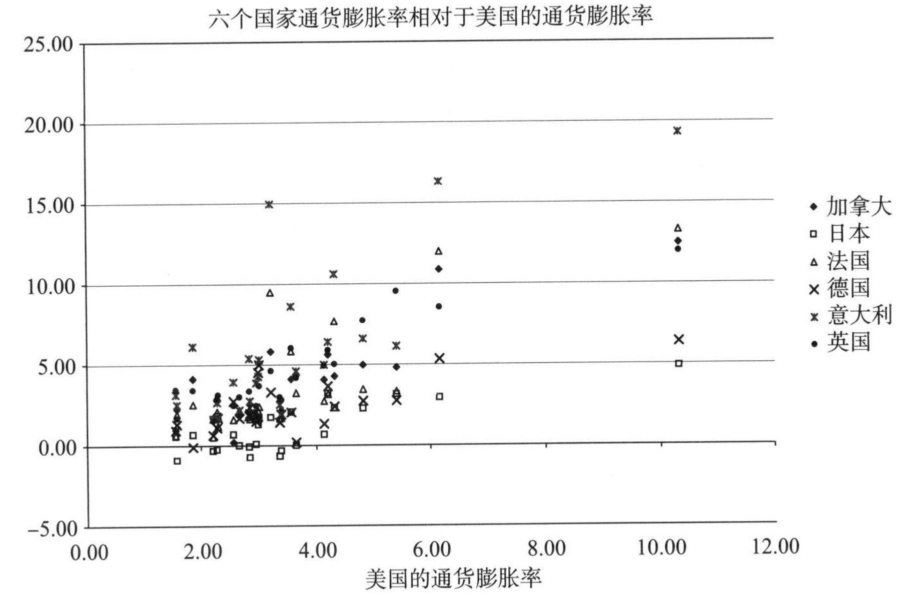

(b) 如上图所示，这六个国家的通货膨胀率与美国的通货膨胀率正相关。

(c) 记住，相关并不意味着因果关系。为了弄清楚美国与其他国家的通货膨胀率之间是否存在因果联系，你还必须查阅国际经济学方面的书。

1.3 (a) 为了使视觉效果更好，我们把汇率的对数作为纵轴并把时间作为横轴进行描点。如你所见，汇率的波动性很大。比如，在 1985 年，1 美元只能兑换 0.257 比索，但到了 2004 年，它能兑换约 11.29 比索。

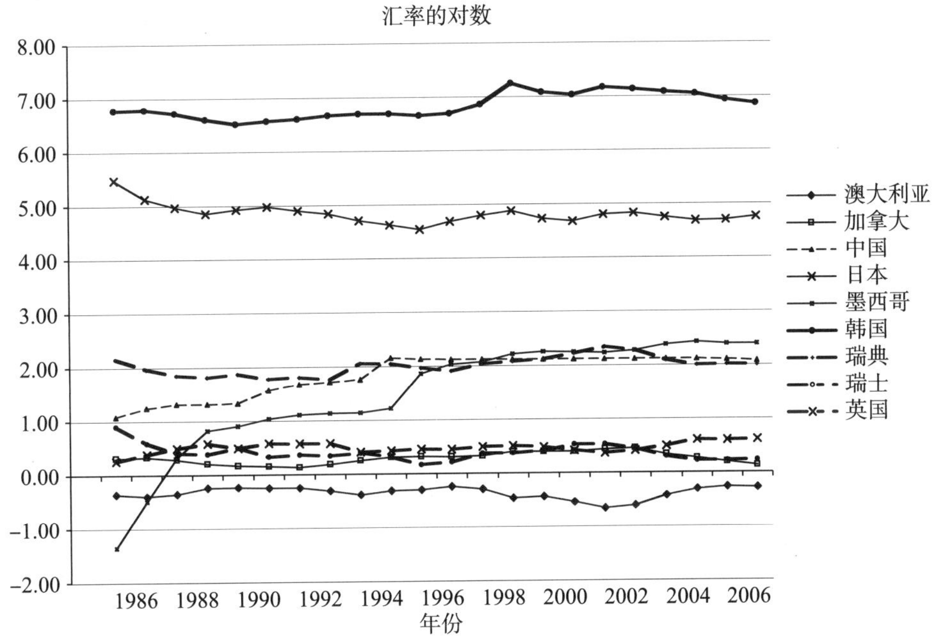

(b) 同样，图中既有升值又有贬值。比如，在 1985—2006 年间，美元以相对高

的速度对比索升值，但是对于大多数其他货币，这种关系更缓慢而稳定。

1.4 M1 货币供给图如下图所示。随着 GDP 的增加，自然而然就需要更多的货币为增加的产出提供资金支持。

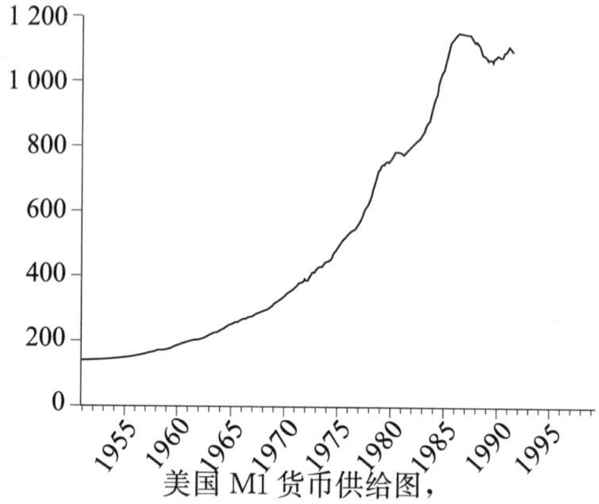

美国 M1 货币供给图，
1951 年 1 月—1999 年 9 月

1.5 有关变量包括：(1) 犯罪活动的工资或收入，(2) 非犯罪活动的小时工资或收入，(3) 犯罪被抓住的概率，(4) 抓住后被定罪的概率，(5) 定罪后预期的判决。注意，取得非法活动的收入数据并不容易。总之，可参见教材中所引贝克尔 (Becker) 的文章。

1.6 分析中的一个关键因素是 65～69 岁年龄组中那些人的劳动参与率。劳工部搜集了劳动参与率方面的数据。在新法律实施以后，如果我们发现这些“高龄”公民的劳动参与率提高了，那就明显表明，原有的法律人为地限制了他们对劳动市场的参与。弄清楚这些工人找到哪些类型的工作以及他们的收入状况也会很有意思。

1.7 (a)、(b)和(c)如下图所示，这两个变量之间看来存在正相关关系，尽管还不是很强。这可能表明做广告是值得的；否则，对广告产业而言将是一个坏消息。

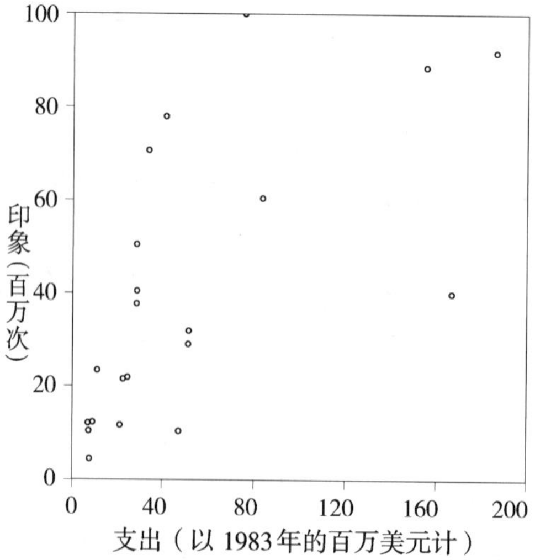

第 2 章 双变量回归分析：一些基本思想

问 答 题

2.1 它告诉我们 Y 的子总体的均值（mean）或平均值（average）会如何随着一个或多个解释变量的固定值的变化而变化。

2.2 样本回归函数与总体回归函数的区别很重要，因为前者是后者的一个估计量。在多数情况下，我们所观测的只是给定总体的一个样本，并试图从给定的样本对总体作出某种推断。

2.3 一个回归模型永远也不可能对现实作出完全准确的描述。因此，回归子的实际值与从所选择的模型中估计出来的值之间必定不同。二者之差就简单地归纳为随机误差项，教材中对其各种形式都有讨论。残差是指样本的随机误差项。

2.4 尽管我们完全可以使用均值、标准差和其他摘要度量来描述回归子的行为，但我们通常对找到影响回归子的因素很感兴趣。如果我们找到了这种影响因素，就能更好地预测回归子的均值。此外必须记住，计量模型常常是为了检验某个或某些经济理论而提出来的。

2.5 线性于其参数的模型；它可能是也可能不是线性于变量的。

2.6 模型 a、b、c 和 e 都是线性（于参数的）回归模型。如果我们令 $\alpha=\ln\beta_1$，则模型 d 也是线性的。

2.7 (a) 通过取自然对数，我们发现 $\ln Y_i=\beta_1+\beta_2 X_i+u_i$，便成为一个线性回归模型。

(b) 如下被称为 logit 变换的变换使模型变成一个线性回归模型：

$$\ln[(1-Y_i)/Y_i]=\beta_1+\beta_2 X_i+u_i$$

(c) 线性回归模型。

(d) 非线性回归模型。

(e) 因为 β_2 的幂指数是 3，所以不是线性回归模型。

2.8 从本质上讲，一个可以转换成线性于参数的模型就是一个线性回归模型，比如上题中的模型 a。如果上一题模型 d 中的 $\beta_2=0.8$，那它便成为一个线性回归模型，因为 $e^{-0.8(X_i-2)}$很容易就能计算出来。

2.9 (a) 把模型变换成 $(1/Y_i)=\beta_1+\beta_2 X_i$，便成为一个线性回归模型。

(b) 把模型变换成 $(X_i/Y_i)=\beta_1+\beta_2 X_i$，便成为一个线性回归模型。

(c) 把模型变换成 $\ln[(1-Y_i)/Y_i]=-\beta_1-\beta_2 X_i$，便成为一个线性回归模型。

注意：因此，原来的模型本质上都是线性模型。

2.10 这个散点图表明，一个国家的出口倾向越强，其真实工资的增长率就越快。这正是许多发展中国家采用出口导向型增长政策的原因。图中的回归线是基于 50 个发展中国家的样本而得到的，因此是一条样本回归线。

2.11 根据著名的赫克歇尔-俄林（Heckscher-Ohlin）贸易模型，每个国家都倾向于出口那些在生产过程中较密集地使用本国相对丰裕要素的产品。换言之，这个模型强调了要素禀赋与比较优势之间的关系。

2.12 该图表明，最低工资越高，人均 GNP 就越低，进而意味着最低工资法对发展中国家并非好事。但这个观点是有争议的，最低工资的影响可能取决于它们对就业的影响、实施最低工资法的产业的性质和政府的实施力度。

2.13 由于这个回归线是基于 15 年的观测样本而得到的，因此它是一条样本回归线。回归线附近的散点是实际数据点。实际消费支出与从回归线得到的估计值之差代表了（样本）残差。除 GDP 外，诸如财富、利率等因素也可能影响消费支出。

实证分析题

2.14 (a) 散点图如下所示：

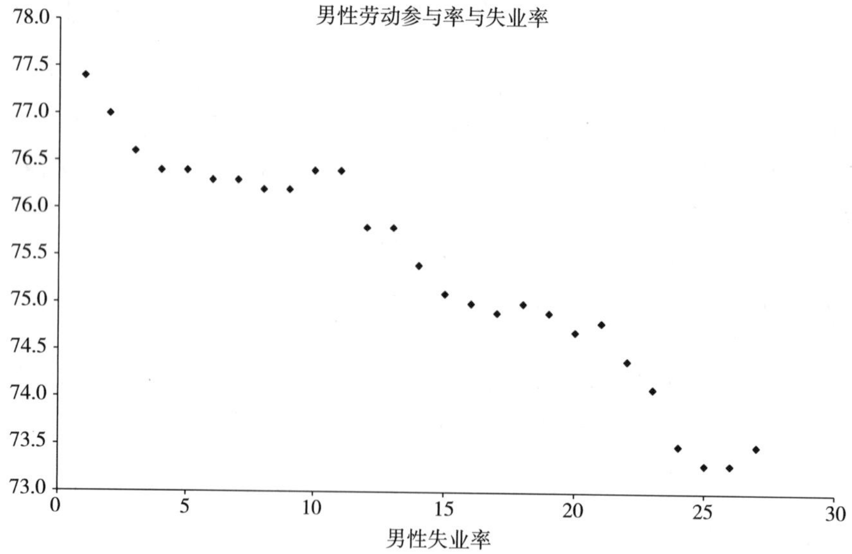

这两个变量之间的负相关关系看起来相当合理。随着失业率上升，劳动参与率下降了，尽管图中有几个小的波峰和波谷。

（b）散点图如下所示：

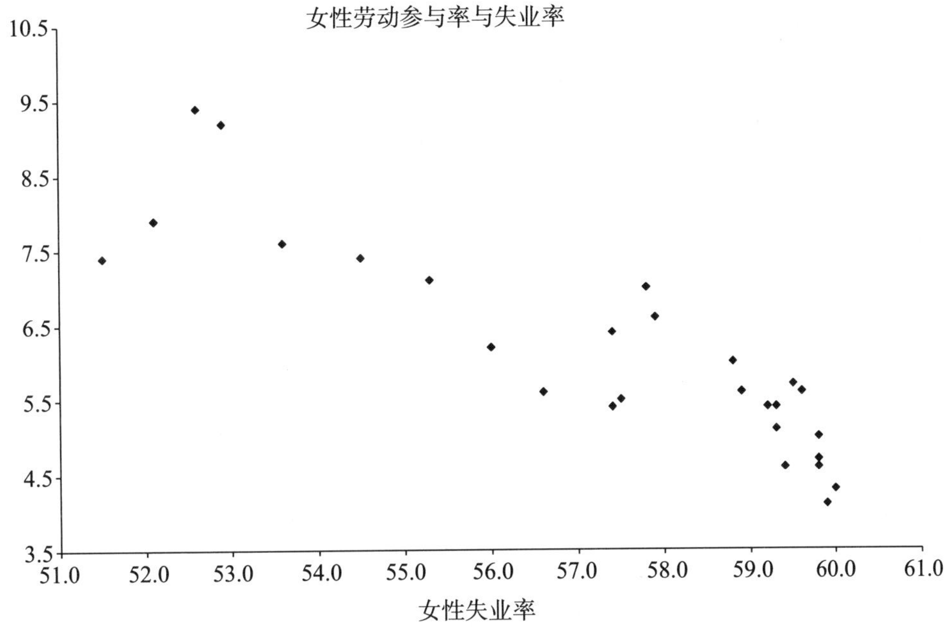

这里劳动经济学中的**减工假说**（discouraged worker hypothesis）看来起了作用：失业挫伤了妇女就业的积极性，因为她们担心没有工作机会。

（c）男性和女性劳动参与率相对 AH82 的描点图如下：

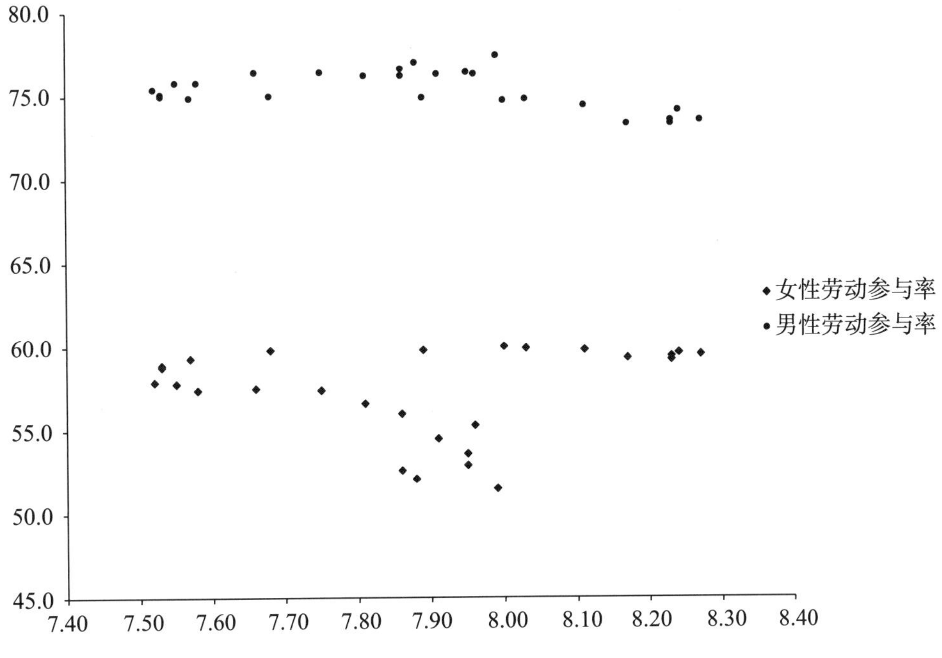

这两个变量之间的关系对于男性和女性而言相似，尽管男性劳动参与率总是显著高于女性。而且，女性参与率的变化大得多。为了说明这一点，且看男性平均参与率是 75.4%，而女性只有 57.3%；对于变化率，男性参与率的标准差只有 1.17%，但是女性的标准差是 2.73%，是男性的 2 倍多。请注意我们在这里做的只是简单的二元回归。当进行多元回归分析时，我们可能得到一些不同的结论。

2.15 (a) 散点图和回归线如下图所示：

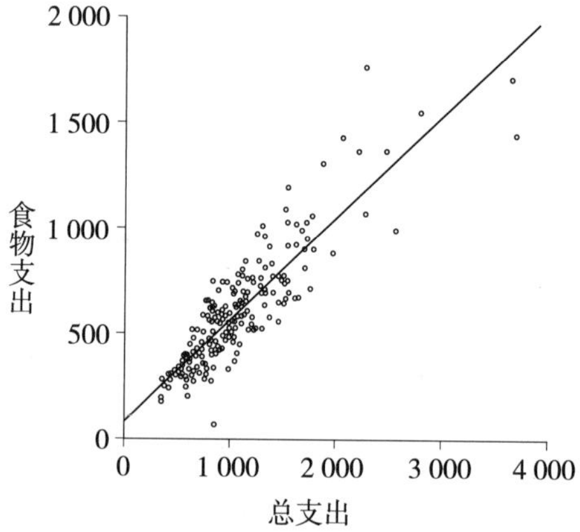

(b) 随着总支出的增加，食物支出总体上也在增加。当总支出水平超过 2 000 卢比之后，二者的差异更大。

(c) 我们不会认为食物支出会永远线性地（即以直线形式）增加下去。一旦基本需要得到满足，随着收入的增加，人们在食物上的支出将相对减少。即收入水平越高，消费者能自由支配的收入也越多。(a) 中的散点图给出了这方面的某些证据：当收入水平超过2 000卢比后，食物支出的波动性更大。

2.16 (a) 男生和女生阅读成绩的散点图如下：

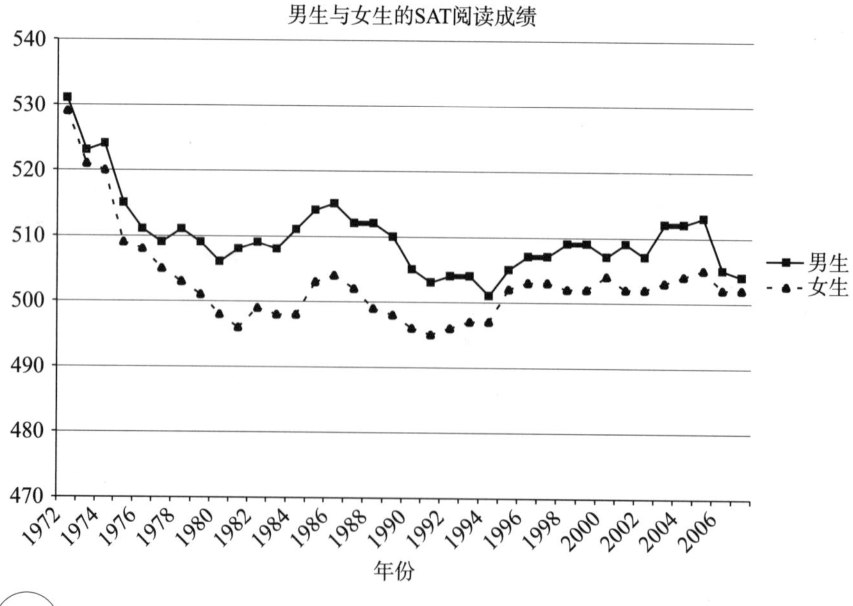

男生和女生数学成绩的相应描点图如下：

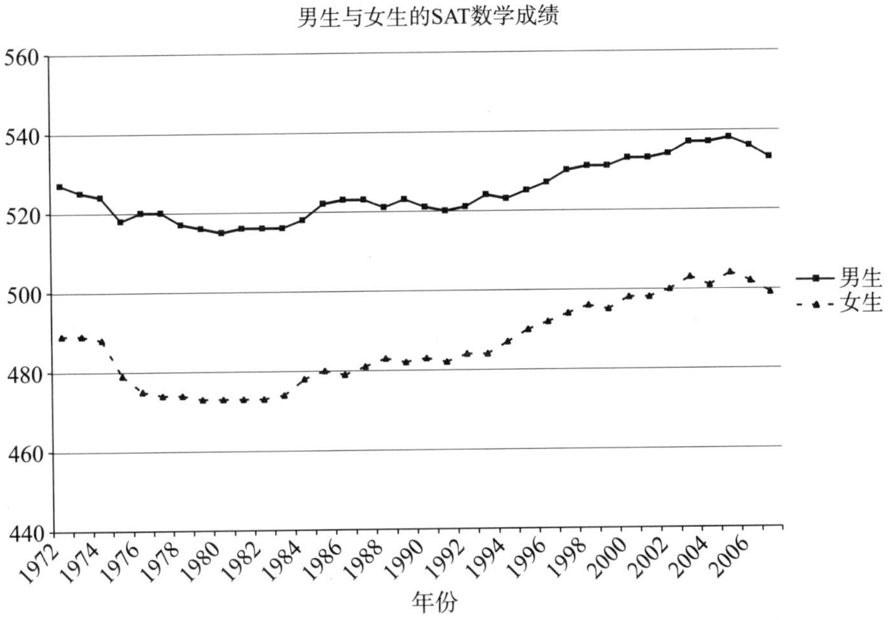

(b) 男生和女生的阅读成绩呈略微的逐年下降的趋势，尽管在 20 世纪 90 年代中期呈现出稳定状态。然而，数学分数呈现出略微的上升趋势，特别是从 20 世纪 90 年代初开始。在两幅图中，男生的分数都普遍高于女生的分数，当然不同年份的差异有所不同。

(c) 我们可以针对不同性别将数学成绩对阅读成绩进行回归而得到一个简单的回归模型。

(d) 描点图如下：

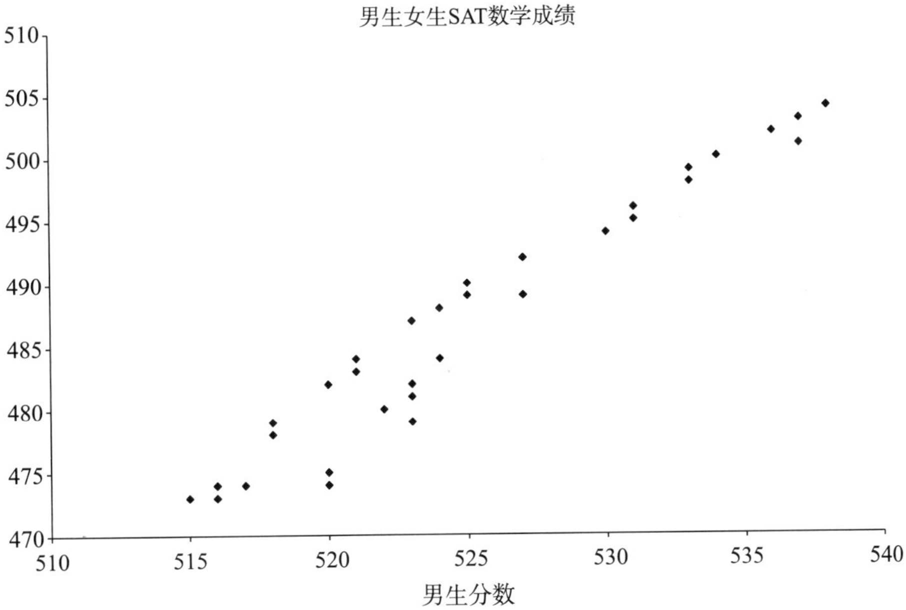

如图所示，两个性别呈同向变化，尽管男生的分数总是高于女生。

2.17 (a) 男生和女生阅读成绩的散点图如下：

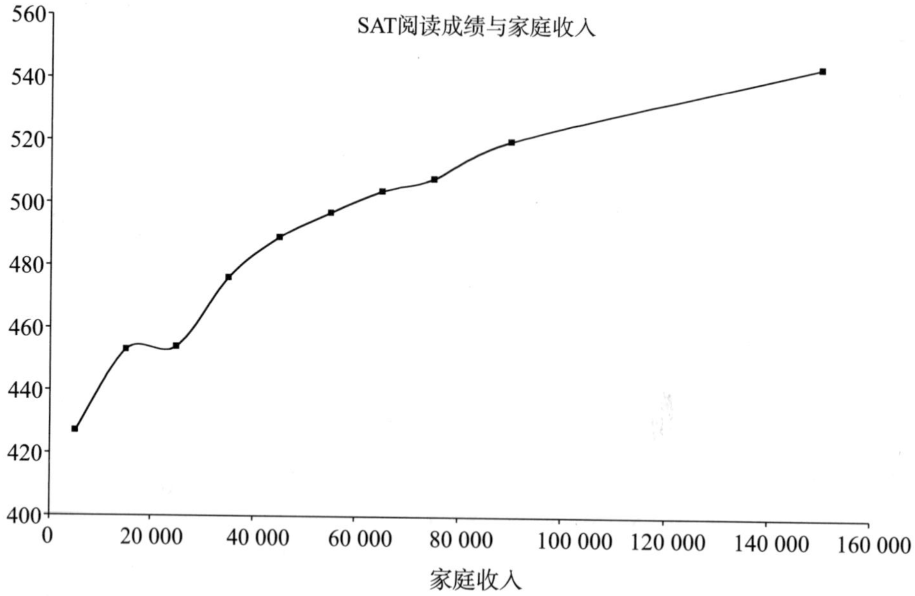

这个结果与教材中图 2—7 有些类似。平均阅读成绩呈现出随着家庭收入的增加而增加。

(b)

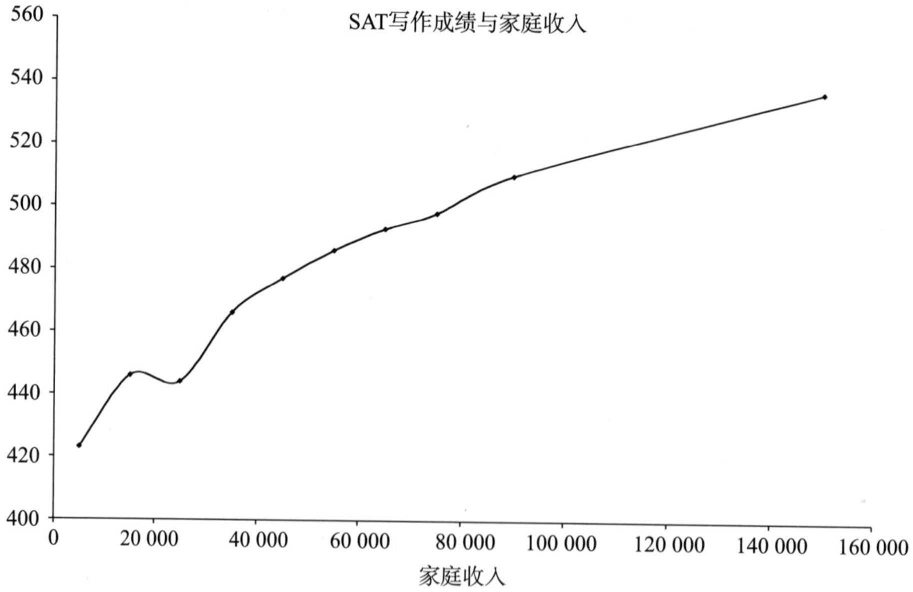

这幅图与之前的一些图几乎完全一样，特别是阅读成绩那幅图。

(c) 很明显，平均家庭收入与 SAT 分数之间呈现出一种正相关关系。

第 3 章 双变量回归模型：估计问题

3.1 (1) $Y_i=\beta_1+\beta_2X_i+u_i$，因此

$$\begin{aligned}E(Y_i|X_i)&=E[(\beta_1+\beta_2X_i+u_i)|X_i]\\&=\beta_1+\beta_2X_i+E(u_i|X_i) && \text{因为 }\beta\text{ 为常数而 }X\text{ 是非随机的}\\&=\beta_1+\beta_2X_i && \text{因为根据假定，}E(u_i|X_i)=0\end{aligned}$$

(2) 假定对所有的 i，j（$i\neq j$）都有 $\mathrm{cov}(u_iu_j)=0$，于是

$$\begin{aligned}\mathrm{cov}(Y_iY_j)&=E\{[Y_i-E(Y_i)][Y_j-E(Y_j)]\}\\&=E(u_iu_j) && \text{利用(1)中的结论}\\&=E(u_i)E(u_j) && \text{根据假定，误差项不相关}\\&=0 && \text{根据假定，每个 }u_i\text{ 的均值都为 }0\end{aligned}$$

(3) 给定 $\mathrm{var}(u_i \mid X_i)=\sigma^2$，于是根据假定有

$$\mathrm{var}(Y_i|X_i)=E[Y_i-E(Y_i)]^2=E(u_i^2)=\mathrm{var}(u_i|X_i)=\sigma^2$$

3.2

	Y_i	X_i	y_i	x_i	x_iy_i	x_i^2
	4	1	−3	−3	9	9
	5	4	−2	0	0	0
	7	5	0	1	0	1
	12	6	5	2	10	4
$\sum$	28	16	0	0	19	14

注意：其中 $\bar{Y}=7$，$\bar{X}=4$，因此 $\hat{\beta}_2=\dfrac{\sum x_i y_i}{\sum x_i^2}=\dfrac{19}{14}=1.357$；$\hat{\beta}_1=\bar{Y}-\hat{\beta}_2\bar{X}=1.572$。

3.3 PRF 是：$Y_i=\beta_1+\beta_2 X_i+u_i$。

情形 1：$\beta_1=0$，$\beta_2=1$ 且 $E(u_i)=0$，从而 $E(Y_i \mid X_i)=X_i$；

情形 2：$\beta_1=1$，$\beta_2=0$ 且 $E(u_i)=X_i-1$，从而 $E(Y_i \mid X_i)=X_i$；与情形 1 相同。

因此，上述分析表明，尽管在两种情形中假定的参数值完全不同，但如果没有 $E(u_i)=0$ 这个假定，我们所得到的 Y 的条件分布可能是一样的，因此就无法估计参数。

3.4 施加第一个约束我们得到 $\sum \hat{u}_i=\sum(Y_i-\hat{\beta}_1-\hat{\beta}_2 X_i)=0$，简化后即得到教材中第一个正态方程。施加第二个约束我们得到 $\sum \hat{u}_i X_i=\sum[(Y_i-\hat{\beta}_1-\hat{\beta}_2 X_i)X_i]=0$，简化后即得到教材中第二个正态方程。第一个约束与假定 $E(u_i|X_i)=0$ 相对应；第二个约束所对应的假定是，总体误差项与解释变量 X_i 无关，即 $\mathrm{cov}(u_i X_i)=0$。

3.5 利用柯西-施瓦茨不等式可知 $\dfrac{E(XY)^2}{E(X)^2E(Y)^2}\leqslant 1$，类似地，也有 $r^2=\dfrac{\sum(x_i y_i)^2}{\sum x_i^2\sum y_i^2}\leqslant 1$。

总体相关系数的平方 ρ^2 也具有这个性质。

3.6 注意 $\beta_{yx}=\dfrac{\sum x_i y_i}{\sum x_i^2}$ 和 $\beta_{xy}=\dfrac{\sum x_i y_i}{\sum y_i^2}$，二者相乘便得到平方样本相关系数 r^2 的表达式。

3.7 尽管 $\hat{\beta}_{yx}\hat{\beta}_{xy}=1$，但仍然要研究究竟是 Y 对 X 回归抑或是 X 对 Y 回归的问题（为了澄清理论或因果关系），因为它只是说二者之积等于 1，这并不等于说 $\hat{\beta}_{yx}=\hat{\beta}_{xy}$。

3.8 这两个（排序）变量的均值是 $\bar{Y}=\bar{X}=\dfrac{n+1}{2}$，两个排序之间的相关系数为

$$r=\frac{\sum x_i y_i}{\sqrt{\sum x_i^2\sum y_i^2}} \tag{1}$$

其中，小写字母和通常一样表示相对于均值的离差。既然这种排序都是前 n 个自然数的排列，所以

$$\sum x_i^2=\sum X_i^2-\frac{(\sum X_i)^2}{n}=\frac{n(n+1)(2n+1)}{6}-\frac{n(n+1)^2}{4}=\frac{n(n^2-1)}{12}$$

类似地有

$$\sum y_i^2=\frac{n(n^2-1)}{12}$$

于是 $\sum d^2=\sum(X_i-Y_i)^2=\sum(X_i^2+Y_i^2-2X_iY_i)$

$$= \frac{2n(n+1)(2n+1)}{6} - 2\sum X_i Y_i$$

因此 $$\sum X_i Y_i = \frac{n(n+1)(2n+1)}{6} - \frac{\sum d^2}{2} \qquad (2)$$

由于 $\sum x_i y_i = \sum X_i Y_i - \frac{\sum X_i \sum Y_i}{n}$，利用（2）式便得到

$$\frac{n(n+1)(2n+1)}{3} - \frac{\sum d^2}{2} - \frac{n(n+1)^2}{4} = \frac{n(n^2-1)}{12} - \frac{\sum d^2}{2} \qquad (3)$$

将上述方程代入（1）式便得到答案。

3.9 (a) 因为 $\sum x_i = 0$，所以 $\hat{\beta}_1 = \bar{Y} - \hat{\beta}_2 X_i$ 且 $\hat{\alpha}_1 = \bar{Y} - \hat{\beta}_2 \bar{x} = \bar{Y}$（注意：$x_i = X_i - \bar{X}$）。

$\mathrm{var}(\hat{\beta}_1) = \frac{\sum X_i^2}{n\sum x_i^2}\sigma^2$，$\mathrm{var}(\hat{\alpha}_1) = \frac{\sum x_i^2}{n\sum x_i^2}\sigma^2 = \frac{\sigma^2}{n}$，所以这两个估计量的估计值和方差都不相等。

(b) 因为 $x_i = X_i - \bar{X}$，所以 $\hat{\beta}_2 = \frac{\sum x_i y_i}{\sum x_i^2}$ 且 $\hat{\alpha}_1 = \frac{\sum x_i y_i}{\sum x_i^2}$；很容易验证 $\mathrm{var}(\hat{\beta}_2) = \mathrm{var}(\hat{\alpha}_2) = \frac{\sigma^2}{\sum x_i^2}$，即这两个斜率估计量的估计值和方差都相等。

(c) 尽管有了高速计算机，对较大的数字进行计算已不成问题，但当 X 较大时使用模型Ⅱ仍相对简单一些。

3.10 既然 $\sum x_i = \sum y_i = 0$，即数据相对其均值的离差之和恒等于0，所以总有 $\bar{x} = \bar{y} = 0$。因此，$\hat{\beta}_1 = \bar{y} - \hat{\beta}_2 \bar{x} = 0$。这里的观点是，如果 Y 和 X 都用其相对均值的离差来表示，回归线将经过原点。由于这两个变量的均值都是0，所以 $\hat{\beta}_2 = \frac{\sum (x_i - \bar{x})(y_i - \bar{y})}{\sum (x_i - \bar{x})^2} = \frac{\sum x_i y_i}{\sum x_i^2}$，此即方程（3.1.6）。

3.11 令 $Z_i = aX_i + b$ 和 $W_i = cY_i + d$，以离差的形式表示即 $z_i = ax_i$ 和 $w_i = cy_i$。根据定义有：

$$r_2 = \frac{\sum z_i w_i}{\sqrt{\sum z_i^2 \sum w_i^2}} = \frac{ac\sum x_i y_i}{ac\sqrt{\sum x_i^2 \sum y_i^2}} = \text{方程(3.5.13)中的 } r_1$$

3.12 (a) 对。令上一题中的 $a = c = -1$ 并令 $b = d = 0$ 即可。

(b) 错。同样从上一题可知应该为负。

(c) 对。由于 $r_{xy} = r_{yx} > 0$，S_x 和 S_y（分别表示 X 和 Y 的标准差）都为正，而且 $r_{yx} = \beta_{yx}(S_x/S_y)$，$r_{xy} = \beta_{xy}(S_y/S_x)$，所以 β_{xy} 和 β_{yx} 一定都为正。

3.13 令 $Z = X_1 + X_2$，$W = X_2 + X_3$，以离差的形式表示即 $z = x_1 + x_2$，$w = x_2 + x_3$。根据 Z 和 W 之间相关系数的定义和 X 彼此不相关的假定有（为方便起见，我们省略掉观测顺序的下标）：

$$r_{zw}=\frac{\sum z_i w_i}{\sqrt{\sum z_i^2 \sum w_i^2}}=\frac{\sum (x_1+x_2)(x_2+x_3)}{\sqrt{\sum (x_1+x_2)^2 \sum (x_2+x_3)^2}}$$

$$=\frac{\sum x_2^2}{\sqrt{(\sum x_1^2+\sum x_2^2)(\sum x_2^2+\sum x_3^2)}}$$

既然 X 具有相同的方差 σ^2，所以 $r_{zw}=\frac{\sigma^2}{\sqrt{(2\sigma^2+2\sigma^2)}}=\frac{1}{2}$。尽管 X 彼此不相关，但其两两之和却可能相关，因此这个相关系数不等于 0。如上所述，$\sum zw=\sigma^2$ 意味着 z 和 w 之间的协方差是一个常数而不是 0。

3.14 Y 的残差和拟合值将不会改变。令 $Y_i=\beta_1+\beta_2 X_i+u_i$，$Y_i=\alpha_1+\alpha_2 Z_i+u_i$，其中 $Z=2X$。使用离差形式，我们知道

$$\hat{\beta}_2=\frac{\sum xy}{\sum x^2} \qquad \text{省略了观测顺序的下标}$$

$$\hat{\alpha}_2=\frac{\sum z_i y_i}{\sum z_i^2}=\frac{2\sum x_i y_i}{4\sum x_i^2}=\frac{1}{2}\hat{\beta}_2$$

$$\hat{\beta}_1=\bar{Y}-\hat{\beta}_2\bar{X},\ \hat{\alpha}_1=\bar{Y}-\hat{\alpha}_2\bar{Z}=\hat{\beta}_1 \qquad \text{注意:}\bar{Z}=2\bar{X}$$

即截距项未受影响。因此，即便 X_i 变量都乘以 2，但 Y 的拟合值和残差却保持不变。如果将每个 X_i 都加上一个常数，分析与此类似。

3.15 由于 $\sum \hat{y}_i\hat{u}_i=0$，根据方程（3.5.6）和相关系数的定义有

$$r_{y\hat{y}}^2=\frac{(\sum y_i\hat{y}_i)^2}{(\sum y_i^2)(\sum \hat{y}_i^2)}=\frac{[\sum (\hat{y}_i+\hat{u}_i)(\hat{y}_i)]^2}{(\sum y_i^2)(\sum \hat{y}_i^2)}$$

因为 $\sum \hat{y}_i\hat{u}_i=0$

$$=\frac{\sum (\hat{\beta}_2 x_i)^2}{\sum y^2}=\frac{\hat{\beta}_2^2\sum x_i^2}{\sum y_i^2}=r^2 \qquad \text{利用方程(3.5.6)}$$

3.16 (a) 错。协方差可取任意值；它取决于度量单位。而相关系数则没有度量单位，它是一个纯数字。

(b) 错。见图 3.11（h）。记住，相关系数是对两个变量之间线性关系的一种度量，因此，如图 3.11（h）所示，Y 和 X 之间存在完美的函数关系，但这种关系不是线性的。

(c) 对。以离差的形式有 $y_i=\hat{y}_i+\hat{u}_i$，因此如果将 y_i 对 $\hat{y}_i$ 回归，显然斜率系数将为 1 而截距为 0。规范的证明如下：如果我们将 y_i 对 $\hat{y}_i$ 回归，因为在双变量模型中有 $\hat{y}_i=\hat{\beta}x_i$ 和 $\sum x_i y_i=\hat{\beta}\sum x_i^2$，所以我们可以得到斜率系数 $\hat{\alpha}=\frac{\sum y_i\hat{y}_i}{\sum \hat{y}^2}=\frac{\hat{\beta}\sum x_i y_i}{\hat{\beta}^2\sum x_i^2}=\frac{\hat{\beta}^2}{\hat{\beta}^2}=1$，而这个回归中的截距项为 0。

3.17 把样本回归函数写成 $Y_i=\hat{\beta}_1+\hat{u}_i$，根据最小二乘原理，我们想最小化 $\sum\hat{u}_i^2=\sum(Y_i-\hat{\beta}_1)^2$。将这个方程对其中唯一未知的参数求导并令导数等于0，即得到

$$\frac{\mathrm{d}(\hat{u}_i^2)}{\mathrm{d}\hat{\beta}_1}=2\sum(Y_i-\hat{\beta}_1)(-1)=0$$

化简即得到 $\hat{\beta}_i=\bar{Y}$，即等于样本均值。而且我们知道样本均方差为 σ_y^2/n，其中，n 为样本容量；σ^2 为 Y 的方差。RSS 为 $\sum(Y_i-\bar{Y})^2=\sum y_i^2$，而 $\hat{\sigma}^2=\frac{\text{RSS}}{n-1}=\frac{\sum y_i^2}{n-1}$。如果向模型中添加 X 变量能显著地减小 $\hat{\sigma}^2$ 才值得这么做；而只要 X 对 Y 确有影响，那么引入 X 就会使 $\hat{\sigma}^2$ 显著减小。简而言之，在回归模型中，我们总是希望解释变量能比均值更好地预测 Y。其实，我们可以规范地考虑这个问题。记得在我们从方程（3.5.2）中得到的双变量模型中

$$\text{RSS}=\text{TSS}-\text{ESS}=\sum y_i^2-\sum\hat{y}_i^2=\sum y_i^2-\hat{\beta}_2^2\sum x_i^2$$

因此，如果 $\hat{\beta}_2\neq0$，至少包含一个回归元的模型与不包含任何回归元的模型相比，其RSS要小一些。当然，如果模型中包含更多的回归元，且其斜率系数都不等于0，RSS会更小。

实证分析题

3.18 取两个排名的差分并将差分加以平方得到

d	-2	1	-1	3	0	-1	-1	-2	1	2	
d^2	4	1	1	9	0	1	1	4	1	4	$\sum d^2=26$

因此，斯皮尔曼的等级相关系数为

$$r_s=1-\frac{6\sum d^2}{n(n^2-1)}=1-\frac{6\times26}{10\times(100-1)}=0.842$$

因此，学生的期中排名与期末排名高度相关，期中排名越高，期末排名也越高。

3.19 (a) 斜率系数值2.250表明，在1985—2005年间，美国与加拿大CPI的比率每提高一个单位，加元兑美元的汇率平均上升2.250个单位。这就是说，随着美元相对加元更坚挺，用一美元就可以兑换更多的加元。机械地解释，截距-0.912意味着，如果相对价格比率为0，1美元将兑换-0.912加元（将赔钱）。当然，这个解释没有任何经济意义。由于 r^2 较低，为0.440，我们应该意识到这个结果有相当多的变异。

(b) 斜率系数为正值具有经济学含义，因为如果美国的价格上涨快于加拿大，（美国）国内的消费者就会偏好于加拿大产品——由于他们能买得更多——因此提高了对加元的需求，这将导致加元升值。这就是购买力平价理论（purchasing power parity，PPP）——或称为一价定律——的精髓。

（c）在这种情况下斜率系数被期望为负，因为加拿大 CPI 相对美国 CPI 越低，加元的相对通货膨胀率就越低，这将导致美元贬值。当然，这也是 PPP 理论的精髓所在。

3.20 （a）散点图如下：

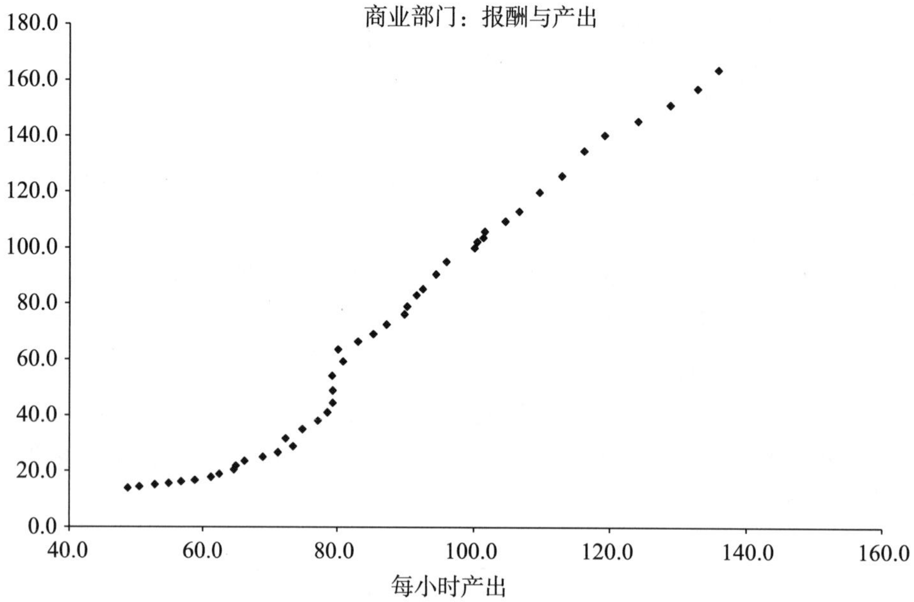

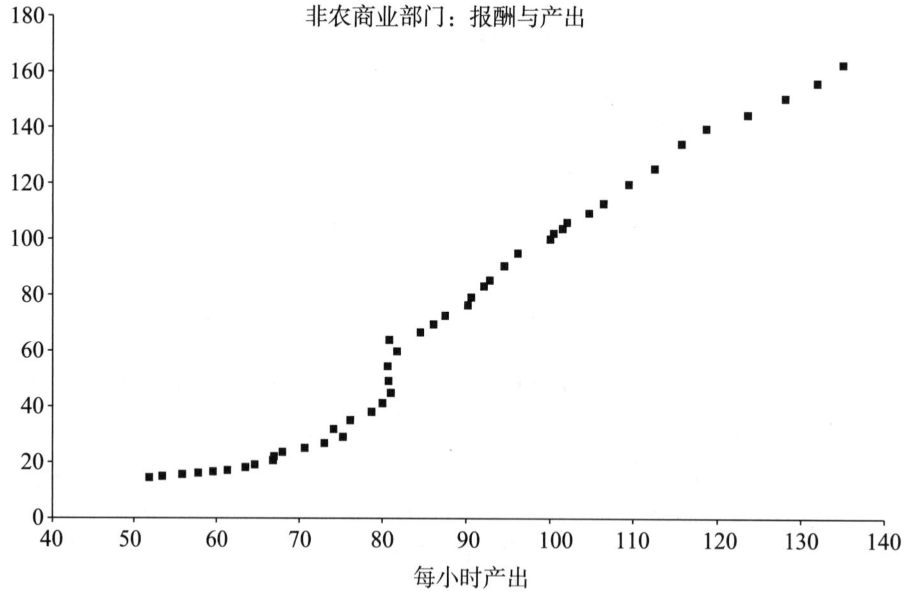

（b）上述两图同时显示，工资与生产力之间有正相关关系，从劳动经济学中的边际生产力理论来看，这种关系无足为奇。

（c）如上图所示，工资和生产力之间的关系基本上是线性的，除了在产出最低那一段区间有点略微向上弯曲。因此，如果我们试图用一个直线回归模型来拟合数据，拟合效果或许不甚完美。我们在稍后章节中将看到，在这种情况下，哪种类型的模型比较适合。但如果我们照常对数据拟合一个线性模型，便得到如下结果：

商业：Compensation $=-102.3662+1.9924$ Output

se $=(4.5035) \quad (0.0506) \quad r^2=0.9724$

非农商业：Compensation $=-111.6407+2.0757$ Output

se $=(4.8662) \quad (0.0543) \quad r^2=0.9708$

恰如所料，二者之间的关系是正相关的，但奇怪的是，r^2 值还相当高。

3.21

	$\sum Y_i$	$\sum X_i$	$\sum X_iY_i$	$\sum X_i^2$	$\sum Y_i^2$
原始数据	1 110	1 700	205 500	322 000	132 100
修正后数据	1 110	1 680	204 200	315 400	133 300

因此，修正后的相关系数为 0.968 8。

3.22 (a)

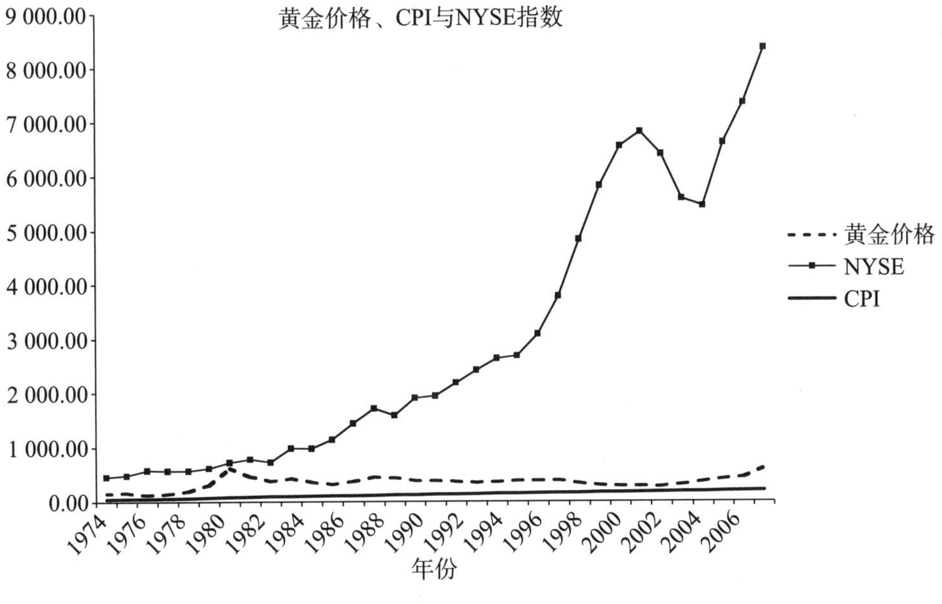

如果你将这些变量对时间描点，你会看到黄金价格有相当大的波动性，但是 NYSE 和 CPI 显得相对稳定。

(b) 如果假设正确，我们将预期 $\beta_2 \geqslant 1$。

黄金价格$_t=215.286+1.038\text{CPI}_t$

se $=(54.469)\ (0.404) \quad r^2=0.1758$

$$NYSE_t = -3\ 444.992 + 50.297 CPI_t$$
$$se = (533.966)(3.958) \qquad r^2 = 0.838\ 9$$

看来，股票市场比黄金更能对付通货膨胀，实现保值。

3.23 （a）描点图如下，其中 NGDP 和 RGDP 分别表示名义 GDP 和真实 GDP。

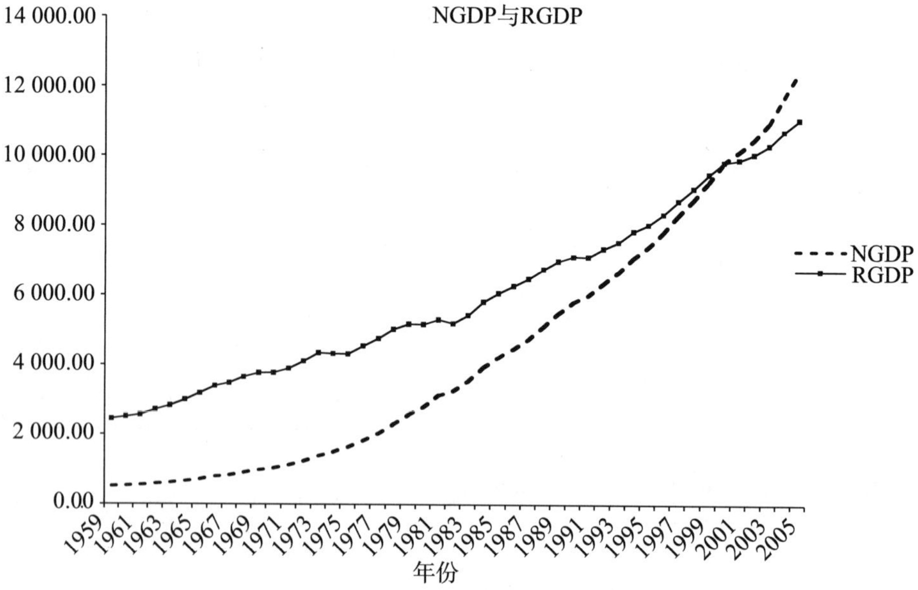

（b）
$$NGDP_t = -496\ 268 + 252.58\ Year$$
$$se = (21\ 089) \quad (10.64) \qquad r^2 = 0.926$$
$$RGDP_t = -351\ 335 + 180.263\ Year$$
$$se = (9\ 070) \quad (4.576) \qquad r^2 = 0.972$$

（c）这里的斜率给出了每年 GDP 的变化率。

（d）二者之差代表了通货膨胀。如图和回归结果所示，名义 GDP 比真实 GDP 增长更快表明，通货膨胀在上升。

3.24 显然。

3.25 （a）见习题 2.16（d）中的图。

（b）回归结果为

$$\hat{Y}_t = -31.76 + 1.048\ 5X_t$$
$$se = (47.80) \quad (0.093\ 7)$$
$$r^2 = 0.786$$

其中，Y 为女生阅读成绩，X 为男生阅读成绩。

（c）如教材中指出的那样，无论多强的统计关系都不能证明因果关系，其因果关系必须先验地建立。在这种情况下，没有理由认为这两个变量之间存在因果关系。

3.26 回归结果为

$$\hat{Y}_t = -257.02 + 1.416X_t$$
$$se = (29.35) \quad (0.055\,9)$$
$$r^2 = 0.950$$

3.27 这是一个课堂练习的项目。

3.28

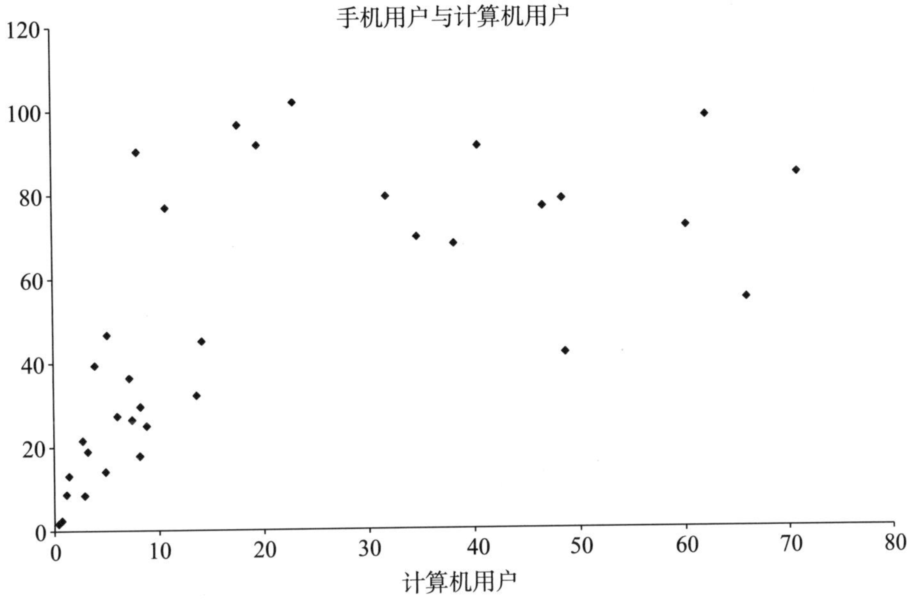

这两个变量之间确实呈现出某种正相关关系，但是它更像一种逻辑关系而不是线性关系。

第 4 章 经典正态线性回归模型

附录 4A 习题

4.1 给定 Y_1 和 Y_2 的相关系数 $\rho=0$，则双变量正态 PDF 可简化成

$$f(Y_1,Y_2)=\frac{1}{2\pi\sigma_1\sigma_2}\exp\left[-\frac{1}{2}\left(\frac{Y_1-\mu_1}{\sigma_1}\right)^2-\frac{1}{2}\left(\frac{Y_2-\mu_2}{\sigma_2}\right)^2\right]$$

$$=\left\{\frac{1}{\sigma_1\sqrt{2\pi}}\exp\left[-\frac{1}{2}\left(\frac{Y_1-\mu_1}{\sigma_1}\right)^2\right]\right\}\left\{\frac{1}{\sigma_2\sqrt{2\pi}}\exp\left[-\frac{1}{2}\left(\frac{Y_2-\mu_2}{\sigma_2}\right)^2\right]\right\}$$

$$=f(Y_1)f(Y_2)$$

其中，$f(Y_1)$ 和 $f(Y_2)$ 为单变量正态 PDF。于是，若 $\rho=0$，则 $f(Y_1,Y_2)=f(Y_1)f(Y_2)$，这正是统计独立的条件。因此，在双变量正态情形中，零相关意味着统计独立。

4.2 为了保证最大似然估计量最大化似然函数，要求附录 4A 中方程（5）的二阶导数必须小于 0，这就保证了 RSS 最小化。

$$\frac{\partial^2 \ln LF}{\partial\beta_1^2}=-\frac{n}{\sigma^2}<0$$

$$\frac{\partial^2 \ln LF}{\partial\beta_2^2}=-\frac{\sum X_i^2}{\sigma^2}<0$$

$$\frac{\partial^2 \ln LF}{\partial(\sigma^2)^2}=\frac{n}{2(\sigma^2)^2}-\frac{\sum(Y_i-\beta_1-\beta_2X_i)^2}{(\sigma^2)^3}$$

$$=\frac{1}{\sigma^2}\left[\frac{n}{2\sigma^2}-\frac{1}{(\sigma^2)^2}\sum\hat{u}_i^2\right]\qquad \text{因为} \sum\hat{u}_i^2=\sum(Y_i-\hat{\beta}_1-\hat{\beta}_2X_i)^2$$

$$= \frac{1}{\sigma^2}\left[\frac{\sum \hat{u}_i^2}{2(\sigma^2)^2} - \frac{1}{(\sigma^2)^2}\sum \hat{u}_i^2\right] \text{ 利用方程(11)}$$

$$= \frac{1}{(\sigma^2)^3}\sum \hat{u}_i^2\left(\frac{1}{2}-1\right) < 0$$

由于所有二阶导数都为负，所以这个估计量最大化了似然函数。

4.3 由于 X 服从指数分布，所以它的 PDF 为

$$f(X) = f(X_i) = \left(\frac{1}{\theta}\right)\mathrm{e}^{-\frac{X_i}{\theta}}$$

因此，似然函数为

$$\mathrm{LF}(X_i,\theta) = \left(\frac{1}{\theta}\right)^n \exp^{-\frac{\sum X_i}{\theta}}$$

对似然函数取对数：

$$\ln\mathrm{LF} = -n\ln\theta - \frac{\sum X_i}{\theta}$$

将上述函数对 θ 求导并取导数等于 0 便得到

$$\frac{\mathrm{d}\ln LF}{\mathrm{d}\theta} = -n\left(\frac{1}{\theta}\right) + \frac{\sum X_i}{\theta^2}$$

令上式为 0，得到

$$\tilde{\theta} = \frac{\sum X_i}{n} = \bar{X}$$

即样本均值。

4.4 由于 p 服从伯努利分布，其概率分布函数为：

$$f(p) = (p)^X(1-p)^{1-X}$$

因此，似然函数为

$$\mathrm{LF}(X_i,p) = \prod \binom{n}{X_i} p^{X_i}(1-p)^{n-X_i}$$

似然函数的对数就是：

$$\ln \mathrm{LF} = \sum \ln\binom{n}{X_i} + X_i \ln p + (n-X_i)\ln(1-p)$$

将这个函数两边同时对 p 求微分，得到：

$$\frac{\mathrm{d}\ln\mathrm{LF}}{\mathrm{d}p} = \sum \frac{X_i}{p} - \frac{n-X_i}{1-p}$$

令方程等于 0，我们得到

$$\hat{p} = \sum \frac{X_i}{n}$$

它就是样本比率。

第 5 章 双变量回归：区间估计与假设检验

问 答 题

5.1 (a) 对。t 检验基于具有正态分布的变量而定义。由于 β_1 和 β_2 的估计量都是误差 u_i 的线性组合，在 CLRM 下误差是正态分布的，所以这些估计量也是正态分布的。

(b) 对。只要 $E(u_i)=0$，OLS 估计量便是无偏的。证明无偏性无须其他任何假定。

(c) 对。此时缺少附录 3A 中 3A.1 节的方程（1），这个问题将在 6.1 节进行更深入的讨论。

(d) 对。p 值是能拒绝虚拟假设的最小显著性水平。术语显著性水平和检验尺度（或检验的大小）是同义词。

(e) 对。得自附录 3A.1 节中的方程（1）。

(f) 错。我们只能说所掌握的数据还不允许我们拒绝虚拟假设。

(g) 错。较大的 σ^2 可能被较大的 $\sum x_i^2$ 所抵消，只有保持后者不变时，这个说法才可能正确。

(h) 错。一个随机变量的条件均值取决于另外一个变量的取值。只有这两个变量相互独立，条件均值和无条件均值才可能相同。

(i) 对。从方程（3.1.7）显然可见。

(j) 对。参见方程（3.5.2），若 X 对 Y 没有影响，$\hat{\beta}_2$ 将为 0，此时 $\sum y_i^2 = \sum \hat{u}_i^2$。

5.2 印度食物支出的方差分析表为

变异来源	SS	df	MSS
回归部分（ESS）	139 023	1	139 023
剩余部分（RSS）	236 894	53	4 470
TSS	375 916		

F=139 023/4 470=31.101 3，自由度分别为 1 和 53。在食物支出与总支出之间没有关系的虚拟假设下，得到这样一个 F 值的 p 值几乎为 0，从而表明可以强烈拒绝这个虚拟假设。

5.3 (a) 截距项系数的标准误为 6.152 3，因此在虚拟假设 H_0：$\beta_1=0$ 下，t 值为 14.477 3/6.152 3=2.353 2。自由度为 32 时，5%显著性水平下的临界值是 2.042（使用的是 30 个自由度，因为在教科书的附录中没有包含 32 个自由度），因此截距项是统计上显著的。

(b) 斜率系数的标准误为 0.000 32，因此虚拟假设 H_0：$\beta_2=0$ 下的 t 值为 0.002 2/0.000 32=6.875 0。(a) 中已给出，5%显著性水平下的临界值是 2.042，因此斜率系数是统计上显著的。

(c) 真实斜率系数的 95% 的置信区间是：0.002 2 ± 2.042 × 0.000 32 → [0.001 5，0.002 9]。

(d) 如果人均收入是 9 000 美元，那么手机需求量的均值预测值就是 14.477 3+0.002 2×9 000=34.277 3 每百人。为了预测置信区间，我们首先需要计算

$$\operatorname{var}(\hat{Y}_0)=\sigma^2\left[\frac{1}{n}+\frac{(X_0-\overline{X})^2}{\sum x_i^2}\right]$$

$$\operatorname{var}(\hat{Y}_0)=422.526\times\left[\frac{1}{34}+\frac{(9\,000-15\,819.865)^2}{12\,668\,291\,885}\right]=13.978\,5$$

那么置信区间为：

$$\Pr[\hat{Y}_0-t_{\alpha/2}\operatorname{se}(\hat{Y}_0)\leqslant Y_0\leqslant\hat{Y}_0+t_{\alpha/2}\operatorname{se}(\hat{Y}_0)]=1-\alpha$$
$$=\Pr[34.277\,3-2.042\times3.738\,8\leqslant Y_0\leqslant34.277\,3+2.042\times3.738\,8]$$
$$=0.95\to[26.642\,7,46.911\,9]$$

5.4 从字面上说，这个假设说明两个变量之间没有相关关系。因此，如果我们可以证明这两个变量之间的协方差为 0，那么相关系数一定为 0。

5.5 (a) 利用 t 检验来检验真实的斜率系数为 1 的假设，并得到 $t=\frac{\hat{\beta}_2-1}{\operatorname{se}(\hat{\beta}_2)}=\frac{1.059\,8-1}{0.072\,8}=0.821$。对于自由度 238 而言，即便在 $\alpha=10\%$的情况下，这个 t 值也不显著。结论便是，在样本期间内，IBM 不是一个易变证券。

(b) 由于 t=0.726 4/0.300 1=2.420 5，所以在 2%的显著性水平上这也是一个显著的 t 值。但它却没有什么实际意义，从字面上解释，约等于 0.73 的截距值意味着，即便市场组合的回报率为 0，这个证券的回报率也有 0.73%。

5.6 在正态假定下，$\hat{\beta}_2$ 是正态分布的。但由于一个正态分布的变量是连续分布的，所以我们从概率论知道，一个连续随机变量取某个特定值的概率为 0，因此这个等

式是强还是弱并没有什么区别。

5.7 在 $\beta_2=0$ 的假设下，因为我们从方程（3.5.10）可得到

$$\hat{\sigma}^2=\frac{\sum\hat{u}_i^2}{n-2}=\frac{\sum y_i^2(1-r^2)}{n-2}$$

所以

$$t=\frac{\hat{\beta}_2}{\mathrm{se}(\hat{\beta}_2)}=\frac{\hat{\beta}_2\sqrt{\sum x_i^2}}{\hat{\sigma}}$$

$$=\frac{\hat{\beta}_2\sqrt{\sum x_i^2}}{\sqrt{\dfrac{\sum y_i^2(1-r^2)}{n-2}}}$$

$$=\frac{\hat{\beta}_2\sqrt{n-2}\sqrt{\sum x_i^2}}{\sqrt{\sum y_i^2}\sqrt{(1-r^2)}}$$

但从方程（3.5.6）知 $r^2=\hat{\beta}_2^2\dfrac{\sum x_i^2}{\sum y_i^2}$，即 $r=\hat{\beta}_2\sqrt{\dfrac{\sum x_i^2}{\sum y_i^2}}$，于是

$$t=\frac{r\sqrt{(n-2)}}{\sqrt{(1-r)^2}}=\frac{\hat{\beta}_2\sqrt{x_i^2}}{\hat{\sigma}}$$

而且从方程（5.9.1）知 $t=F=\dfrac{r^2(n-2)}{1-r^2}=\hat{\beta}_2^2\dfrac{\sum x_i^2}{\sum\hat{\sigma}^2}$。

实证分析题

5.8 (a) 鉴于第二次世界大战后妇女劳动参与率（LFPR）的稳步上升，1972 年和 1968 年劳动参与率之间的正相关关系也就不足为奇了。

(b) 利用单侧 t 检验，$t=\dfrac{0.656\,0-1}{0.196\,1}=-1.754\,2$。在自由度为 17 的情况下，显著性水平为 5%的单侧检验 t 值为 1.740。由于估计的 t 值是显著的，所以我们可以拒绝真实斜率系数大于等于 1 的虚拟假设。

(c) LFPR 的均值为 $0.203\,3+0.656\,0\times0.58\approx0.583\,8$。为了对这个预测值构造一个 95%的置信区间，使用公式 $0.583\,8\pm2.11$（预测均值的标准误），其中 2.11 为自由度=17 时显著性水平为 5%的临界 t 值。欲得到预测值的标准误，可以利用方程（5.10.2），但须注意，由于作者没有给出 1968 年妇女劳动参与率的均值，所以我们无法计算这个标准误。

(d) 没有实际数据，我们就不能回答这个问题，因为我们需要残差值并通过描点

得到正态概率图或计算雅克-贝拉检验值。

5.9 (a)

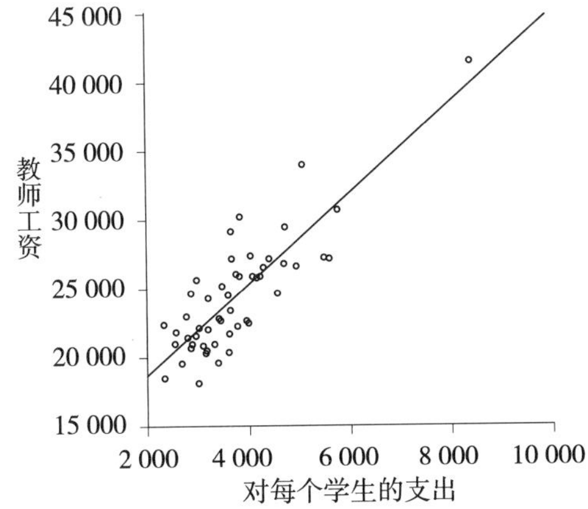

(b) $\text{Pay}_i = 12\ 129.37 + 3.307\ 6\text{Spend}_i$

$se = (1\ 197.351)(0.311\ 7)$

$r^2 = 0.696\ 8$；$RSS = 2.65E+08$

(c) 如果平均每个学生的支出提高 1 美元，那么教师的平均工资提高约 3.31 美元。截距项没有什么可靠的经济含义。

(d) β_2 的 95%置信区间为 3.307 6±2×0.311 7=(2.684 2，3.931)，根据这个置信区间，你不能拒绝真实斜率系数为 3 的虚拟假设。

(e) 均值预测值和个值预测值相同，即 12 129.37+3.307 6×5 000≈28 667。从方程（5.10.2）可知，均值预测值的标准误为 520.511 7 美元，而从方程（5.10.6）可知，个值预测值的标准误为 2 382.337。均值预测的置信区间为 28 667±2×520.511 7，即（27 626 美元，29 708 美元），而个值预测值的置信区间为 28 667±2×2 382.337，即（23 902 美元，33 432 美元）。恰如所料，后者比前者更宽一些。

(f)

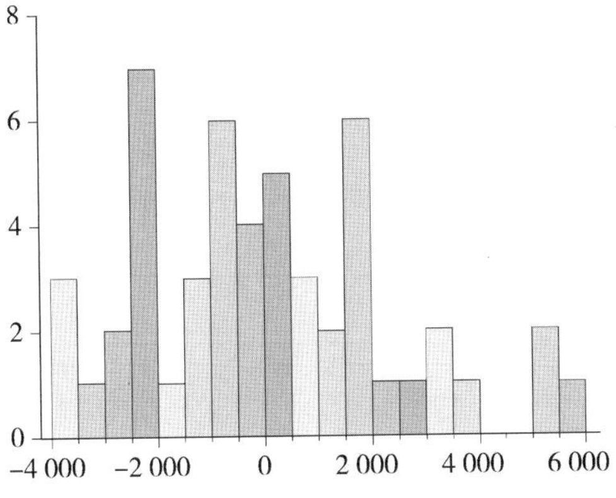

序列：残差	
样本 1 51	
观测值 51	
均值	9.13E−12
中位数	−217.519 2
最大值	5 529.342
最小值	−3 847.976
标准误	2 301.414
偏度	0.499 126
峰度	2.807 557
雅克-贝拉统计量	2.196 273
概率	0.333 492

这个残差直方图可由一条正态曲线来近似。雅克-贝拉统计量为 2.192 7，其

p 值约为 0.33。所以，假定 51 次观测的样本容量足够大，那么我们基于这个检验就不能拒绝正态性假定。

5.10 （a）商业部门的方差分析表如下：

变异来源	SS	df	MSS
回归部分（ESS）	91 915.253 7	1	91 915.253 7
剩余部分（RSS）	2 610.921 1	44	59.339 1
TSS	94 525.174 8		

F 值为 91 915.253 7/59.339 1=1 548.965 7，在商业部门的工资与生产力之间没有关系的虚拟假设下，这个 F 值服从分子和分母自由度分别为 1 和 44 的 F 分布，而且得到这样一个 F 值的概率是 0.000 0，即在实践中的概率为 0。因此，我们应该拒绝虚拟假设，而且不必惊讶。

（b）对于非农商业部门，其方差分析表如下：

变异来源	SS	df	MSS
回归部分（ESS）	90 303.315 7	1	90 303.315 7
剩余部分（RSS）	2 714.762 6	44	61.699 1
TSS	93 018.078 3		

在真实斜率系数为 0 的虚拟假设下，计算出来的 F 值为 $F=$ 90 303.315 7/61.699 1≈1 463.607 1。如果虚拟假设正确的话，在实践中得到这样一个 F 值的概率为 0，因此可以拒绝虚拟假设。

5.11 （a）

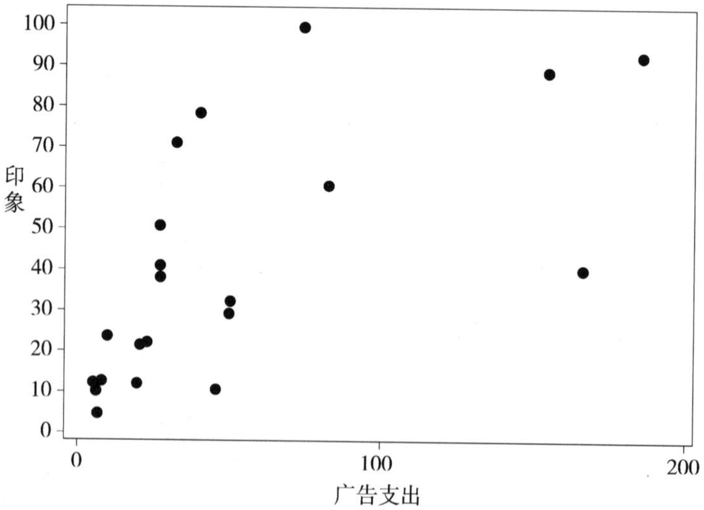

上图表明，这两个变量之间的关系不是线性的。最初，随着广告支出的增加，留给顾客的印象次数也在增加，但这种印象逐渐趋于停止。

(b) 因此，对这些数据拟合一个双变量线性回归模型就不太合适。目前我们还没有合适的工具来拟合它，以后我们会看到，下述类型的模型或许比较合适：

$$Y_i = \beta_1 + \beta_2 X_{2i} + \beta_3 X_{2i}^2 + u_i$$

式中，Y 为留下的印象次数；X_2 为广告支出。这是一个二次回归模型的例子，但须注意，它仍是参数的线性模型。

(c) 盲目地使用线性模型的结果如下：

$$Y_i = 22.163 + 0.3631 X_i$$

$$se = (7.089)\ (0.0971) \qquad r^2 = 0.424$$

5.12 (a)

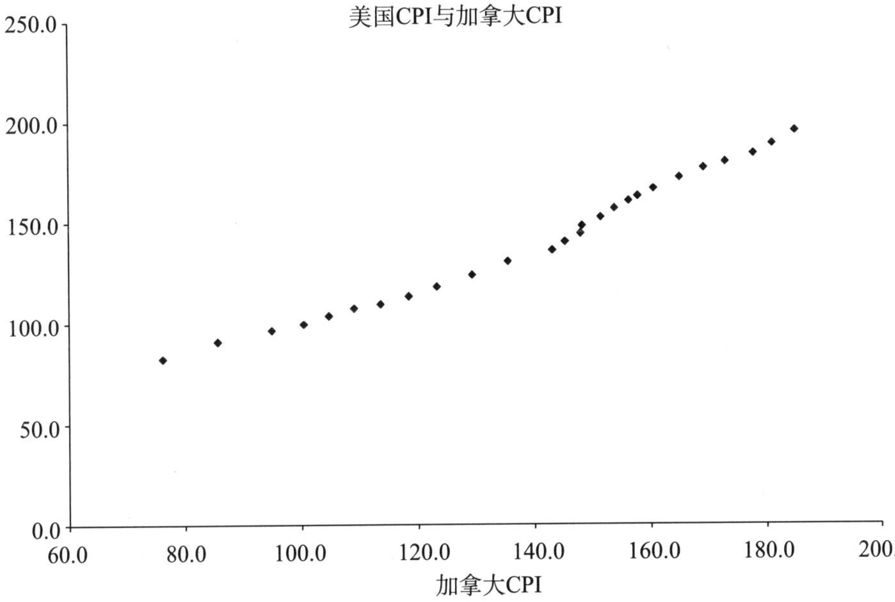

描点图表明，两个国家的通货膨胀率基本上一起变化。

(b)&(c) 如下结果利用 EViews 3 统计软件便可获得。*

Sample：1980 2005

Included observations：26

Variable	Coefficient	Std. Error	t-Statistic	Prob.
C	−8.541 6	4.479 5	−1.906 8	0.068 6
ICAN	1.072 1	0.031 6	33.956 3	0.000 0
R-squared	0.979 6	F-statistic	1 153.237	
Adjusted R-squared	0.978 8	Prob（F-statistic）	0.000 000	

* 现在同学们使用的软件可能都已升级至 4.0 或以上版本，但所得到的结果及结果表述方式大同小异。——译者注

如这个结果所示，两个变量之间的关系是正相关的。在这两个变量之间没有关系的虚拟假设下，所得到的 t 值为 33.959 3，而得到这样一个 t 值的概率几乎为 0，所以我们很容易拒绝这个虚拟假设。

尽管这两个通货膨胀率正相关，但我们不能由此推断出某种因果关系，因为因果关系必须从其背后的经济理论中得来。记住，回归并不一定意味着因果关系。

5.13 (a) 这两个回归结果如下：

$$\text{Goldprice}_t = 215.2856 + 1.0384\text{CPI}_t$$
$$\text{se} = (54.4685)\quad(0.4038)$$
$$t = (3.9525)\quad(2.5718)\qquad r^2 = 0.1758$$
$$\text{NYSEIndex}_t = -3444.9920 + 50.2972\text{CPI}_t$$
$$\text{se} = (533.9663)(3.9584)$$
$$t = (-6.4517)(12.7066)\qquad r^2 = 0.839$$

(b) 黄金价格方程中的雅克-贝拉统计量为 5.439，p 值为 0.066。纽约证券交易指数回归方程中的雅克-贝拉统计量为 3.084，p 值为 0.214。在 5%的显著性水平上，上述两种情况下我们都不拒绝正态性假定。

(c) 利用通常的 t 检验程序，我们得到 $t=(1.0384-1)/0.4038=0.0951$。既然这个 t 值没有超过临界 t 值 2.042，所以我们不能拒绝虚拟假设。真实系数不是统计上异于 1。

(d)&(e) 利用通常的 t 检验程序，我们得到

$$t=(50.297-1)/3.958=12.455$$

既然这个 t 值超过了临界 t 值 2.042，所以我们拒绝虚拟假设。估计的系数实际上大于 1。就这个样本期而言，投资于股票市场可能是对付通货膨胀的一种保值方法，它在为对付通货膨胀而进行的套期保值方面确实比投资于黄金要好得多。

5.14 (a) 没有哪一个定义比其他的定义更好，所有的统计结果都很类似。在 99%的置信水平上，每个斜率系数都是统计显著的。

(b) 一律都高的 r^2 不能用于判断用哪一个货币度量更好。但这并不表示使用哪个方程都无所谓。

(c) 从回归结果得不到答案，但近来美联储似乎在以控制 M2 度量的货币为目标。

5.15 把无差异曲线模型写成

$$Y_i = \beta_1\left(\frac{1}{X_i}\right) + \beta_2 + u_i$$

注意，现在 β_1 成了斜率系数，而 β_2 成了截距系数。由于参数都是线性的，所以它仍是一个线性回归模型（第 6 章会更多地讨论这一点）。回归结果如下：

$$\hat{Y}_i = 3.2827\left(\frac{1}{X_i}\right) + 1.1009$$

$$se=(1.259\ 9) \quad (0.681\ 7) \quad r^2=0.693\ 5$$

斜率系数在 92%的置信系数上是统计显著的。Y 对 X 的边际替代率（MRS）为

$$\frac{\partial Y}{\partial X}=-0.328\ 7\left(\frac{1}{X_i^2}\right)$$

5.16 (a) 令模型为 $Y_i=\beta_1+\beta_2 X_{2i}+u_i$，其中 Y 表示真实汇率，X 表示隐含的 PPP。如果 PPP 成立，则可以预期截距系数为 0 而斜率系数为 1。

(b) 回归结果如下

$$\hat{Y}_i=-33.091\ 7+1.814\ 7X_i$$
$$se=(26.987\ 8) \quad (0.027\ 4)$$
$$t=(-1.226\ 2) \quad (66.123\ 7) \quad r^2=0.991\ 2$$

我们用 t 检验来检验 $\beta_2=1$ 的虚拟假设，

$$t=(1.814\ 7-1)/0.027\ 4=29.733\ 6$$

这个 t 值高度显著，从而拒绝了虚拟假设。实际上，斜率系数大于 1。读者利用所给的回归很容易验证，截距系数并不显著异于 0，因为在真实截距为 0 的虚拟假设下，t 值只为$-1.226\ 2$。

注意，我们实际上应该同时检验截距为 0 和斜率为 1 的（联合）假设，我们在第 8 章会说明如何做这种检验。

(c) 由于巨无霸指数从一开始就是"粗糙而又喧嚣一时"的，是否继续出版都没有什么关系，但就样本数据而言，结果并不支持 PPP 理论。

5.17 (a) 令 Y 表示男生的数学成绩，X 表示女生的数学成绩，我们便得到如下回归结果：

$$\hat{Y}_i=198.737+0.670\ 4X_i$$
$$se=(12.875) \quad (0.026\ 5)$$
$$t=(15.435) \quad (25.332) \quad r^2=0.949\ 7$$

(b) 雅克-贝拉统计量为 1.164 1，且具有 p 值 0.558 8。因此我们不能拒绝正态假设。

(c) $t=(0.670\ 4-1)/0.026\ 5=-12.437\ 7$，因此我们可以以 99%的置信度拒绝 $\beta_2=1$ 的假设。

(d) 方差分析表为

变异来源	SS	df	MSS
回归部分（ESS）	1 605.916	1	1 605.916
剩余部分（RSS）	85.084	34	2.502
TSS	1 691	35	

在 $\beta_2=0$ 的虚拟假设下，F 值为 641.734，得到这样一个 F 值的 p 值几乎为 0，从而拒绝了虚拟假设。

5.18 (a) 回归结果如下：

$$\hat{Y}_i = 132.778 + 0.750X_i$$
$$se = (33.724)\ (0.067)$$
$$t = (3.937)\quad (11.187)\qquad r^2 = 0.786$$

(b) 雅克-贝拉统计量为 1.122，其 p 值为 0.571。因此，我们可以拒绝非正态的虚拟假设。*

(c) 在这个虚拟假设下，我们得到 $t=(0.750-1)/0.067=-3.731\ 3$，而在 5% 的显著性水平上的临界 t 值为 2.042（或−2.042），所以我们可以拒绝真实斜率系数为 1 的虚拟假设。

(d) ESS、RSS 和 TSS 分别为 1 005.75（自由度为 1）、273.222（自由度为 34）和 1 278.972（自由度为 35），在通常（指两变量无关）的虚拟假设下 F 值为 125.156，而得到这样一个 F 值的 p 值几乎为 0，因此我们可以拒绝这两个变量之间无关的虚拟假设。

5.19 (a)

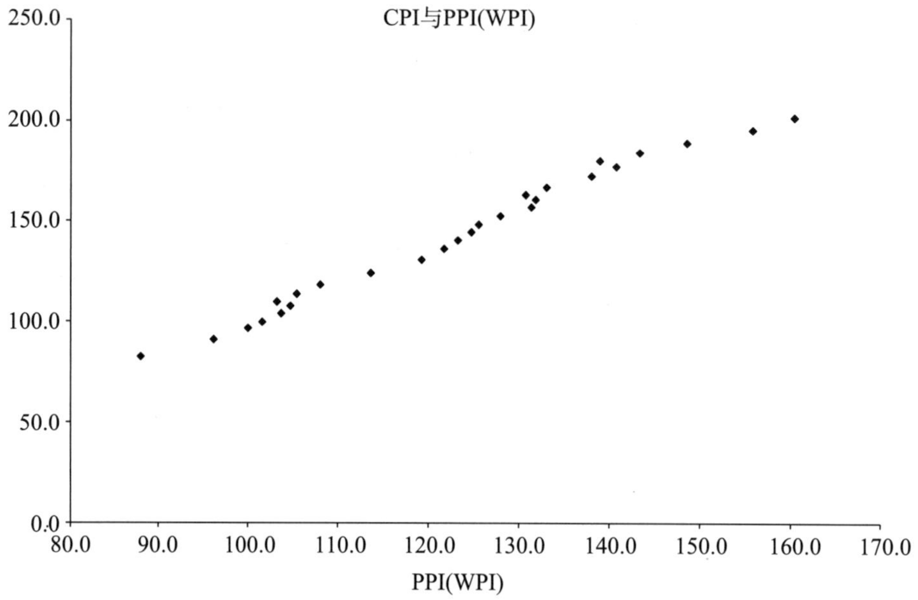

散点图和估计的回归线如上图所示。

(b) 把 CPI 作为回归子，把 WPI 作为回归元。CPI 代表消费者支付的价格，而 WPI 代表生产者支付的价格，前者通常是后者的一个价格加成。

(c)&(d) 从 EViews 6 得到如下必要数据：

Dependent Variable：CPI

Method：Least Squares

Sample：1980 2006

Included observations：27

CPI=C(1)+C(2) * PPI

* 应理解为不能拒绝正态假设。——译者注

	Coefficient	Std. Error	t-Statistic	Prob.
C(1)	−81.016 61	5.492 246	−14.751 00	0.000 0
C(2)	1.817 620	0.044 181	41.140 20	0.000 0
R-squared	0.985 444	Mean dependent var	142.396 3	
Adjusted R-squared	0.984 862	S. D. dependent var	34.679 15	
S. E. of regression	4.266 824	Akaike info criterion	5.810 804	
Sum squared resid	455.144 7	Schwarz criterion	5.906 792	
Log likelihood	−76.445 85	Durbin-Watson stat	0.601 660	

在这两个指数之间无关的虚拟假设下，估计的斜率系数的 t 值为 1.817 6，得到这样一个 t 值的概率几乎为 0，从而表明可以拒绝虚拟假设。

基于上述回归的残差而得到的残差直方图和雅克-贝拉检验如下图所示：

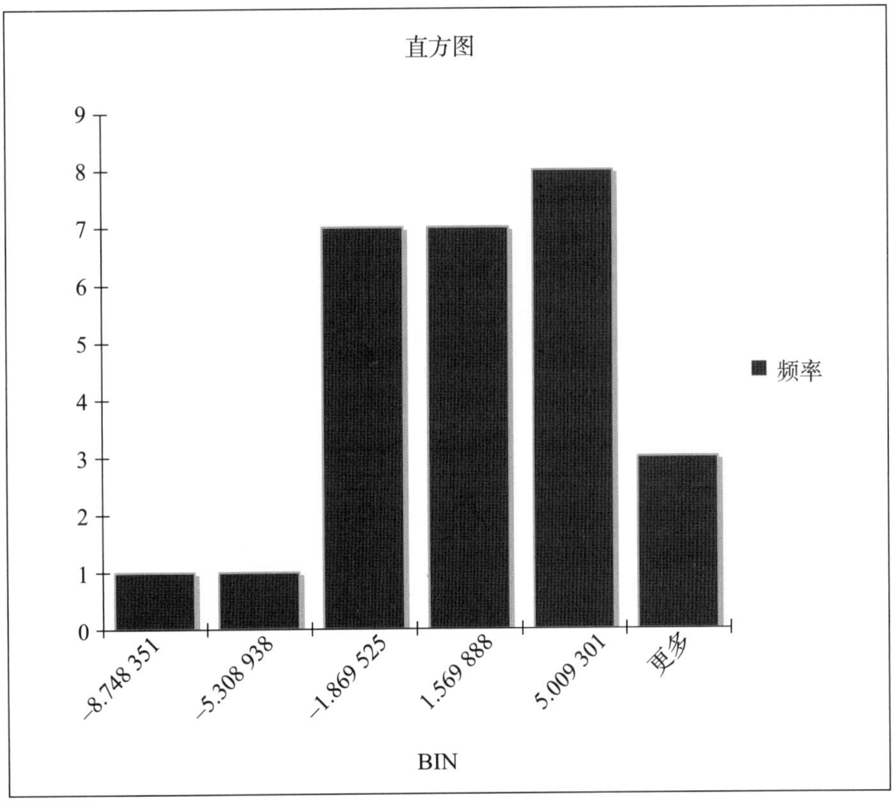

雅克-贝拉统计量为 0.392 7，其 p 值为 0.821 7。因此，我们不能拒绝正态性假定。直方图还表明，残差是略微左偏的，但并没有偏离对称太远。

5.20 (a) 抽烟指数与死亡率之间基本上呈现出正相关关系。

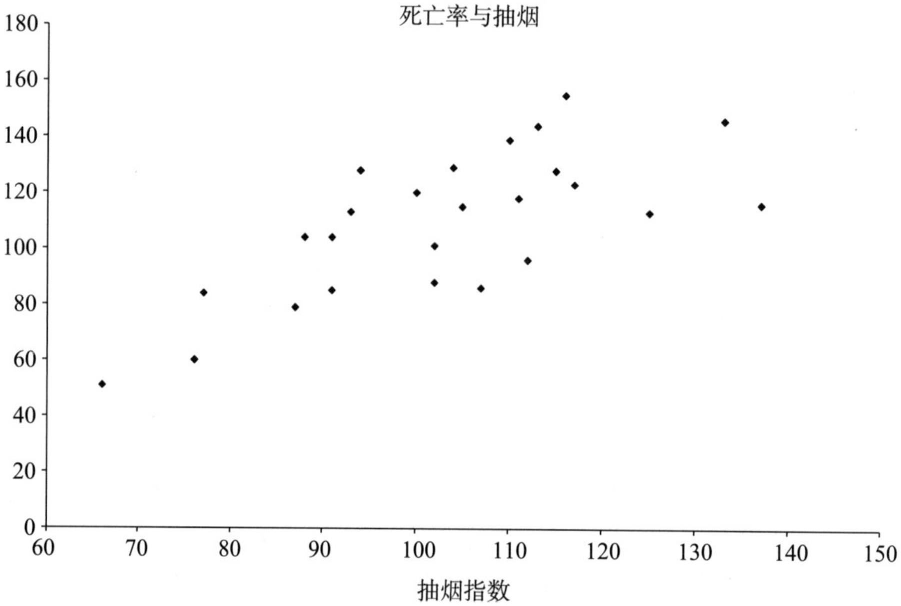

(b) $\hat{Y}_i = -2.8853 + 1.0875X_i$

se= (23.033 7) (0.220 9)

t= (−0.125 3) (4.922 2) $r^2 = 0.5130$

(c) 斜率系数的 t 值为 4.922 2，这意味着 p 值几乎为 0。我们可以拒绝虚拟假设，并认为在 5%的显著性水平下，抽烟与肺癌相关。

(d) 风险最大的职业是锻造锻压工人、建筑工人和油漆工。这些职业风险更大的原因之一可能是他们都工作在有毒气体和/或化学品周围，因此常常吸入危险的有毒物质。

(e) 除非能将这些职业分为较少的类别，否则我们就不能将它们包含在回归分析中（这一点将会在之后第 9 章的虚拟或指标变量讨论中阐述）。

第 6 章 双变量线性回归模型的延伸

问 答 题

6.1 对。注意，通常估计截距项的 OLS 公式为

$$\hat{\beta}_1 = \text{回归子均值} - \hat{\beta}_2 \text{ 回归元均值}$$

但当 Y 和 X 都是离差形式时，它们的均值都等于 0，所以此时截距的估计值也是 0。

6.2 (a)&(b) 第一个方程中包含了截距项，由于第一个模型中的截距在统计上（比方说 5%的水平）并不显著，所以或许可以从模型中去掉。

(c) 对每个模型而言，在样本期内，月度市场回报率每提高一个百分点，都导致德士古普通股的月回报率平均提高约 0.76 个百分点。

(d) 如教材中讨论的那样，这个模型代表了投资理论中的特征线。目前这个模型将德士古股票的月回报率与用一个较广泛使用的市场指数表示的市场月回报率联系起来。

(e) 不能，这两个 r^2 是不能比较的。没有截距项的模型中的 r^2 是原始的 r^2。

(f) 由于我们已经有了一个足够大的样本，所以我们就能使用雅克-贝拉正态性检验。两个模型的雅克-贝拉统计量大致相同，即 1.12，而得到这样一个雅克-贝拉统计量的 p 值约为 0.57，因此，不能拒绝误差项服从正态分布的假设。

(g) 如教材中泰尔的经典讨论那样，如果模型中不包含截距项，那么做过原点的回归将给出斜率系数更有效的估计值，这里正是如此。

6.3 (a) 由于这个模型线性于参数，所以它是一个线性回归模型。

（b）定义 $Y^*=1/Y$ 和 $X^*=1/X$，做一个 Y^* 对 X^* 的 OLS 回归。

（c）随着 X 趋于无穷，Y 趋于 $1/\beta_1$。

（d）或许这个模型适合于解释收入高时对某种商品的低消费情形，比如低劣商品。

6.4

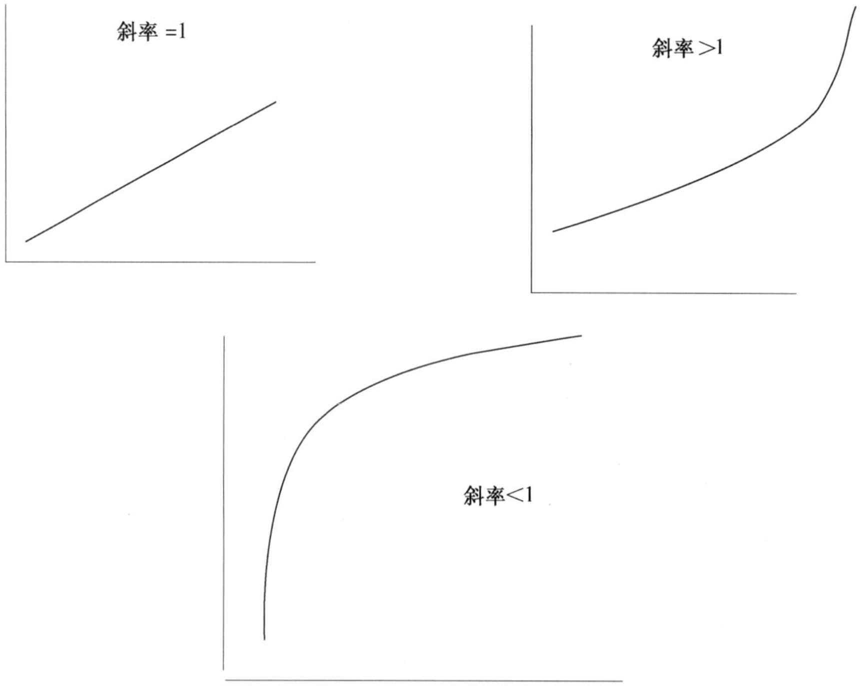

6.5 对于模型Ⅰ，我们知道 $\hat{\beta}_2=\dfrac{\sum x_i y_i}{\sum x_i^2}$，其中使用 Y 和 X 的离差形式。对于模型Ⅱ，采用类似的步骤，我们得到：

$$\hat{\alpha}_2=\frac{\sum x_i^* y_i^*}{\sum x_i^{*2}}=\frac{\sum(x_i/S_x)(y_i/S_y)}{\sum(x_i/S_x)^2}=\frac{\sum(x_i y_i)/S_x S_y}{\sum x_i^2/S_x^2}=\frac{S_x\sum x_i y_i}{S_y\sum x_i^2}$$

$$=\frac{S_x}{S_y}\hat{\beta}_2$$

这就意味着，斜率系数是随着度量尺度的变化而变化的。

6.6 （a）我们可以把第一个模型写成：$\ln(w_1 Y_i)=\alpha_1+\alpha_2\ln(w_2 X_i)+u_i^*$，利用对数的性质，即可写成 $w_1+\ln Y_i=\alpha_1+\alpha_2\ln w_2+\alpha_2\ln X_i+u_i^*$。由于 w 为常数，合并同类项，我们可以把此模型简化成：

$$\ln Y_i=(\alpha_1+\alpha_2\ln w_2-\ln w_1)+\alpha_2 X_i+u_i^*$$
$$=A+\alpha_2\ln X_i+u_i^*$$

其中

$$A=\alpha_1+\alpha_2\ln w_2-\ln w_1$$

与第二个模型相比较，可以看出，除了截距项外，这两个模型是一样的。因此，这两个模型估计的斜率系数相同，唯一的区别在于估计的截距项不同。

(b) 这两个模型的 r^2 值也相同。

6.7 方程（6.6.8）是一个增长方程，而方程（6.6.10）则是一个线性趋势模型。前者给出了回归子的相对变化，而后者给出的则是绝对变化。为便于比较，相对变化可能更有意义。

6.8 虚拟假设是：真实的斜率系数为 0.005。对立假设可以是单侧的，也可以是双侧的。如果我们使用双侧对立假设，估计的斜率值为 0.007 05，利用 t 检验，我们得到

$$t=\frac{0.00705-0.005}{0.00018}=11.3889$$

这个 t 值是高度显著的，因此可以拒绝虚拟假设。

6.9 可以近似得到：$\frac{18.5508}{3.2514}=5.7055\%$。

6.10 如教材中 6.7 节所讨论的那样，图 6.6（c）所示的恩格尔模型对多数商品都是合适的，因此，题中第二个模型可能是所需要的选择。

6.11 从表面上看，这个模型不是对参数而言的线性模型。但若考虑如下“技巧”：首先求 Y 与(1−Y)的比值，然后取这个比值的对数。这样变换就使得模型线性于参数，即变成如下回归：

$$\ln\frac{Y_i}{1-Y_i}=\beta_1+\beta_2X_i$$

这个模型被称为 logit 模型，我们在有关定性因变量的章节中将会讨论。

6.12 (a)

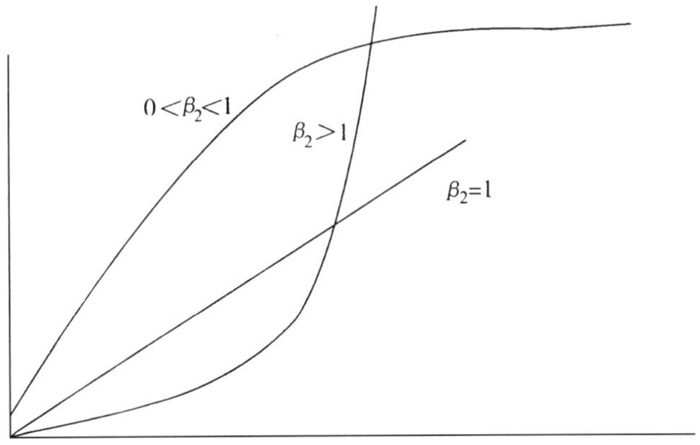

(b)

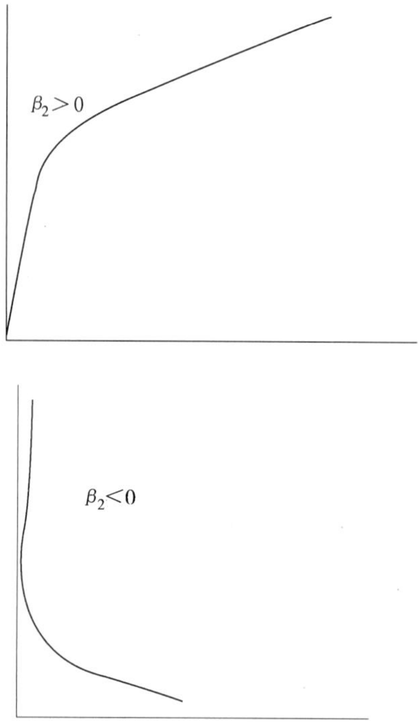

6.13 (a) 基尼系数每增加 0.10 个单位，一国的社会政治不稳定指数预期将增加 3.32 个单位。因此，随着基尼系数升高，或者说一国的收入不平等的加剧，该国将变得更加社会政治不稳定。

(b) 确定这个差异，只需评估基尼系数上升 0.3 会发生什么。因此，33.2×0.3=9.96，这意味着 SPI 上升 9.96。

(c) 使用标准的 t 检验来检验斜率系数为 0 的虚拟假设，$t=33.2/11.8=2.8136$。对于 38 个自由度，从附录 D 的表中得到的临界值是位于 2.021 和 2.042 之间（使用了双侧检验），因此，在 5%的显著性水平上，估计的斜率统计上显著。

(d) 根据回归结果，我们可以认为较大的收入不平等与较大的政治不稳定性之间存在正相关关系，尽管我们不能声称它们之间存在因果关系。

实证分析题

6.14 $$\frac{100}{100-Y_i}=2.0675+16.2662\frac{1}{X_i}$$

$$se=(0.1596)\quad(1.3232)\qquad r^2=0.9497$$

随着 X 无限增加，$\frac{100}{100-Y}$ 趋于极限值 2.0675，即 Y 趋于极限值 51.6。

6.15 (a)

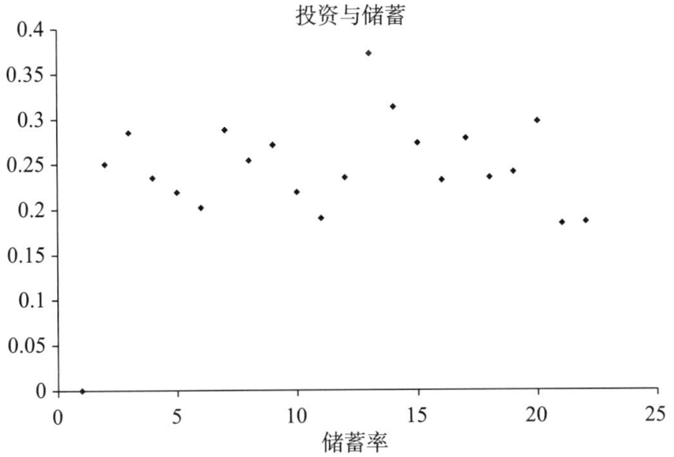

(b) 根据描点图，投资与储蓄之间看起来并没有很强的相关关系。实际上，似乎不管每个国家储蓄了多少，投资总表现出大致相同的水平。因此，不管是线性还是对数线性模型都不大可能拟合得很好，尽管左下侧角落里那个观测点的存在可能改变这些结论。

(c) 回归结果如下：

$$\text{INVRATE}=0.0435+0.8468\text{SAVRATE}$$
$$\text{se}=(0.0176)\qquad(0.0693)$$
$$t=(2.4685)\qquad(12.222)\qquad r^2=0.8872$$

$$\ln\text{INVRATE}=-0.02159+0.8288\ln\text{SAVRATE}$$
$$\text{se}=(0.0986)\qquad(0.0699)$$
$$t=(-2.1901)\qquad(11.865)\qquad r^2=0.8811$$

(d) 在线性模型中，斜率系数可以被解释为：如果储蓄率上升 0.1（相对于 GDP），平均而言，投资支出（相对于 GDP）的增加将大约是 0.084 7。因此，投资率的增加少于储蓄率的增加。对于对数线性模型就是，储蓄率每增加 1 个百分点，将导致投资率增加 0.829 个百分点。

(e) 线性模型中的截距项表明，当储蓄率为 0 时（没有储蓄），一国的投资率仍然存在，尽管很小。然而，这并没有多少实际意义，因为我们并不曾发现哪些国家储蓄率为 0。对数线性模型中的截距项为负，意味着储蓄率增加 0%将导致投资率下降。

(f) 因为被解释变量不同，我们不能直接比较两个 r^2。

(g) 对于线性模型，弹性并不是显而易见的。然而，对数线性模型已经包含了与变量弹性相关的结果。为了计算弹性，我们需要计算下式：

$$\frac{\partial\text{INVRATE}}{\partial\text{SAVRATE}}\frac{\overline{\text{SAVRATE}}}{\overline{\text{INVRATE}}}=0.8468\frac{\overline{\text{SAVRATE}}}{\overline{\text{INVRATE}}}$$

其中，变量上面的横线表示各自样本数据的均值。

(h) 每个模型都有其用处，因此这取决于所处背景或研究者的目的。

6.16 （a）

模型	斜率估计	se	t	r^2
线性	0.173	0.005 8	29.666	0.367 1
对数线性	0.579	0.018 7	30.958	0.387 2
线性到对数	0.005	0.000 02	26.808	0.321 5
对数到线性	32.508	0.258 6	125.720	0.912 4
倒数	−1 652.22	56.853 6	−29.061	0.357 6
对数倒数	−50.498	1.632 0	−30.942	0.386 9

（b）我们不能直接比较这些 r^2，但是看来确实是线性到对数模型有最好的结果。这可能意味着食物支出与其在总支出中的弹性（或百分比变化）高度相关。这可能是因为食物是一种必需品，其支出可能不会有太大变化，因而我们不能指望看到这两者之间很强的直接相关关系。随着总支出增加，食物支出也会增加，但是增加的速度更慢（这需要一个过程）。

6.17 为了得到耐用品支出的增长率，我们可以拟合对数—线性模型，结果如下：

$$\ln \text{EXPDUR}_t = 6.895\,0 + 0.014\,0t$$
$$\text{se} = (0.008\,2) \qquad (0.000\,9) \qquad r^2 = 0.949\,2$$

如此回归所示，在样本期内，耐用品支出的（季度）增长率约为 1.5%，由于相应的 p 值极低，所以估计的两个系数各自都是统计显著的。这里做一个双对数模型没有多大意义，比如

$$\ln \text{EXPDUR}_t = \beta_1 + \beta_2 \ln \text{TIME} + u_t$$

由于这个模型中的斜率系数是弹性系数，所以说“时间增加一个百分点导致耐用品支出平均增加 β_2 个百分点”，但“时间增加一个百分点”究竟是什么意思呢？

6.18 非耐用品部门的对应结果为：

$$\ln \text{EXPNONDUR}_t = 7.625\,7 + 0.009\,8\,t$$
$$\text{se} = (0.002\,1) \qquad (0.000\,23) \qquad r^2 = 0.993\,1$$

从这些结论可以看出，在样本期内，非耐用品支出的（季度）增长率约为 0.98%。通过比较习题 6.17 和 6.18 中的回归结果可以看出，在从 2003 年第一季度到 2006 年第三季度整个样本期内，耐用品支出比非耐用品支出的增长快得多。鉴于这是美国历史上最长的一次经济扩张，也就无足为奇了。

6.19 (a) 总消费支出与广告支出的散点图如下：

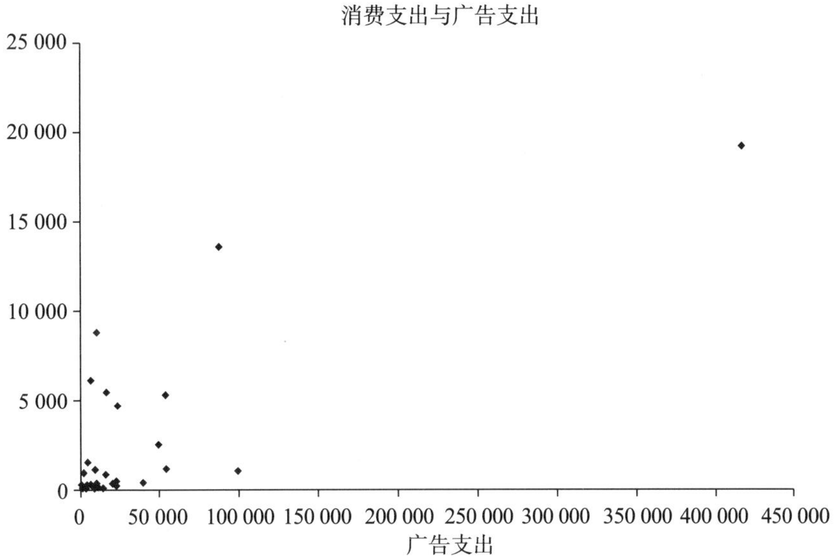

(b) 尽管这两个变量之间的关系看来是正相关的，但并不清楚哪一条线能拟合这些数据。我们在下表中给出一些模型的回归结果，而将各个模型之间的比较留给读者自己思考。注意，前两个模型的 r^2 是可以比较的，因为它们的回归子相同。类似地，后三个模型的 r^2 也是可以比较的。(为什么?)

模型	截距	斜率	r^2
线性	1 057.361 (1.774)	0.044 6 (6.283)	0.593 8
对数到线性	−12 585.01 (−2.872)	1 626.643 (3.516)	0.314 0
倒数	3 077.256 (3.344)	−1 642 108 (−1.143)	0.046 1
对数线性	0.986 4 (0.628)	0.603 8 (3.642)	0.329 4
线性到对数	6.262 (21.354)	0.000 01 (3.008)	0.251 0
倒数到对数	6.852 (20.951)	−797.845 (−1.563)	0.082 9

注：在每个回归中，回归子都是总支出，回归元都是广告支出，小括号内是估计的 t 值。

(c) 审视这些比率，似乎有几个数值异常地高。其平均比率是 0.034 2，标准差为0.039 6。其中较高的数值有 0.094 6、0.105 1、0.097 2、0.151 2 和

0.092 4。这些数值无疑将影响回归结果。

6.20 (a)

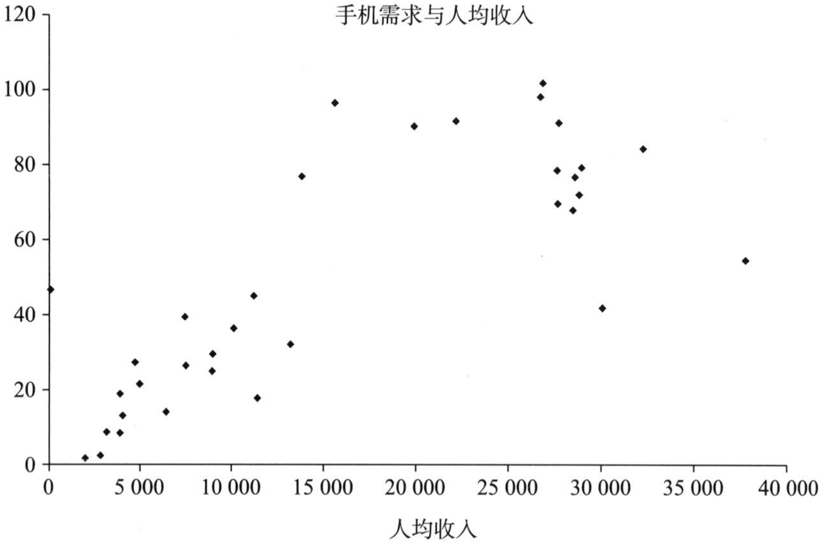

(b)

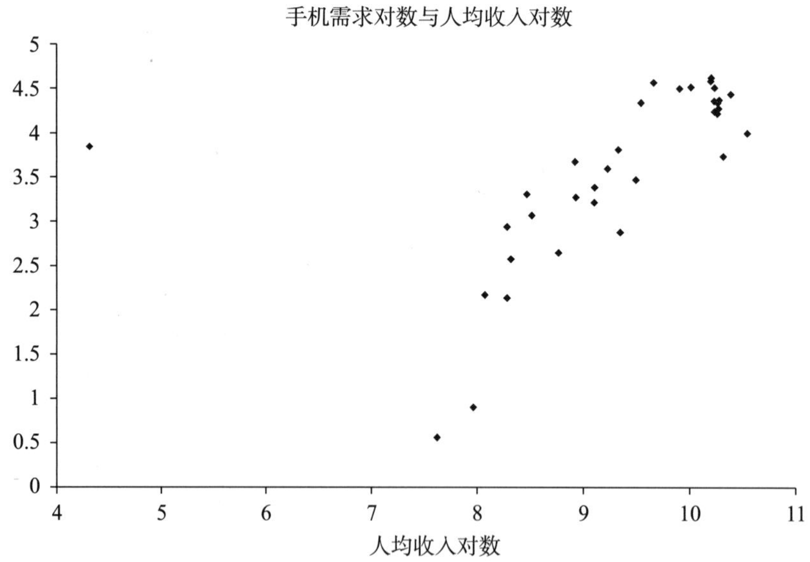

(c) 第一幅图似乎呈现出非恒定的方差，而第二幅图则显得稳定得多。在第二幅图中，保加利亚的影响更极端（最左边的那一点），表明它可能是一个异常值。

(d) 不考虑在（c）部分中讨论的那个问题，则第二个模型最有可能得到较小的标准误，因而也更一致的估计量。

(e) 双对数回归结果如下：

$$\ln \text{Cellphone}_i = -0.9374 + 0.4864 \ln \text{PCIncome}_i$$
$$t = (-0.830)\ (4.018) \qquad r^2 = 0.3353$$

ln PCIncome 的系数意味着弹性，因此人均收入每增加 1 个百分点，手机需求量将预计增加约 0.486 个百分点。

(f) p 值约为 0.000，因此斜率系数是统计上显著的。

(g) 对于线性模型，弹性并不是显而易见的。然而，对数线性模型已经包含了与变量弹性相关的结果。为了计算弹性，我们需要计算下式：

$$\frac{\partial \text{Cellphone}}{\partial \text{PCIncome}} \frac{\overline{\text{PCIncome}}}{\overline{\text{Cellphone}}} = 0.0022 \frac{\overline{\text{PCIncome}}}{\overline{\text{Cellphone}}}$$

其中，变量上面的横线表示各自样本数据的均值。因此，我们需要知道这些变量的均值来计算弹性。它们是：平均人均收入=15 819.865，平均手机需求量=49.574。那么计算出的弹性就是：

$$elasticity = 0.0022 \times \frac{15\,819.865}{49.574} = 0.7021$$

(h) 有差别。更好的选择应该是使用双对数模型而不是线性模型。

6.21 (a)

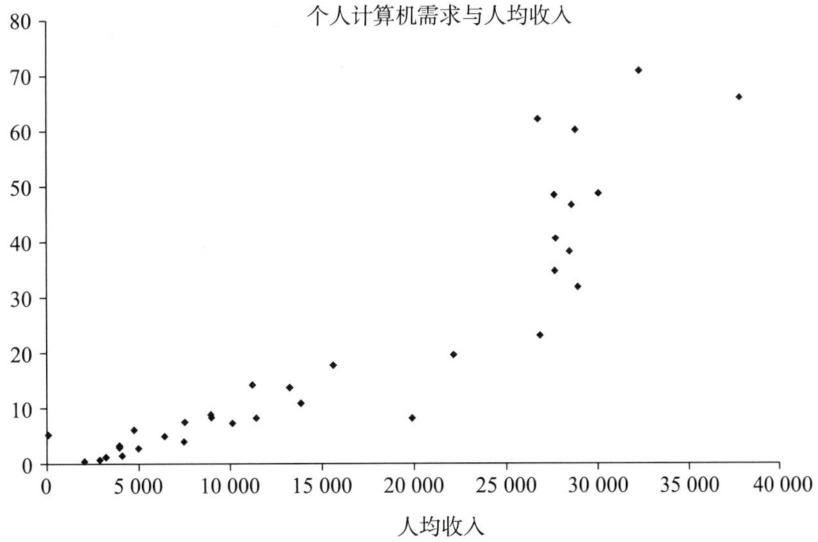

(b)

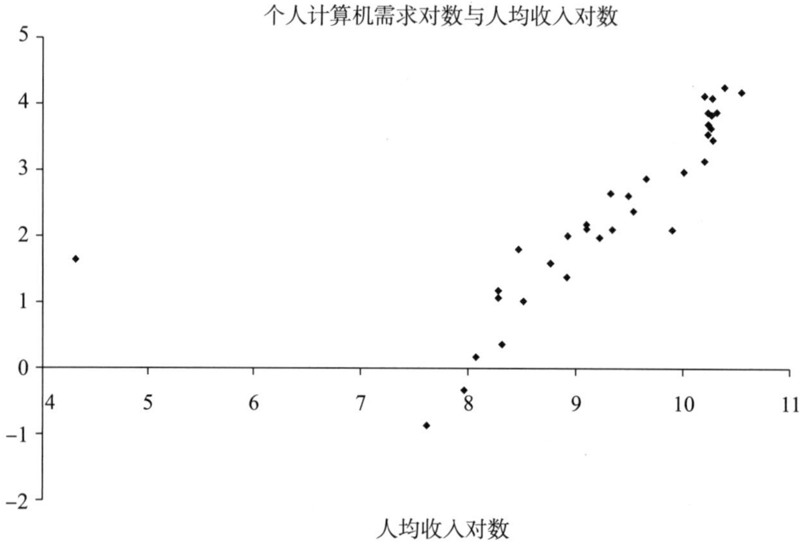

(c) 第一幅图似乎呈现出非恒定的方差，而第二幅图则显得稳定得多。在第二幅图中，保加利亚的影响更极端（最左边的那一点），表明它可能是一个异常值。

(d) 不考虑在（c）部分中讨论的那个问题，则第二个模型最有可能得到较小的标准误，因而也是更一致的估计量。

(e) 双对数回归结果如下：

$$\ln \mathrm{PC}_i = -5.2712 + 0.8269 \ln \mathrm{PCIncome}_i$$
$$t = (-4.181)\ (6.116) \qquad r^2 = 0.5390$$

ln PCIncome 的系数意味着弹性，因此人均收入每增加 1 个百分点，个人计算机需求量将预计增加约 0.827 个百分点。笼统地看，似乎个人计算机的需求比手机需求更快地受到收入变化的影响。这可能是由于现在手机是如此地无所不在，以至其需求相对缺乏弹性。

(f) p 值约为 0.000，因此斜率系数是统计上显著的。

(g) 对于线性模型，弹性并不是显而易见的。然而，对数线性模型已经包含了与变量弹性相关的结果。为了计算弹性，我们需要计算下式：

$$\frac{\partial \mathrm{PCs}}{\partial \mathrm{PCIncome}} \frac{\overline{\mathrm{PCIncome}}}{\overline{\mathrm{PCs}}} = 0.0018 \frac{\overline{\mathrm{PCIncome}}}{\overline{\mathrm{PCs}}}$$

其中，变量上面的横线表示各自样本数据的均值。因此，我们需要知道这些变量的均值来计算弹性。它们是：平均人均收入=15 819.865，平均个人计算机需求量=21.429。那么计算出的弹性就是：

$$elasticity = 0.0018 \times \frac{15\,819.865}{21.429} = 1.329$$

（h）有差别。更好的选择应该是使用双对数模型而不是线性模型。

6.22 （a）线性回归结果如下：

$$\text{Cellphone}_i = 29.2342 + 0.9492\ \text{PCs}_i$$
$$t = (4.851) \quad (4.782) \qquad r^2 = 0.4168$$

（b）p 值约为 0.000，因此斜率系数是统计上显著的。

（c）这必须取决于哪个变量被认为是给定的和哪个变量被认为是因变量。

（d）做相反方向的回归将得到具有相同 r^2 和 t 值、相反符号的截距项以及倒数的斜率值的结果。结果基本上是等价的，因而斜率系数也是统计上显著的。*

（e）如何选择将仅仅取决于研究者的目的。

* 原书中 c 和 d 的答案有些紊乱，这里做了必要的调整。——译者注

第7章 多元回归分析：估计问题

问　答　题

7.1 回归结果为

$$\hat{\alpha}_1=-3.00;\ \hat{\alpha}_2=3.50$$
$$\hat{\lambda}_1=4.00;\ \hat{\lambda}_2=-1.357$$
$$\hat{\beta}_1=2.00;\ \hat{\beta}_2=1.00;\ \hat{\beta}_3=-1.00$$

(a) 不等于。给定模型（3）是真实模型，则 $\hat{\alpha}_2$ 是 $\hat{\beta}_2$ 的一个有偏误的估计量。

(b) 不等于。$\hat{\lambda}_3$ 是 $\hat{\beta}_3$ 的一个有偏误的估计量，原因同上。这里的教训是，模型误设导致真实模型的参数估计出现偏误。

7.2 利用教科书中的公式，回归结果如下：

$$\hat{Y}_i=53.1612+0.727X_{2i}+2.736X_{3i}$$
$$\text{se}=\qquad(0.049)\qquad(0.849)$$
$$R^2=0.9988;\bar{R}^2=0.9986$$

7.3 为方便起见，略去观测下标 i，有

$$\hat{\beta}_2=\frac{\left(\sum yx_2\right)\left(\sum x_3^2\right)-\left(\sum yx_3\right)\left(\sum x_2x_3\right)}{\left(\sum x_2^2\right)\left(\sum x_3^2\right)-\left(\sum x_2x_3\right)^2}$$
$$=\frac{\left(\sum yx_2\right)-\left(\sum yx_3\right)\left(\sum x_2x_3\right)/\left(\sum x_3^2\right)}{\left(\sum x_2^2\right)-\left(\sum x_2x_3\right)^2/\left(\sum x_3^2\right)}$$

$$=\frac{(\sum yx_2)-(\sum yx_3)b_{23}}{(\sum x_2^2)-b_{23}(\sum x_2x_3)} \qquad \text{利用 } b_{23}=\frac{\sum x_2x_3}{\sum x_3^2}$$

$$=\frac{\sum y(x_2-b_{23}x_3)}{\sum x_2(x_2-b_{23}x_3)}$$

7.4 既然我们知道 $u_i \sim N(0,4)$，便可以利用这些参数从一个正态分布中生成 25 个观测数据。大多数计算机软件都能例行做这个工作。利用这 25 次观测，计算样本方差 $S^2=\frac{\sum(X_i-\bar{X})^2}{24}$，其中 X_i 为 u_i 在 25 次观测样本中的观测值。再重复这个过程 99 次，这样就会得到 100 个 S^2，并取其平均值，则这个平均值应该接近 $\sigma^2=4$。为了近似得更好，有时也需要重复数据生成过程 100 次以上。

7.5 从教科书中的方程（7.11.7）可得到

$$R^2=r_{13}^2+(1-r_{13}^2)r_{12.3}^2$$

因此

$$r_{12.3}^2=\frac{R^2-r_{13}^2}{1-r_{13}^2}$$

这就是偏判定系数，并可解释为 Y 的变异中未被 X_3 解释的部分因 X_2 的引入而得到解释的比例。

7.6 给定的方程可以写成

$$X_1=(-\alpha_2/\alpha_1)X_2+(-\alpha_3/\alpha_1)X_3$$

或 $$X_2=(-\alpha_1/\alpha_2)X_1+(-\alpha_3/\alpha_2)X_3$$

或 $$X_3=(-\alpha_1/\alpha_3)X_1+(-\alpha_2/\alpha_3)X_2$$

因此，偏回归系数为

$$\beta_{12.3}=-(\alpha_2/\alpha_1); \quad \beta_{13.2}=-(\alpha_3/\alpha_1)$$

$$\beta_{21.3}=-(\alpha_1/\alpha_2); \quad \beta_{23.1}=-(\alpha_3/\alpha_2)$$

$$\beta_{31.2}=-(\alpha_1/\alpha_3); \quad \beta_{32.1}=-(\alpha_2/\alpha_3)$$

回想习题 3.6 有

$$r_{12.3}=\sqrt{(\beta_{12.3})(\beta_{21.3})}=\sqrt{\frac{(-\alpha_2)(-\alpha_1)}{(\alpha_1)(\alpha_2)}}=\sqrt{1}=\pm 1$$

7.7 (a) 不可能。r 值在绝对值上不可能超过 1，读者将数据代入方程（7.11.2），就可以验证 $r_{12.3}=2.295$，这在逻辑上是不可能的。

(b) 有可能。重复上述过程得到 $r_{12.3}=0.397$，这是有可能的。

(c) 有可能。同样可以得到 $r_{12.3}=0.880$，这是有可能的。

7.8 如果你从模型中漏掉了工作年限变量（X_3），那么受教育年限（X_2）的系数将是有偏误的，偏误的性质取决于 X_2 和 X_3 之间的相关系数。结果导致标准差、残差平方和和 R^2 都随之出现偏误。这是变量遗漏偏误的一个例子。

7.9 在双对数模型中，斜率系数直接给出左边变量对右边变量（常）弹性的估计值，

这里

$$\frac{\partial \ln Y}{\partial \ln X_2}=\frac{\partial Y/Y}{\partial X_2/X_2}=\beta_2$$

$$\frac{\partial \ln Y}{\partial \ln X_3}=\frac{\partial Y/Y}{\partial X_3/X_3}=\beta_3$$

7.10 (a)&(b) 如果你将 X_2 乘以 2，从方程（7.4.7）和（7.4.8）可以验证，斜率系数并不受影响。另一方面，如果你将 Y 乘以 2，斜率系数和截距及其标准差都将乘以 2。所以，要牢记回归子和回归元的度量单位。

7.11 我们从方程（7.11.5）知道

$$R^2=\frac{r_{12}^2+r_{13}^2-2r_{12}r_{13}r_{23}}{1-r_{23}^2}$$

因此，当 $r_{23}=0$ 即 X_2 和 X_3 不相关时，$R^2=r_{12}^2+r_{13}^2$，即多元判定系数等于 Y 对 X_2 回归的判定系数与 Y 对 X_3 回归的判定系数之和。

7.12 (a) 把模型 B 重写成

$$\begin{aligned}Y_t&=\beta_1+(1+\beta_2)X_{2t}+\beta_3X_{3t}+u_t\\&=\beta_1+\beta_2^*X_{2t}+\beta_3X_{3t}+u_t\end{aligned}$$

其中 $\beta_2^*=1+\beta_2$，因此这两个模型很相似，模型的截距也相同。

(b) 两个模型中 X_3 的斜率系数的 OLS 估计值相同。

(c) $\beta_2^*=(1+\beta_2)=\alpha_2$。

(d) 不能，因为两个模型中的回归子不同。

7.13 (a) 利用 OLS 我们得到

$$\begin{aligned}\hat{\alpha}_2&=\frac{\sum y_ix_i}{\sum x_i^2}=\frac{\sum(x_i-z_i)x_i}{\sum x_i^2}\\&=1-\frac{\sum z_ix_i}{\sum x_i^2}=1-\hat{\beta}_2\end{aligned}$$

即储蓄对收入的回归系数（即边际储蓄倾向）等于 1 减去消费对收入的回归系数（即边际消费倾向），换言之，这两个边际倾向之和为 1，鉴于总收入等于总消费与总储蓄之和，所以应该是这样的。顺便指出，$\hat{\alpha}_1=-\hat{\beta}_1$。

(b) 是。消费函数的 RSS 为 $\sum(Y_i-\hat{\alpha}_1-\hat{\alpha}_2X_i)^2$，现在用 X_i-Y_i 替代 Z_i，便得到 $\hat{\alpha}_1=-\hat{\beta}_1$ 和 $\hat{\alpha}_2=1-\hat{\beta}_2$，并可以验证这两个 RSS 相等。

(c) 不能。因为两个模型的回归子不同。

7.14 (a) 如 6.9 节中所讨论的那样，为了使用经典正态线性回归模型，我们必须假定

$$\ln u_i \sim N(0,\sigma^2)$$

在估计完这个柯布-道格拉斯模型后，得到残差，并用残差进行正态性检验，比如雅克-贝拉检验。

(b) 不适用。如 6.9 节中所讨论的那样，

$$u_i \sim \log-\text{normal}[e^{\sigma^2/2}, e^{\sigma^2}(e^{\sigma^2}-1)]$$

7.15 (a) 正态方程为：

$$\sum Y_i X_{2i} = \beta_2 \sum X_{2i}^2 + \beta_3 \sum X_{2i} X_{3i}$$
$$\sum Y_i X_{3i} = \beta_2 \sum X_{2i} X_{3i} + \beta_3 \sum X_{3i}^2$$

(b) 不等于。原因同双变量模型情形。

(c) 是的，这些条件仍成立。

(d) 取决于其背后的经济理论。

(e) 这是对上述正态方程的直接推广。

实证分析题

7.16 (a) 线性模型：

$$\hat{Y}_t = 10\ 816.04 - 2\ 227.704X_{2i} + 1\ 251.141X_{3i} + 6.283X_{4i} - 197.399X_{5i}$$
$$se = (5\ 988.348)(920.538) \quad (1\ 157.021) \quad (29.919) \quad (101.156)$$
$$R^2 = 0.835$$

这个模型中的斜率系数用于度量 Y 相对有关变量的变化率。

(b) 对数线性模型：

$$\ln\hat{Y}_t = 0.627 - 1.274\ln X_{2i} + 0.937\ln X_{3i} + 1.713\ln X_{4i} - 0.182\ln X_{5i}$$
$$se = (6.148)(0.527) \quad (0.659) \quad (1.201) \quad (0.128)$$
$$R^2 = 0.778$$

这个模型中的所有偏斜率系数都是 Y 对相关变量的偏弹性。

(c) 由于玫瑰花是正常商品，所以预期自价格弹性为负，替代品的交叉价格弹性为正，互补品的交叉价格弹性为负，收入弹性为正。

(d) 对于线性模型，弹性的一般公式为：

$$弹性 = \frac{\partial Y}{\partial X_i}\frac{\overline{X}_i}{\overline{Y}}$$

其中，X_i 为相关回归元，即线性模型中的弹性可以在均值处计算。

(e) 两个模型给出了类似的结果。对数线性模型的优势之一是，斜率系数给出了因变量对相应回归元（常）弹性的直接估计值。但必须记住，这两个模型的 R^2 是不能直接进行比较的。

7.17 (a) 先验地看，所有这些变量对解释野猫活动都很重要。除了趋势变量外，所有其他变量的斜率系数预计都为正，而趋势变量的系数可正可负。

(b) 模型估计结果为

$$\hat{Y}_i = -37.186 + 2.775X_{2i} + 24.152X_{3i} - 0.011X_{4i} - 0.213X_{5i}$$

$$se = (12.877)\quad(0.57)\quad(5.587)\quad(0.008)\quad(0.259)$$
$$R^2 = 0.656;\ \bar{R}^2 = 0.603$$

(c) 每桶石油价格与国内产量两个变量在5%的显著性水平上都是统计显著的，并具有预期的符号。其他变量在统计上都不显著地异于0。

(d) 对数线性是另一种设定。除了给出弹性的直接估计值外，如果存在非线性关系的话，它还可能刻画了这种非线性关系。

7.18 (a) 回归结果为

$$\hat{Y}_i = 19.443 + 0.018X_{2i} - 0.284X_{3i} + 1.343X_{4i} + 6.332X_{5i}$$
$$se = (3.406)(0.006)\quad(0.457)\quad(0.259)\quad(3.024)$$
$$R^2 = 0.978;\quad \bar{R}^2 = 0.972;\quad 修正的\ R^2 = 0.734$$

(b) 先验预期所有斜率系数都为正。除了美国军事销售变量的系数外，其他所有变量都具有预期的符号，并在5%的显著性水平上统计显著。

(c) 大体上，联邦支出和某种形式的趋势变量或许有价值。

7.19 (a) 模型（5）看来最好，因为它包含了所有经济相关的变量，其中包括鸡肉替代品的综合真实价格，这个变量有助于减轻模型（4）中牛肉价格与猪肉价格之间可能存在的多重共线性。模型（1）没有包含替代品信息，而模型（2）和模型（3）只包含替代品的有限信息。

(b) $\ln X_2$ 的系数代表收入弹性；$\ln X_3$ 的系数则代表自价格弹性。

(c) 模型（2）只考虑了替代品中的猪肉，而模型（4）则同时考虑了猪肉和牛肉。

(d) 或许牛肉价格与猪肉价格之间存在多重共线性的问题。

(e) 是的。模型（5）可能会减轻多重共线性的问题。

(f) 它们应该是替代品，因为作为食物消费品，它们与鸡肉相互竞争。

(g) 模型（5）的回归结果如下：

$$\ln\hat{Y}_t = 2.030 + 0.481\ln X_{2t} - 0.351\ln X_{3t} - 0.061\ln X_{6t}$$
$$se = (0.119)(0.068)\quad(0.079)\quad(0.130)$$
$$R^2 = 0.980;\quad \bar{R}^2 = 0.977;\quad 修正的\ R^2 = 0.810$$

其中收入弹性和自价格弹性都具有正确的符号。

(h) 估计模型（2）的后果是，由于错误地设定了模型，所以估计量很可能存在偏误，这个专题将在第13章详细讨论。

7.20 (a) 在其他条件不变的情况下，失业率提高1%将导致辞职率平均上升0.34%，雇员中25岁以下者所占的比例上升1%将导致辞职率平均增加1.22%，制造业就业相对比率提高1%将导致辞职率增加1.22%，妇女就业率提高1%将导致辞职率增加0.8%，而在研究期内，辞职率平均每年下降0.54%。

(b) 是的，预计辞职率与失业率之间负相关。

(c) 随着25岁以下雇员的增加，由于年轻工人流动性大，所以预计辞职率会上升。

(d) 下降率为 0.54%。随着工作条件的改善和退休金的提高，辞职率很可能会下降。

(e) 不，低只是一个相对概念。

(f) 由于 t 值给定，所以我们很容易计算标准误。在真实的 $\beta_i=0$ 的虚拟假设之下，我们有：

$$t=\frac{\hat{\beta}_i}{\operatorname{se}(\hat{\beta}_i)}\Rightarrow \operatorname{se}(\hat{\beta}_i)=\frac{\hat{\beta}_i}{t}$$

7.21 (a) 回归结果如下：

$$\widehat{\ln M2}=1.2394+0.5243\ln RGDP_t-0.0255\ln TBRATE_t$$
$$se=(0.6244)(0.1445)\qquad(0.0513)\qquad R^2=0.7292$$

使用长期利率（30 年国债）的回归结果如下：

$$\widehat{\ln M2_t}=1.4145+0.4946\ln RGDP_t-0.0516\ln LTRATE_t$$
$$se=(1.3174)(0.2686)\qquad(0.1501)\qquad R^2=0.7270$$

虽然两个模型的收入弹性(0.524 3 和 0.494 6)和利率弹性(−0.025 5 和−0.051 6)没有太大的差别，但我们在第 8 章将会看到，利用短期利率（TBRATE）的回归将给出更好的统计结果。

(b) 文献中把 M/GDP 称为**剑桥的** k（Cambridge k），它代表人们愿意将收入以货币形式持有的比例。这个比率对利率很敏感，因为持现通常要放弃利息收入，所以后者代表了持现的（机会）成本。回归结果如下：

$$\ln\left(\frac{M2}{GDP}\right)_t=3.4785-0.1719\ln TBRATE_t$$
$$se=(0.0780)(0.0409)\qquad R^2=0.5095$$

$$\ln\left(\frac{M2}{GDP}\right)_t=3.8318-0.3123\ln LTRATE_t$$
$$se=(0.1157)(0.0532)\qquad R^2=0.6692$$

由于这两个模型都是双变量回归模型，读者可以验证，与先验预期一样，剑桥的 k 与利率在统计上呈反向关系。从数值上看，它对长期利率比对短期利率更敏感。既然这两个模型中的因变量相同，所以我们可以看到，使用长期利率作为回归元的模型的 R^2 较大，表明拟合得更好。

(c) 答案在习题 8.29 中给出。

7.22 拟合柯布-道格拉斯生产函数的结果如下：

Dependent Variable: LOG (OUTPUT)

Sample: 1961 1987

Included observations: 27

Variable	Coefficient	Std. Error	t-Statistic	Prob.
C	−11.936 60	3.211 064	−3.717 335	0.001 1
LOG (LABOR)	2.328 402	0.599 490	3.883 972	0.000 7
LOG (CAPITAL)	0.139 810	0.165 391	0.845 330	0.406 3

R-squared	0.971 395	Mean dependent var	4.493 912
Adjusted R-squared	0.969 011	S. D. dependent var	0.461 432
S. E. of regression	0.081 229	Akaike info criterion	−2.078 645
Sum squared resid	0.158 356	Schwarz criterion	−1.934 663
Log likelihood	31.061 71	F-statistic	407.501 7
Durbin-Watson stat	0.373 792	Prob (F-statistic)	0.000 000

(a) 所估计的产出/劳动弹性和产出/资本弹性都为正，与预期的符号一样。但如同我们在下一章将看到的那样，这些结论在经济上讲不通，资本对产出基本上没有什么影响，如果正确的话，很让人吃惊。我们以后会看到，可能数据中存在多重共线性的问题。

(b) 回归结果如下：

Dependent Variable: LOG (PRODUCTIVITY)

Date: 07/29/00 Time: 18: 11

Sample: 1961 1987

Included observations: 27

Variable	Coefficient	Std. Error	t-Statistic	Prob.
C	−1.155 956	0.074 217	−15.575 33	0.000 0
LOG (CLRATIO)	0.680 756	0.044 535	15.285 71	0.000 0

R-squared	0.903 345	Mean dependent var	−2.254 332
Adjusted R-squared	0.899 479	S. D. dependent var	0.304 336
S. E. of regression	0.096 490	Akaike info criterion	−1.767 569
Sum squared resid	0.232 758	Schwarz criterion	−1.671 581
Log likelihood	25.862 18	F-statistic	233.652 8
Durbin-Watson stat	0.263 803	Prob (F-statistic)	0.000 000

产出劳动比（即劳动生产力）相对资本劳动比的弹性约为 0.68，意味着如果后者提高 1%，则劳动生产力平均提高约 0.68%。发达国家的一个关键特征就是，其资本劳动比都比较高。

7.23 这是一个课堂练习，注意，你的答案将取决于你重复的次数。重复的次数越多，接近程度就越好。

7.24 (a) $C_t = -20.6327 + 0.7340 Y_d + 0.0360 \text{Wealth} - 5.5212 \text{Interest}$

$t =$ (−1.608 5)(53.376 2) (14.488 2)　(2.306 7)　$R^2 = 0.9994$

(b) 在 5%的显著性水平，三个自变量都是统计上显著的。看来收入（Y_d）和财富的增加与消费的增加相联系，而利率的提高与消费水平的下降相关。这合乎逻辑。

7.25 (a) 使用一个变换的时间指数（其中 $t=1$ 表示 1995 年 1 月 3 日的第一个观测，$t=260$ 表示 1999 年 12 月 20 日的观测），线性回归模型就是：

$$Close_t = -4.6941 + 0.5805\, t$$

$$t = (-0.6822) \quad (12.7005) \qquad R^2 = 0.3847$$

尽管自变量时间在 5%（而且即使 1%）的显著性水平统计上显著，但 R^2 值不是很大。看看图中的弯曲状况，这毫不奇怪。

(b) $Close_t = 72.6825 - 1.1915t + 0.0068t^2$

$$t = (8.9214)(-8.2661) \quad (12.6937) \qquad R^2 = 0.6218$$

是的，这个模型比（a）中的模型拟合得更好。两个时间变量都显著，且 R^2 值大幅提高了。

(c) $Close_t = -10.8543 + 2.6128\, t - 0.0296t^2 + 0.00009\, t^3$

$$t = (-1.415) \quad (10.2865) \quad (-13.0938) \quad (16.3256) \quad R^2 = 0.8147$$

这个三次方模型拟合得最好。所有三个时间变量都显著，且 R^2 值最高，提高了几乎 20%。

第 8 章 多元回归分析：推断问题

问 答 题

8.1 (a) 在第一个模型中，销售量是时间的线性函数，于是销售量随时间的变化率（dY/dt）就是一个等于 β_1 的常数，与时间 t 无关。而在第二个模型中，由于 $dY/dt=\alpha_1+2\alpha_2 t$，所以销售变化率就不是一个常数，而是与时间 t 有关。

(b) 最简单的办法就是将 Y 对时间描点。如果如此得到的散点图看起来像抛物线，可能二次模型比较合适。

(c) 用这个模型描述一个人的收入经历或许比较恰当。很明显，当一个人刚进入劳动市场时，他的收入较低，随着经验的积累，收入也不断增加，但过了一定的年龄之后，收入便开始下降。

(d) 从几家汽车制造厂的网站、汽车杂志或美国汽车联合会搜寻数据。

8.2

$$F=\frac{(\mathrm{ESS}_{\mathrm{new}}-\mathrm{ESS}_{\mathrm{old}})/NR}{\mathrm{RSS}_{\mathrm{new}}/(n-k)} \tag{8.5.16}$$

其中，NR＝新回归元的个数。将分子和分母同时除以 TSS，并根据 $R^2=\mathrm{ESS}/\mathrm{TSS}$ 和 $1-R^2=\mathrm{RSS}/\mathrm{TSS}$，代入方程（8.5.16）便得到（8.5.18）。

8.3 这是一个定义上的问题，如教材中提到的，无约束回归被称为长回归或新回归，而受约束回归则被称为短回归。二者的差别在于模型中所包含的回归元个数。

8.4 在 OLS 估计中，我们在不对估计量作任何限制的情况下最小化 RSS。因此，此时的 RSS 代表了真正最小的 RSS 或 $\mathrm{RSS}_{\mathrm{UR}}$。在对一个或多个参数施加约束时，由于施加了限制，可能得不到绝对最小的 RSS。（数学系的同学会联想到约束和无约束最优化的程序。）于是，除非所施加的限制完全正确，此时这两个 RSS 项将相同*，否则便有 $RSS_R > RSS_{UR}$。回想 $R^2 = 1 - RSS/TSS$，于是

$$R^2_{UR} = 1 - RSS_{UR}/TSS \geqslant R^2_R = 1 - RSS_R/TSS$$

注意，无论我们是否施加限制，TSS 都是相同的，都等于 $\sum_{i=1}^{n}(Y_i - \bar{Y})^2$ 。

8.5 (a) 令 log K 的系数为 $\beta^* = \beta_2 + \beta_3 - 1$。利用通常的 t 检验，检验虚拟假设 $\beta^* = 0$。若确实存在规模报酬不变，则 t 值会很小。

(b) 如果我们定义 Y/K 为产出资本比（对资本生产力的一种度量），L/K 为劳动资本比，那么，这个回归中的斜率系数的含义是，劳动资本比变化 1 个百分点，导致资本生产力的平均百分比变化。

(c) 即使这种分析是对称的，假定规模报酬不变，此时的斜率系数表示，资本劳动比变化 1 个百分点，导致劳动生产力平均变化多少个百分点。发达国家与发展中国家的区别是：发达国家一般都具有更高的资本劳动比。

8.6 从方程（8.5.11）开始，首先把它写成

$$F = \frac{(n-k)R^2}{(k-1)(1-R^2)}$$

即 $$F\frac{k-1}{n-k} = \frac{R^2}{1-R^2}$$

经过整理也可写成

$$R^2 = \frac{F(k-1)}{F(k-1)+(n-k)}$$

这是一个理想的结果。对回归（8.2.1）而言，$n=64$，$k=3$。所以近似有 $F_{0.05(2,62)} = 3.15$（注意，自由度使用 60 而非 62）。于是，将这些数值代入 R^2 的表达式便得到

$$R^2 = \frac{2\times 3.15}{2\times 3.15 + 61} = \frac{6.30}{67.3} = 0.0936$$

这就是在 5% 的显著性水平上 R^2 的临界值。由于我们在方程（8.2.1）中所观测到的 R^2 值 0.707 7 远大于这个临界值，所以我们拒绝真实 R^2 值为 0 的虚拟假设。

8.7 由于回归（2）是（1）的受限制形式，所以我们可以首先计算方程（8.5.18）中给出的 F 比率：

$$F = \frac{(R^2_{\text{new}} - R^2_{\text{old}})/1}{(1-R^2_{\text{new}})/(n-k)} = \frac{0.9776 - 0.9388}{(1-0.9776)/17} = 27.033$$

回想 $F_{1,17} = t^2_{17}$，即 $t^2_{17} = 27.033$，于是 $t = \sqrt{27.033} = 5.1993$。在趋势变量的真实斜率系数为 0 的虚拟假设下，我们得到

$$t = \frac{\hat{\beta}_3}{\text{se}(\hat{\beta}_3)}$$

* 从总体上看。——译者注

于是

$$\text{se}(\hat{\beta}_3)=\frac{\hat{\beta}_3}{t}=\frac{23.195}{5.1993}=4.461$$

考虑到四舍五入的误差，这就约等于 4.275 0。

8.8 第一个模型可以另写成

$$\ln Y_i-\ln X_{2i}=\alpha_1+\alpha_2\ln X_{2i}+\alpha_3\ln X_{3i}+u_i$$

经合并同类项后可写成

$$\ln Y_i=\alpha_1+(1+\alpha_2)\ln X_{2i}+\alpha_3\ln X_{3i}+u_i$$

现在，上述模型与采用 β 系数的第二个模型看起来是一样的，只是 α 系数和 β 系数之间具有如下关系：

$$\hat{\beta}_2=(1+\alpha_2),\ \hat{\beta}_3=\hat{\alpha}_3,\ \hat{\beta}_1=\hat{\alpha}_1$$

因此，β 估计系数的标准误很容易利用已知的 α 估计系数的标准误推导出来。

8.9 理解这一项的最好办法是，找出 Y（消费支出）对 X_2 和 X_3 的变化率，即

$$\frac{\partial Y}{\partial X_2}=\beta_2+\beta_4X_3$$

$$\frac{\partial Y}{\partial X_3}=\beta_3+\beta_4X_2$$

可以看出，消费支出相对收入的平均变化不仅取决于收入，还取决于财富水平。类似地，消费支出相对财富的平均变化不仅取决于财富，还取决于收入，即收入和财富变量相互影响。除了在回归中以和的形式引入这两个变量外，通过引入收入和财富的交互项或乘积项，便可以刻画这种相互影响。只有在 $\beta_4=0$ 时，边际消费倾向才独立于财富。

8.10 回想 t 分布和 F 分布之间的关系，我们从第一个方程知道 $F_{1,n-k}=t^2_{n-k}$，因此

$$F=(-4.728)^2=22.3540$$

现在利用方程（8.5.11）：

$$F=\frac{(n-k)R^2}{(k-1)(1-R^2)}=\frac{(n-2)\times 0.6149}{1\times 0.3851}=22.3540$$

从中解出 $n\approx 16$。注意：在第一个方程中，$k=2$ 且 $R^2=0.6149$。

8.11 (a) 不太可能，除非在高度多重共线性的情况下。

(b) 较可能，这种情况在应用研究中频繁发生。

(c) 较可能，实际上这就是理想情形。

(d) 较可能，此时回归模型无用。

(e) 如果一个系数的显著性不足以补偿另一个系数的不显著性，那就可能发生。①

(f) 不大可能。

① 对此的进一步讨论，参见 Adrian C. Darnell，*A Dictionary of Econometrics*，Edward Elgar，UK.，1994，pp. 394-395。

实证分析题

8.12 参考习题 7.21 中的回归结果。

(a) 使用国债利率作为利率，收入和利率弹性分别为 0.524 3 和−0.025 5。使用长期利率，相应的弹性分别为 0.494 6 和−0.051 6。

(b) 个别地看，收入弹性在两种情况下都是显著的，而利率弹性则不然。

(c) 使用方程（8.5.11）中给出 R^2 形式的 F 检验，F 值为 21.542 9（使用短期利率）和 21.307 8（使用长期利率）。在两种情况下，F 值的 p 值都几乎为 0，从而拒绝了收入和利率联合起来对货币需求仍没有影响的虚拟假设。

(d) 这里的虚拟假设是收入弹性系数为 1。为了检验虚拟假设，我们使用如下 t 检验：

$$t=\frac{0.5243-1}{0.1445}=-3.2920 \qquad \text{使用短期利率作为利率变量}$$

$$t=\frac{0.4946-1}{0.2686}=-1.8816 \qquad \text{使用长期利率作为利率变量}$$

根据 19 次观测和 2 个回归元，我们得到自由度为 16。由于预计收入弹性系数为正，所以我们可以使用单侧检验。自由度为 16 时，显著性水平为 5%的单侧临界 t 值为 1.746。在这个显著性水平下，我们可以拒绝收入弹性为 1 的虚拟假设；它实际上小于 1。

8.13 (a) 弹性为−1.34。在真实弹性系数为 0 的虚拟假设下：

$$t=-\frac{1.43}{0.32}=-4.4687$$

所以它显著地异于 0。得到这样一个 t 值的 p 值极低。但在真实弹性为−1 的虚拟假设下：

$$t=\frac{-1.34+1}{0.32}=-1.0625$$

所以弹性系数并不显著异于 1。这个 t 值并不显著。

(b) 由于在 0 虚拟假设下的 t 值小于 1，所以收入弹性尽管为正，但并不显著异于 0。

(c) 利用公式（7.8.4）我们得到

$$\bar{R}^2=1-(1-R^2)\frac{n-1}{n-k}$$

由于在本例中 $\bar{R}^2=0.27$，$n=46$ 且 $k=3$，所以 $R^2\approx0.3026$，读者可以自行验证。

8.14 (a) 先验地，预期薪水与每个解释变量都正相关，结果正是如此。偏系数 0.280 意味着，在其他条件不变的情况下，CEO 薪水对销售额的弹性为 0.28%；系数 0.017 4 意味着，在其他条件不变的情况下，若股权收益率提高 1 个百分点（注意，不是1%），则CEO的薪水约上升1.07%。类似地，在其他条件不变的情况下，公司股票回报率提高1个百分点，则CEO薪水约上升0.024%。

(b) 在每个真实的总体系数都为0的个别或分离虚拟假设下，你可以通过将系数估计值除以其标准误而得到 t 值。模型中四个系数的 t 值分别为13.5、8、4.25和0.44。由于样本足够大，所以使用 $2t$ 经验法则，你可以看出前三个系数都是个别高度统计显著的，而最后一个则不显著。

(c) 为了检验总显著性，即所有斜率都等于0，使用方程（8.5.11）给出的 F 检验，得到

$$F=\frac{R^2/(k-1)}{(1-R^2)/(n-k)}=\frac{0.283/3}{0.717/205}=27.02$$

在虚拟假设下，这个 F 值服从分子和分母的自由度分别为3和205的 F 分布，得到这样一个 F 值的 p 值极低，从而拒绝了虚拟假设。

(d) 由于因变量是对数形式，而roe和ros都是线性形式，所以这些变量的系数都给出了半弹性，即对回归元的单位绝对变化导致因变量的增长率。

8.15 利用方程（3.5.8），读者可以验证 $r_{12}=0.9989$，$r_{13}=0.9885$ 和 $r_{23}=0.9839$，利用7.11节中给出的公式，读者应该可以验证 $r_{12.3}=0.9705$，$r_{13.2}=0.678$ 和 $r_{23.1}=-0.4930$。利用习题中给出的费雪检验，读者应该可以验证

$$t_{12.3}=\frac{r_{12.3}\sqrt{15-1-2}}{\sqrt{1-r_{12.3}^2}}=13.590$$

根据同样的程序，可验证 $t_{13.2}=3.20$ 和 $t_{23.1}=1.963$。这些 t 值在5%的显著性水平上都是统计显著的。

8.16 (a) 真实价格指数的对数和上一年利率的对数解释了农用拖拉机（一种资本形式）存量对数变异中的79%。由于这是一个双对数模型，所以斜率系数就是（偏）价格弹性。这两个价格弹性都具有先验预期的符号。

(b) 每个偏斜率系数在5%的显著性水平上都是个别显著的，而且每个都显著异于1。

(c) 利用方程（8.5.12）我们得到：

$$F=\frac{R^2/(k-1)}{(1-R^2)/(n-k)}=\frac{0.793/2}{0.207/28}=53.63$$

根据 $n=31$ 和 $k=3$，读者可以验证这个 F 值是高度显著的。

(d) 见（a）部分。

(e) 使用（c）中给出的 F 检验。

8.17 (a) 其他条件不变，当年最终产出的价格上涨1英镑，导致雇员人均工资平均上升约0.34英镑或34便士。类似地，上一年最终产出的价格上涨1英镑，导致雇员人均工资和薪水平均上升约0.004英镑。保持所有其他情况均不变，失业率上升1个百分点，导致雇员人均工资或薪水平均下降约2.56英镑。这三个回归元解释了雇员人均工资和薪水变异的约87%。

(b) 如果将估计的系数除以标准误，就得到在对应真实总体系数为 0 的虚拟假设下的 t 值。这三个斜率系数的估计 t 值分别为 4.55、0.055 和 −3.89，其中第一个和第三个是统计显著的，而第二个不是。

(c) 如我们在有关分布滞后模型的章节中将要研究的那样，包括这个变量是为了在上一年最终产出价格存在滞后效应的时候度量这种滞后效应。

(d) 如果我们并不认为模型存在遗漏一个重要变量方面的设定误差，那么既然这个系数的 t 值不显著，我们或许可以将它从模型中去掉。但在模型设定的章节中，我们会更深入地讨论这个问题。

(e) 利用如下（标准的）弹性公式：

$$\frac{\partial W}{\partial U}\frac{\overline{U}}{\overline{W}}=-2.56\frac{\overline{U}}{\overline{W}}$$

其中，变量上方的横线表示取其样本数据的平均值。

8.18 (a) 其他条件不变，职位空缺率提高 1 个百分点，导致雇员人均工资和薪水平均上升 5.29 英镑；人均 GDP 提高 1 英镑，导致雇员人均工资和薪水平均下降约 12 便士；当年和上一年进口价格上涨 1 英镑，导致雇员人均工资和薪水平均上升约 5 便士。

(b) 如上题，在 0 虚拟假设下，估计出四个变量的 t 值分别是 6.51、−1.04、2.45 和 2.42，除第二个外，其他 t 值都是统计显著的。

(c) 人们凭经验预期，较高的人均生产力会导致更高的工资和薪水。由于在目前的例子中，t 值仅接近 −1，所以估计系数并非统计显著异于 0，于是这种预期的关系并不成立。

(d) 这样做的目的是为了刻画当年和上一年进口价格对工资和薪水的分布滞后影响。如果进口价格上升，预计生活成本也上升，因此工资和薪水也随之上涨。

(e) 由于 X 变量的符号错误且 t 值很低，所以，如果不存在设定误差，X 变量便可以从模型中去掉。

(f) 使用如下 F 检验：

$$F=\frac{R^2/(k-1)}{(1-R^2)/(n-k)}=\frac{0.934/4}{0.66/14}=49.53$$

这个 F 值是高度显著的，因为在分子和分母的自由度分别为 4 和 14 的情况下，显著性水平为 1% 的 F 临界值为 5.04。

8.19 对收入弹性，检验统计量为

$$t=(0.4515-1)/0.0247=-22.2065$$

这个 t 值高度显著，拒绝了真实收入弹性为 1 的假设。对价格弹性，检验统计量为

$$t=(-0.3772+1)/0.0635=9.808$$

这个 t 值也高度显著，从而得到真实价格弹性异于 −1 的结论。

8.20 虚拟假设是 $\beta_2=-\beta_3$，即 $\beta_2+\beta_3=0$。利用方程（8.6.5）中给出的 t 统计量，我

们得到：

$$t=\frac{0.4515+(-0.3772)}{\sqrt{(0.0247)^2+(0.0635)^2-2\times(-0.0014)}}=0.859$$

这个 t 值在5%的显著性水平上并不显著，所以没有理由拒绝这个虚拟假设。

8.21 (a) 自价格弹性为－1.274。

(b) 我们从 t 检验得到 $t=\frac{1.274-0}{0.527}=2.4174$，在虚拟假设下得到这样一个 t 值的 p 值约为0.034，还是相当小的，所以我们还是拒绝了真实价格弹性为0的虚拟假设。

(c) 同样，利用标准公式可以得到：

$$t=\frac{-1.274-(-1)}{0.527}=-0.5199$$

由于这个 t 值并非统计显著，所以我们不能拒绝真实价格弹性为1的虚拟假设。

(d) 预计两个符号都为正，尽管没有一个变量是统计显著的。

(e) 可能是样本容量太小，以至无法发现石竹价格和收入对玫瑰需求在统计上显著的影响。此外，玫瑰支出在总收入中占如此小的比例，以至人们注意不到收入对玫瑰需求的影响。

8.22 (a) X_2 和 X_3 的系数是统计显著的，而 X_4 和 X_5 的系数则不是。

(b) 是的，使用 F 检验我们得到

$$F=\frac{0.656/4}{(1-0.656)/26}=12.392$$

自由度为4和26时5%的显著性水平上临界 F 值为2.74，所以拒绝 H_0。

(c) 利用半对数模型，我们得到

$$\log \text{野猫}=2.53203-0.0127\ \text{时间}$$
$$t=(38.3766)(-3.3514) \qquad R^2=0.2792$$

因此瞬时增长率为－1.27%，相应的复合增长率也约为－1.27%（取－0.0127的反对数得到0.9873，减去1后再乘以100即得）。注意：若 R 很小，$\ln(1+R)\approx R$。

8.23 (a) 参考习题7.18中给出的回归结果。凭经验，预计所有的斜率系数都为正，除了美国军事销售变量外，这里的确如此。R^2 也相当高，总体上，这个模型看起来令人满意。

(b) 我们可以使用教材中表8.5给出的 R^2 型方差分析表：

变异来源	SS	df	MSS
回归部分（ESS）	$0.978\left(\sum y_i^2\right)$	4	$\frac{0.978\sum y_i^2}{4}$
剩余部分（RSS）	$0.022\left(\sum y_i^2\right)$	15	$\frac{0.022\sum y_i^2}{15}$

在通常的虚拟假设下，F 比率为

$$F=(0.978/4)/(0.022/15)=166.33$$

这个 F 值是高度显著的，从而拒绝了所有斜率系数同时为 0 的虚拟假设。换言之，这四个变量一起对国防支出具有重要影响。

8.24 (a) 这个函数允许劳动和资本的边际产品在最终下降之前可以先递增。对于标准的柯布-道格拉斯生产函数，边际产品从一开始就递减。与通常的柯布-道格拉斯模型不同，这个函数还允许替代弹性的变化。

(b) 若 $\beta_4=\beta_5=0$，则 $e^0=1$，这是标准模型。

(c) 你可以使用约束最小二乘法的 F 检验。

(d) 结果如下：

Dependent Variable：LOG（GDP）

Sample：1955 1974

Included observations：20

Variable	Coefficient	Std. Error	t-Statistic	Prob.
C	−11.706 01	2.876 300	−4.069 814	0.001 0
LOG（LABOR）	1.410 377	0.590 731	2.387 512	0.030 6
LOG（CAPITAL）	0.942 699	0.194 542	4.845 735	0.000 2
LABOR	−9.06E-05	4.35E-05	−2.082 179	0.054 9
CAPITAL	−3.54E-07	4.15E-07	−0.853 032	0.407 1

R-squared	0.999 042	Mean dependent var	12.226 05
Adjusted R-squared	0.998 787	S. D. dependent var	0.381 497
S. E. of regression	0.013 289	Akaike info criterion	−5.591 475
Sum squared resid	0.002 649	Schwarz criterion	−5.342 542
Log likelihood	60.914 75	F-statistic	3 911.007
Durbin-Watson stat	1.065 992	Prob（F-statistic）	0.000 000

如这些计算结果所示，结果是模棱两可的。劳动的系数在统计上显著的同时，资本的系数却不显著。请将这些结果与使用标准柯布-道格拉斯生产函数的例 8.3 进行比较。

8.25 (a) 是的。燃料价格指数为负，且在 1%的显著性水平上统计显著。

(b) 产出损失为 6.486%[=(−0.108 1)×60%]。

(c) 趋势增长率为 0.45%。

(d) 对于这个样本，平均来说，劳动资本比提高 1%，导致产出增加 0.71%。

(e) 见上述问答题 8.11。如果每个系数都是个别统计显著的，那就不太可能有

$R^2=0$。在目前情况下

$$F=\frac{0.98/3}{(1-0.98)/118}=1\ 928.37$$

这个 F 值高度显著，所以能够拒绝 $R^2=0$ 的虚拟假设。

8.26 (a) EViews 3 结果如下：

Dependent Variable：Y

Sample：1968 1983

Included observations：16

Variable	Coefficient	Std. Error	t-Statistic	Prob.
C	5 962.656	2 507.724	2.377 716	0.038 8
X2	4.883 663	2.512 542	1.943 714	0.080 6
X3	2.363 956	0.843 559	2.802 361	0.018 7
X4	−819.128 7	187.707 2	−4.363 863	0.001 4
X5	12.010 48	147.049 6	0.081 676	0.936 5
X6	−851.392 7	292.144 7	−2.914 284	0.015 5

R-squared	0.822 750	Mean dependent var	7 543.125
Adjusted R-squared	0.734 125	S. D. dependent var	1 217.152
S. E. of regression	627.600 5	Akaike info criterion	16.001 68
Sum squared resid	3 938 824	Schwarz criterion	16.291 40
Log likelihood	−122.013 4	F-statistic	9.283 507
Durbin-Watson stat	2.484 497	Prob (F-statistic)	0.001 615

(b) 预期 β_2，β_3 和 β_6 为正而 β_4 和 β_5 为负。

(c) β_2，β_3 和 β_4 与预期一致，其他则不然。

(d) 如回归结果所示，X_3，X_4 和 X_6 在 5%的显著性水平上统计显著，X_2 在 10%的显著性水平上统计显著，但 X_5 在统计上不显著。

(e) 我们使用教材中讨论的约束最小二乘法，将 Y 只对 X_2，X_3 和 X_4 回归，我们得到 $R_R^2=0.601\ 2$。把所有回归元都包括进来，则如我们在 (a) 部分中给出的回归结果所见到的那样，$R_{UR}^2=0.822\ 7$。因此，我们利用方程 (8.7.10) 可得到

$$F=\frac{(0.822\ 7-0.601\ 2)/2}{(1-0.822\ 7)/10}=6.25$$

在分子和分母的自由度分别为 2 和 10 的情况下，5%的临界 F 值为 4.10，因此，我们拒绝变量 X_5 和 X_6 不属于这个模型的虚拟假设。

8.27 (a) 由于两个模型都是对数线性的，所以估计的斜率系数代表了因变量对相应回归元的（偏）弹性。比如，方程 (3) 中的系数 0.94 表示，如果产出的千瓦时数提高 1%，则总生产成本平均上升约 0.94%。类似地，在方程

（4）中，如果劳动价格与燃料价格之比提高 1%，则相对生产成本平均上升约 0.51%。

（b）利用如下 F 统计量：

$$F=\frac{(R_{\text{new}}^2-R_{\text{old}}^2)/NR}{(1-R_{\text{new}}^2)/(n-k)}=\frac{(0.364-0.336)/1}{(1-0.336)/24}=1.012$$

其中，NR 为约束个数。F 统计量不显著；分子和分母的自由度分别为 1 和 24 的 5%临界 F 值为 4.26，因此我们不能拒绝价格弹性之和为 1 的虚拟假设。注意：方程（3）和方程（4）中的因变量不同，所以没有使用方程（8.7.10）中 R^2 型 F 检验。

8.28 （a）不支持。γ_3 的估计值显著异于 0，因为它的 t 值为 5.3。

（b）是的，因为它阐明了理论的恰当性，同时如（a）中指出，它也是统计显著的。

（c）不是，因为美国国债的回报率看来太高了。

（d）不是，同样看来相对偏高。

（e）对近期 CAPM 文献的一个综述表明，这个模型或许在任何情况下都不太适当。

8.29 我们只讨论基于国债利率所得到的结果；基于长期利率的结果与之相仿。习题 7.21（a）中的模型是无约束模型，而（b）中的模型则是约束模型。由于两个模型的因变量不同，所以我们使用方程（8.7.9）中给出的 F 检验。约束和无约束条件下的 RSS 分别为0.077 2和0.046 3。注意，我们只施加了一个约束，即第一个模型中 Y 的系数为 1。

$$F=\frac{(0.0772-0.0463)/1}{0.0463/(19-3)}=10.69$$

在分子和分母的自由度分别为 1 和 16 时，5%显著性水平下 F 的临界值为 4.49，因此我们拒绝约束模型，并断定真实收入弹性小于 1。

8.30 为了使用方程（8.7.4）中的 t 检验，我们需要知道这两个斜率估计量之间的协方差。从所给数据可以看出 $\text{cov}(\hat{\beta}_2,\hat{\beta}_3)=-0.3319$。对墨西哥数据应用方程（8.7.4），我们得到

$$t=\frac{0.3397+0.8460-1}{\sqrt{0.0345+0.0087+2\times(-0.0173)}}=1.94$$

从 t 表上看，在 5%的显著性水平下，双侧检验的 t 值为 2.12，因此在这个显著性水平下，尽管两个系数之和大于 1，但我们仍不能拒绝规模报酬不变的虚拟假设。

8.31 （a）先验地，预计 CM 和 TFR 之间存在正相关关系，因为一个妇女生的孩子越多，由于健康和其他原因导致婴儿死亡率提高的可能性也就越大。

（b）人均 GNP 的系数并没有什么不同，但 FLR 的系数则看起来不同。为了看出这种差别是否真实，我们可以使用 t 检验。假若我们使用方程（1）并假设人均 GNP 的真实系数为−1.768 0，则可以使用如下 t 检验：

$$t=\frac{-2.2316-(-1.7680)}{0.2099}=\frac{-0.4636}{0.2099}=-2.2086$$

这个 t 值在绝对值上超过了 2，所以可以拒绝这个真实系数为－1.768 0 的虚拟假设。注意，由于观测次数足够多，所以我们这里使用了 $2t$ 经验法则。

(c) 我们可以把模型（1）视为模型（2）的约束型。由于两个模型中的因变量相同，所以我们可以使用方程（8.7.10）中给出的 R^2 型 F 检验。由此得到的 F 统计量如下：

$$F=\frac{(0.7474-0.7077)/1}{(1-0.7474)/(64-4)}=\frac{0.0397}{0.0042}=9.4523$$

在标准假定之下，它服从分子和分母的自由度分别为 1 和 60 的 F 分布，根据这个 F 分布，显著性水平为 1%时的临界值为 7.08。由于计算出来的 F 值超过了这个临界值，所以我们可以拒绝约束模型（1）并断定变量 TFR 属于这个模型。

(d) 回想 $F_{1,k}=t_k^2$，因此对上述（c）中给出的 F 值取正的平方根便得到 $t=\sqrt{9.4523}\approx3.0744$。因此，在模型（2）中 TFR 系数的真实值为 0 的虚拟假设下，通过将系数估计值除以上述 t 值，便可以得到估计 TFR 系数的标准误，即

$$\text{se}=12.8686/3.0744\approx4.1857$$

8.32 (a) 在模型Ⅰ中，斜率系数告诉我们广告支出的单位上升导致印象次数平均上升 0.363 个单位。在模型Ⅱ中，印象次数的（平均）上升率取决于广告支出水平。将 Y 对 X 求导便得到

$$\frac{dY}{dX}=1.0847-0.008X$$

这就意味着，随着广告支出的增加，印象次数上升的速度递减。

(b)&(c) 我们可以把模型Ⅰ视为模型Ⅱ的限制型或约束型，因此可以使用约束最小二乘法在两个模型之间进行判别。由于两个模型中的因变量相同，所以我们可以使用方程（8.7.10）中给出的 R^2 型 F 检验。结果如下：

$$F=\frac{(0.53-0.424)/1}{(1-0.53)/18}=\frac{0.106}{0.0261}=4.0613$$

在 F 检验的通常假定下，上述 F 值服从分子和分母的自由度分别为 1 和 18 的 F 分布，此时的临界值是 4.41（5%的显著性水平）和 3.01（10%的显著性水平）；p 值为 0.059 1 或约为 6%，与 5%接近，看来我们应该把变量 X^2 留在模型中。

(d) 如（b）中所指出，广告支出的边际报酬递减；若 X^2 项的系数为正，则广告支出的边际报酬将递增。取（b）中的导数等于 0 便得到 $1.0847=0.008X$，从而得到 $X=135.58$。在这个 X 水平上，Y 相对 X 的增长率为 0。由于 X 是以百万美元计的，所以我们可以说，在广告支出水平达到约

1.36 亿美元后，进一步增加广告支出对印象次数没有什么好处，当然，印象次数也是以百万次计的。

8.33 (a) 将回归 (7.9.4) 中的数据代入方程 (8.7.4) 便得到

$$t=\frac{1.4988+0.4899-1}{\sqrt{(0.5398)^2+(0.1020)^2-2\times 0.03843}}=\frac{0.9887}{0.4742}=2.0849$$

由于样本容量是 15，所以我们有 12 个自由度。上述 t 值在 5%的显著性水平上是显著的，表明台湾农业部门或许存在着规模报酬递增。

(b) 施加规模报酬不变的约束后，回归结果如下：

$$\ln(Y/X_2)=1.7086+0.6129\ln(X_3/X_2)$$
$$\text{se}=(0.4159)(0.0933) \qquad R^2=0.7685; \qquad \text{RSS}=0.0915$$

从回归 (7.9.4) 中得到无约束 RSS 为 $\text{RSS}_{\text{UR}}=0.0672$，从 (b) 中回归得到的约束 RSS 为 $\text{RSS}_{\text{R}}=0.0915$，利用方程 (8.7.9) 中给出的 F 检验得到

$$F=\frac{(0.0915-0.0672)/1}{0.0672/12}=4.3393$$

在 F 检验的通常假定下，上述 F 值服从分子和分母的自由度分别为 1 和 12 的 F 分布，得到这样一个大于等于 4.34 的 F 值的 p 值约为 0.059 3，或约为 6%，接近 5%的显著性水平。同样，看来台湾农业部门存在着规模报酬递增的情况。

值得指出的是，t 和 F 检验在显著性水平上的细微差别源于四舍五入。同样，由于约束模型和无约束模型中的因变量不同，所以我们不能使用 R^2 型 F 检验。

8.34 完全根据 8.8 节中给出的程序，便得到如下各种残差平方和：

$$\text{RSS}_1=1953.639 \ (1970\text{—}1982)$$
$$\text{RSS}_2=9616.213 \ (1983\text{—}1995)$$
$$\text{RSS}=23248.30 \ (1970\text{—}1995) \qquad \text{这是约束 RSS}$$
$$\text{RSS}_{\text{UR}}=1953.639+9616.213=11569.852$$

使用 F 检验得到

$$F=\frac{(\text{RSS}_{\text{R}}-\text{RSS}_{\text{UR}})/k}{\text{RRS}_{\text{UR}}/(n_1+n_2-2k)}=\frac{11678.448/2}{11569.852/22}=11.1032$$

得到大于等于 11 这么大的 F 值的 p 值约为 0.000 5，实际上概率很小。

尽管本题与 8.8 节中所讨论的例题大体结论相同，但储蓄—收入回归发生了统计显著的变化。不过，你从 F 值可以看出，答案取决于分割样本所选择的转折点。

8.35 (a) 线性模型的结果复制如下：

$$C_t=-20.6327+0.7340Y_d+0.0360\text{Wealth}-5.5212\text{Interest}$$

$t=$ (−1.608 5)(53.376 2) (14.488 2) (2.306 7) $R^2=0.999\ 4$

在5%的显著性水平下，三个自变量都是统计上显著的。看来收入（Y_d）和财富的增加与消费的增加相联系，而利率的提高与消费水平的下降相关。这合乎逻辑。

(b) 使用标准的弹性公式。例如，为了计算收入弹性，我们需要计算：

$$\frac{\partial C}{\partial Y_d}\frac{\overline{Y}_d}{\overline{C}}=0.073\ 4\frac{\overline{Y}_d}{\overline{C}}$$

其中，变量上方的横线表示它们各自在样本数据中的均值。

(c) 为了检验收入和财富的系数是否统计上相同，我们需要计算如下的 t 统计量：

$$t=\frac{\hat{\beta}_{Y_d}-\hat{\beta}_{Wealth}}{\sqrt{\text{var}(\hat{\beta}_{Y_d})+\text{var}(\hat{\beta}_{Wealth})-2\text{cov}(\hat{\beta}_{Y_d},\hat{\beta}_{Wealth})}}$$

它有 $n-4$ 个自由度。

(d) 回归结果如下（使用 EViews）：

Dependent Variable：Y

Method：Least Squares

Sample：1947 2000

Included observations：54

LOGC=C(1)+C(2) * LOGYD+C(3) * LOGWEALTH+C(4) * INTEREST

	Coefficient	Std. Error	t-Statistic	Prob.
C(1)	−0.467 711	0.042 778	−10.933 43	0.000 0
C(2)	0.804 873	0.017 498	45.998 36	0.000 0
C(3)	0.201 270	0.017 593	11.440 60	0.000 0
C(4)	−0.002 689	0.000 762	−3.529 265	0.000 9

R-squared	0.999 560	Mean dependent var	7.826 093
Adjusted R-squared	0.999 533	S. D. dependent var	0.552 368
S. E. of regression	0.011 934	Akaike info criterion	−5.947 703
Sum squared resid	0.007 121	Schwarz criterion	−5.800 371
Log likelihood1	64.588 0	Durbin-Watson stat	1.289 219

由于这是一个对数线性模型（对于除了利率之外所有变量），每个系数都代表弹性。

(e) 收入弹性是 0.804 9，意味着收入提高 1 个百分点将导致消费提高 0.804 9 个百分点。财富弹性为 0.201 3，因此财富提高 1 个百分点将导致消费提高 0.201 3 个百分点。当然，这些都是预期值。利率的系数给出了一个半弹性，因此，利率每上升 1 个单位，将导致消费下降 0.002 7 个百分点。

(f) 由于利率那一栏有一些负数值，因此我们不能直接对这些值取对数。一个负数的对数值不存在。

(g) 从（d）部分的模型中计算出来的弹性更为可靠。

(h) 这完全取决于分析的目的，如果弹性值是必需的，那么后一个模型就更有意义。

(i) 为了决定是否在模型中加入一个新变量，我们应该使用在 8.5 节中描述过的"增量 F 检验"。我们首先需要仅用收入的对数做回归，然后同时用收入的对数和财富的对数做第二个回归。为了做出决定，有必要构造一个类似表 8—6 的方差分析表。实际计算过程留予读者。

8.36 (a) 全部数据集模型的结果如下：

$$\text{Sav}_t = 184.8291 + 0.0037\ \text{Income}_t$$
$$t = (6.625) \quad (0.627)$$
$$R^2 = 0.0114 \qquad \text{RSS}_{full} = 265\,277.871 \qquad df = 34$$

而对于第三个时期（2002 年之后）：

$$\text{Sav}_t = 1\,430.9917 - 0.1550\ \text{Income}_t$$
$$t = (1.9296) \quad (-1.7640)$$
$$R^2 = 0.6087 \qquad \text{RSS}_{third} = 13\,310.9571 \qquad df = 2$$

最后一个必要的部分是除第三个时期外的全部年份的回归（也就是 2002 年之前）：

$$\text{Sav}_t = 145.2147 + 0.01857\ \text{Income}_t$$
$$t = (5.6613)\ (2.8914)$$
$$R^2 = 0.2179 \qquad \text{RSS}_{\min us\_third} = 163\,505.179 \qquad df = 30$$

这个方程的邹检验构造如下：

$$\text{RSS}_{UR} = \text{RSS}_{third} + \text{RSS}_{\min us\_third}$$
$$= 13\,310.9571 + 163\,505.179 = 176\,816.136$$
$$F = \frac{(\text{RSS}_R - \text{RSS}_{UR})\ /k}{\text{RSS}_{UR}/(n_1 + n_2 + k)}$$
$$= \frac{(265\,277.871 - 176\,816.136)/2}{176\,816.136/32}$$
$$= \frac{44\,230.868}{5\,525.504} = 8.005$$

对于 2 和 32 个自由度，教材中的 F 表给出了 1%显著性水平的临界值是 5.39（使用分母的自由度为 30，这更为保守）。因此，支持了在这两个时期间存在结构突变的观点。

(b) 全部数据集模型的结果如下：

$$\text{Sav}_t = 184.8291 + 0.0037\ \text{Income}_t$$
$$t = (6.625) \quad (0.627)$$
$$R^2 = 0.0114 \qquad \text{RSS}_{full} = 265\,277.871 \qquad df = 34$$

而对于第一个时期（1981 年之前）：

$$\text{Sav}_t = -5.707\ 5 + 0.101\ 8\ \text{Income}_t$$
$$t = \ (-0.517\ 0)(13.066\ 9)$$
$$R^2 = 0.944\ 7 \qquad \text{RSS}_{first} = 1\ 613.756 \qquad df = 10$$

最后一个必要的部分是除第一个时期外的全部年份的回归（也就是 1981 年之后）：

$$\text{Sav}_t = 394.341 - 0.030\ 1\ \text{Income}_t$$
$$t = \ (11.855\ 8) \qquad (-5.124\ 2)$$
$$R^2 = 0.544\ 1 \qquad \text{RSS}_{\min us\_first} = 69\ 568.439 \qquad df = 22$$

这个方程的邹检验构造如下：

$$\text{RSS}_{UR} = \text{RSS}_{first} + \text{RSS}_{\min us\_first}$$
$$= 1\ 613.756 + 69\ 568.439 = 71\ 182.195$$
$$F = \frac{(RSS_R - RSS_{UR})/k}{RSS_{UR}/(n_1 + n_2 + k)}$$
$$= \frac{(265\ 277.871 - 71\ 182.195)/2}{71\ 182.195/32} = \frac{97\ 047.838}{2\ 093.594}$$
$$= 46.354\ 7$$

对于 2 和 32 个自由度，教材中的 F 表给出了 1%显著性水平的临界值是 5.39（使用分母的自由度为 30，这更为保守）。因此，这支持了在这两个时期间存在结构突变的观点。

(c) 中间一个时期的结果略微有所不同，因为这一时期需要分别先后与第一个时期和第三个时期对比。我们怎样辨别第一个时期和第三个时期的变化方式是否相同？这一分析的结果留给读者。

第9章 虚拟变量回归模型

问　答　题

9.1 (a) 如果模型中出现截距，则引入 11 个虚拟变量；若没有截距，则引入 12 个虚拟变量。

(b) 如果模型中包含截距，则引入 5 个虚拟变量；但若没有截距（即过原点回归），则引入 6 个虚拟变量。

9.2 (a) 根据经济理论，预期 X_2 和 X_5 的系数为正；X_3，X_8 和 X_9 的系数为负；X_4 的系数可正可负，取决于妻子的年龄和子女数量。可能年龄与 6 岁以下子女数或 6～13 岁子女数之间的交互项更有助于阐明年龄与意愿工作小时数之间的关系。

(b) 保持所有其他因素不变，预计意愿工作小时数会高于（共同的）截距 1 286 小时。但这个系数的符号为负，不过由于它在统计上不显著，所以我们就 X_6 对（平均）Y 的影响也无话可说。至于 X_7，其符号预期为正，结果也的确如此。不仅如此，它还是统计显著的，因为 t 值相当高。

(c) 可能是由于年龄和受教育程度之间以及它们与子女数之间的共线性所致。还要注意，这个模型并不包括丈夫的受教育年限。

9.3 (a) 这两个变量之间的关系预计为负相关，因为如果失业率高，标志着劳动市场很冷淡，雇主也就不太可能发布工作岗位空缺的广告。

(b) 为 3.899 8(=2.749 1+1.150 7)。由于虚拟系数是统计显著的，所以 1966 年第四季度以后的失业率在统计上高于 1966 年第四季度以前的失业率。

(c) 由于差别虚拟系数仅在 5%的显著性水平上显著，所以我们可以说回归函数的斜率在两个时期是不同的。

(d) 很可能是对的。通过提供更慷慨的失业救济金，政府减少了失业者的机会成本。

9.4 结果表明，1974 年与样本中其他年份相比，石油价格平均每桶高出 5.22 美元。斜率系数 0.30 美元对整个样本都一样。这里的图与教材中图 9—3（b）很相像，1974 年的回归线在纵轴上的截距为 5.22，斜率为 0.3；其他年份的回归线的斜率同样为 0.3，但经过原点。

9.5 (a) 男教授：$E(Y_i)=(\alpha_1+\alpha_2)+\beta X_i$

女教授：$E(Y_i)=\alpha_1+\beta X_i$

保持 X 不变，男性平均薪水高出 α_2。

(b) 男教授：$E(Y_i)=(\alpha_1+2\alpha_2)+\beta X_i$

女教授：$E(Y_i)=(\alpha_1+\alpha_2)+\beta X_i$

保持 X 不变，男性平均薪水仍高出 α_2。

(c) 男教授：$E(Y_i)=(\alpha_1-\alpha_2)+\beta X_i$

女教授：$E(Y_i)=(\alpha_1+\alpha_2)+\beta X_i$

保持 X 不变，男性和女性平均薪水的差别为 $2\alpha_2$。

由于虚拟变量的度量是任意的，所以没有哪种方法比其他方法更好。对一个给定的数据，答案不会随着虚拟变量尺度的变化而改变。

9.6 根据第 8 章的内容，我们可以使用如下 t 检验：

$$t=\frac{(\hat{\beta}_2-\hat{\beta}_3)-(\beta_2-\beta_3)}{\mathrm{se}(\hat{\beta}_2-\hat{\beta}_3)}$$

但在 $\beta_2=\beta_3$ 的虚拟假设下，上述表达式分子中的第二项为 0，同时注意到

$$\mathrm{se}(\hat{\beta}_2-\hat{\beta}_3)=\sqrt{\mathrm{var}(\hat{\beta}_2)+\mathrm{var}(\hat{\beta}_3)-2\mathrm{cov}(\hat{\beta}_2,\hat{\beta}_3)}$$

在本例中可以证明 $\mathrm{se}(\hat{\beta}_2-\hat{\beta}_3)=84.8392$。因此上述 t 统计量变成

$$t=\frac{245.3750-347.6250}{84.8392}=-1.2055$$

这个 t 值是不显著的，导致了如下的结论：尽管 D_2 和 D_3 的系数都各自统计上显著地不同于第一季度，但 D_2 和 D_3 的系数却不是显著地不同于对方。

同理，为了检验 D_2 和 D_4 的系数是相同的，我们可以得到如下 t 值：

$$t=\frac{245.3750-(-62.1250)}{84.8392}=3.6245$$

这个 t 值是统计上显著的，表示 D_2 和 D_4 的系数是不同的。

这个问题最后一个部分的答案是否定的。逻辑上，如果 A 与 B 不同且 A 与 C 不同，并不一定能得出 B 与 C 也不同的结论。当然，你可以用 t 检验来定量回答这个问题。

9.7 (a)&(b) 回归（9.5.6）中系数的标准误可直接从方程（9.5.4）得到。但为了得到方程（9.5.7）中系数的标准误，我们就必须得到 $(\hat{\alpha}_2+\hat{\alpha}_3)$ 和 $(\hat{\beta}_1+\hat{\beta}_2)$ 的标准

误，这就要用到两（或多）个系数之和（差）的标准误的统计公式，见习题 9.6 中提示所给出的公式。由于这个公式涉及相应系数的协方差，所以没有这方面的信息，我们就不能计算标准误。

就本例而言，

$\text{var}(\hat{\alpha}_1)=406.6205$，$\text{var}(\hat{\alpha}_2)=1\,094.443$，$\text{var}(\hat{\beta}_1)=0.00021$

$\text{var}(\hat{\beta}_2)=0.000255$，$\text{cov}(\hat{\alpha}_1,\hat{\alpha}_2)=-406.6205$

$\text{cov}(\hat{\beta}_1,\hat{\beta}_2)=-0.00021$

于是，

$$\text{se}(\hat{\alpha}_1+\hat{\alpha}_2)=\sqrt{406.6205+1\,094.443-2\times 406.6205}=26.2263$$

$$\text{se}(\hat{\beta}_1+\hat{\beta}_2)=\sqrt{0.00021+0.000255-2\times 0.00021}=0.0067$$

注意：由于四舍五入和近似误差，所以这些标准误与方程（8.8.2a）中所报告的标准误多少有些出入。

9.8 (a) 暂时忽略虚拟变量，由于这是一个双对数回归，所以每个估计系数都代表一个弹性。因此，如果 X_2（银行的办公室或分支机构的数量）提高 1%，则 FDIC 检查者所需耗费的时间平均上升约 0.22%，这可能反映出某种形式的规模经济。其他进行对数处理的 X 变量的系数都可类似解释。凭经验，所有这些取对数的 X 变量的系数都应该为正，结论也正是如此。

(b)&(c) 由于回归子是对数形式，所以我们必须根据 Halvorsen 和 Palmquist 的建议对虚拟变量的系数进行解释。将每个虚拟变量的估计系数取反对数并减去 1，然后再将这个差乘以 100，便得到虚拟变量从 0 变为 1 导致回归子的百分数变化。比如，考虑系数$D_4=-0.2572$，取反对数得到 0.773 2，减去 1 并乘以 100 后得到−22.68%。因此，若检查与评级同时进行，则 FDIC 检查所需的小时数约节约 23%。其他虚拟系数可类似解释。

9.9 (a)&(c) 其他条件不变，如果预期通货膨胀率上升 1 个百分点，则预期国债（TB）平均利率下降约 0.13 个百分点，这在经济意义上讲不通。不过，TB 系数的 t 值只有−1.34，所以并非统计显著。如果失业率上升 1 个百分点，预期 TB 平均利率下降约 0.71 个百分点。这个系数的 t 值为−4.24，所以是统计显著的。这在经济意义上也讲得通，因为更高的失业率意味着经济开始停滞，联储可能会降低 TB 利率以刺激经济复苏。如果基础货币增加一个单位，那么，在其他条件不变的情况下，预期 TB 利率会下降；因为随着基础货币的增加，通过货币乘数使货币供给增加，从而导致利率下降。Y 的滞后值系数为正且统计显著。滞后值考虑了变化的动态，这是在分布滞后模型一章中所要讨论的话题。

(b) 在 1979 年末，美联储主席保罗·沃克（Paul Volker）将货币政策从钉住利率转向钉住基础货币，目标在于削减美国当时相对较高的通货膨胀率。通过紧缩基础货币，导致 TB 利率提高，最终使通货膨胀率下降了很多。顺便指出，虚拟系数也是统计显著的。

9.10 把模型写成

$$Y_i=\alpha_1+\alpha_2 D+\beta_1 X_i+\beta_2(X_i-X^*)D+u_i$$

其中，当 $X_i>X^*$ 时，$D=1$，

当 $X_i<X^*$ 时，$D=0$。

假定 $E(u_i)=0$，我们得到：

$$E(Y_i|D=0,\ X_i<X^*)=\alpha_1+\beta_1 X_i$$
$$E(Y_i|D=1,\ X_i>X^*)=(\alpha_1+\alpha_2)+(\beta_1+\beta_2)(X_i-X^*)$$

因此，当 X_i 超过 X^* 时，截距跳跃 α_2，而斜率的改变超过了 β_2。

9.11 (a) 这里在拟定虚拟变量时假定了一个固定（比例）的差异；即连锁店的规模是折扣商店规模的 10 倍，而便利店的规模又是连锁店规模的 10 倍（或折扣商店的 100 倍）。显然，这种假定是任意的。

(b) 恰如所料，名牌可乐比无牌可乐更贵。同样在预料之中的是，小瓶装比大瓶装更贵。这个模型解释了可乐价格变异中的约 60%。

(c) 虚拟变量对越小的容器赋予的值越大。

9.12 (a) 对数形式收入变量的系数是一个半弹性，即收入改变 1%导致预期寿命的绝对变化量。

(b) 该系数表明，在其他条件不变的情况下，人均收入提高 1%，则平均预期寿命可能提高约 0.093 9 年。（见第 6 章关于线性对数模型的讨论。）

(c) 引入该回归元以刻画把人均收入提高到临界值 1 097 美元之上对预期寿命的影响。这个回归元告诉我们，如果一个人的收入高于这个临界值，那么他预期会多活的年数。但估计系数的 p 值约为 0.161 8，所以这个系数估计值在统计上不显著。

(d) 对人均收入水平低于 1 097 美元的国家，其回归方程为

$$-2.40+9.39\ln X_i$$

对人均收入超过 1 097 美元的国家，其回归方程为

$$-2.40+(9.39-3.36)\ln X_i+3.36\times 7=21.12+6.03\ln X_i$$

尽管这两个回归在数值上看起来不同，但在统计上并非如此，因为方程最后一项的系数在统计上为 0。看来，如果把人均收入超过 1 097 美元的国家定义为富国的话，那么，穷国和富国的预期寿命不存在统计上显著的区别。

9.13 (a)&(b) β_1 给出了前 20 次观测中 Y 的期望值，β_2 给出了后 30 次观测中 Y 的期望值的变化量，而后 30 次观测中 Y 的实际期望值为 $\beta_1+\beta_2$。

(c) 利用熟知的公式求出两个或多个随机变量之和或差的方差（见教材附录 A），可以证明：

$$\text{var}(\hat{\beta}_1+\hat{\beta}_2)=\text{var}(\hat{\beta}_1)+\text{var}(\hat{\beta}_2)+2\text{cov}(\hat{\beta}_1,\hat{\beta}_2)$$

为了得到具体数值，我们利用第 3 章有关双变量模型的公式，可得到：

$$\text{var}(\hat{\beta}_1)=\frac{\sum D_i^2}{n\sum(D_i-\bar{D})^2}\sigma^2$$

$$= \frac{1}{50} \times \frac{30}{12} \times 300 = 15$$

$$\mathrm{var}(\hat{\beta}_2) = \frac{\sigma^2}{\sum (D_i - \bar{D})^2} = \frac{300}{12} = 25$$

我们被告知这两个变量之间的协方差为 15，综上可得 $\mathrm{var}(\hat{\beta}_1 + \hat{\beta}_2) = 10$。

注意：验证 $\sum (D_i - \bar{D})^2 = 12$。

9.14 (a) 预期这两个变量之间为负相关。

(b) 是的。

(c)&(d) 在那些没有颁布工作权法案的州，平均加入工会的比例约为 19.8%，而在那些颁布了这一法律的州，入会比例约低 9.39 个百分点，实际入会比例约为 10.42%。

9.15 利用第 3 章的 OLS 公式，我们知道：

$$\hat{\beta}_2 = \frac{\sum (D_i - \bar{D}) Y_i}{\sum (D_i - \bar{D})^2} \tag{1}$$

现在很容易验证，$\bar{D} = \frac{\sum D_i}{n} = \frac{n_2}{n}$；若 $D=1$，则 $D_i - \bar{D} = \frac{n_1}{n}$；若 $D=0$，则 $D_i - \bar{D} = -\frac{n_2}{n}$，现在，方程（1）中的分母可写成

$$\begin{aligned} \sum (D_i - \bar{D})^2 &= \sum_{i=1}^{n_1} (D_i - \bar{D})^2 + \sum_{i=1}^{n_2} (D_i - \bar{D})^2 \\ &= n_1 \left(\frac{-n_2}{n} \right)^2 + n_2 \left(\frac{n_1}{n} \right)^2 \\ &= \frac{n_1 n_2}{n} \end{aligned}$$

方程（1）中的分子可写成

$$\begin{aligned} \sum (D_i - \bar{D}) Y_i &= \sum_{i=1}^{n_1} (D_i - \bar{D}) Y_i + \sum_{i=1}^{n_2} (D_i - \bar{D}) Y_i \\ &= -\frac{n_2}{n} \sum_{i=1}^{n_1} Y_i + \frac{n_1}{n} \sum_{i=1}^{n_2} Y_i \\ &= \frac{n_1 n_2}{n} (\bar{Y}_{cg} - \bar{Y}_{hg}) \end{aligned}$$

所以 $\hat{\beta}_2 = \bar{Y}_{cg} - \bar{Y}_{hg}$，代入截距公式即得 $\hat{\beta}_1 = \bar{Y} - \hat{\beta}_2 \bar{D} = \bar{Y}_{hg}$。

9.16 (a) 2.4%。

(b) 由于差别截距系数和斜率系数都是高度显著的，所以两个时期人口的水平值和增长率都不同。1978 年以前的增长率为 1.5%，而 1978 年以后的增长率则是 2.6%(=1.5%+1.1%)。

实证分析题

9.17 对两个时期分别回归，我们发现第一个时期的 $\hat{\sigma}_1^2=0.007\ 68$（自由度为 30），而第二个时期的 $\hat{\sigma}_2^2=0.036\ 38$（自由度为 17）。于是，在两个总体方差相同的假定下，根据方程（8.8.8），如下比率服从 F 分布

$$F=\hat{\sigma}_2^2/\hat{\sigma}_1^2 \sim F_{(n_1-k),(n_2-k)}$$

在本例中，$k=2$，$n_1=32$，$n_2=19$，将相关值代入上述表达式得到 $F=4.736\ 9$。得到大于等于 4.736 9 这样大的一个 F 值的 p 值极小，约为 0.000 01。结论便是，两个子区间的方差并不相同。

9.18 由于模型（9.7.3）和（9.7.4）中的因变量相同，所以我们可以使用方程（8.7.10）中给出的 R^2 型 F 检验。在本例中，从方程（9.7.3）得到约束 R^2（即 R_R^2）为 0.531 8，从方程（9.7.4）得到无约束 R^2（即 R_{UR}^2）为 0.729 8。在本例中，$n=2$，$k=5$，$m=1$（确定你是否得到这个结果）。将这些数值代入方程（8.7.10）便得到

$$F=\frac{(0.729\ 8-0.531\ 8)/1}{(1-0.729\ 8)/(32-5)}=19.8$$

它服从分子和分母的自由度分别为 1 和 27 的 F 分布。得到大于等于 19.8 这样大的 F 值的 p 值（自由度分别为 1 和 27）实际上为 0。得到的结论是，模型（9.7.3）所施加的约束即排除变量 X 不能成立。实证地说，就是模型中应该引入变量 X，即耐用品支出。

9.19 此时虚拟变量 Z 在 $D=0$ 时取值 2，在 $D=1$ 时取值 5。利用这个虚拟变量设定，我们得到如下结论：

Dependent Variable：SAVINGS

Method：Least Squares

Sample：1970 1995

Included observations：26

Variable	Coefficient	Std. Error	t-Statistic	Prob.
C	−100.636 3	37.884 04	−2.656 429	0.014 4
INCOME	0.123 978	0.024 574	5.045 035	0.000 0
Z	50.826 18	11.027 46	4.609 058	0.000 1
Z* INCOME	−0.021 823	0.005 327	−4.096 340	0.000 5

R-squared	0.881 944	Mean dependent var	162.088 5
Adjusted R-squared	0.865 846	S. D. dependent var	63.204 46
S. E. of regression	23.149 96	Akaike info criterion	9.262 501
Sum squared resid	11 790.25	Schwarz criterion	9.456 055
Log likelihood	−116.412 5	F-statistic	54.784 13
Durbin-Watson stat	1.648 454	Prob（F-statistic）	0.000 000

现在在将上述结论与方程（9.5.4）、（9.5.6）和（9.5.7）相比较时必须注意，变量 Z 的取值为 2（$D=0$ 时）和 5（$D=1$ 时）。为了得到与方程（9.5.6）相仿的储蓄—收入回归（即在原虚拟变量为 0 时），只要出现 Z，便赋值 2，于是得到：

1970—1981 年储蓄—收入回归方程：

$$\begin{aligned}\text{Savings} &= [-100.6363+2\times 50.826180] \\ &\quad +[0.123978-2\times 0.02182]\text{Income} \\ &= 1.0161+0.0803\text{Income}\end{aligned}$$

除四舍五入误差外，这个结果与方程（9.5.6）中的结果相同。

1982—1995 年储蓄—收入回归方程：

$$\begin{aligned}\text{Savings} &= [-100.6363+5\times 50.8262] \\ &\quad +[0.12398-5\times 0.021820]\text{Income} \\ &= 153.4947+0.0148\text{Income}\end{aligned}$$

这个结果与方程（9.5.7）一样。

本题的信息是，就其本质而言，虚拟变量的数值可任意选择。

9.20 如你所料，方程（9.5.4）中虚拟系数变成 -152.4786，而（D_tX_t）系数的符号将变为正。截距项将变成 153.497 3，而收入变量的系数将为 0.014 8。所有这一切都顺理成章。

9.21 (a) 由于虚拟变量以对数形式进入方程，而 0 的对数没有意义，所以通过重新定义虚拟变量为 1 和 10，我们可以得到这些数字的对数。

(b)&(c) 回归结果如下（圆括号中为 t 值）：

$$\begin{aligned}\ln \text{Savings}_t &= -0.1589+0.6695\ln \text{Income}_t-0.00029\ln D_t \\ t &= (-0.2074)\quad(6.2362)\qquad\qquad(-0.00505) \\ R^2 &= 0.8780\end{aligned}$$

由于虚拟系数在统计上并不显著，所以从实际应用的目的来看，这两个截距项是相同的。对截距系数 -0.1589 的解释是，它表示在所有回归元都取值 0 时储蓄的对数值。取其反对数，我们得到 0.853 1（10 亿美元）。当然，这个数字或许没有什么经济意义。

将上述回归结果与如下包含交互影响的回归结果进行比较或许有些意思：

$$\begin{aligned}\ln \text{Savings}_t &= -2.0048+0.9288\ln \text{Income}_t+2.3278\ln D_t-0.2985(\ln D_t^*\ \text{Income}_t) \\ t &= (-2.6528)\quad(8.7596)\quad(3.9696)\quad(-3.9820) \\ R^2 &= 0.9291\end{aligned}$$

现在你得到了一个完全不同的结论，级差截距和虚拟变量的斜率系数都显著。1982—1995年期间，MPS（边际储蓄倾向）为 0.630 3，而上一个期间的 MPS 则为 0.928 8。同样，第一个子期间的截距项为负，而第二个子期间的截距项则为正。

上述计算表明，错误的设定可以改变结论。

9.22 （a）我们以如下表格的形式给出三种厨具的结果：

厨具类型	截距	D_2	D_3	D_4	R^2
洗碗机	748.250	8.25	42.875	49.875	0.021 9
(t)	(13.824)	(0.10)	(0.56)	(0.65)	
污物碾碎机	887.00	−77.50	−55.50	11.12	0.081 0
(t)	(18.806 6)	(−1.16)	(−0.83)	(0.16)	
洗衣机	1 225.625	−45.25	1.00	−106.875	0.169
(t)	(33.221 9)	(−0.867 3)	(0.01)	(−2.05)	

（b）斜率系数实际上是级差截距，第一季度为基准季度。只有洗衣机第四季度的虚拟变量在统计上显著异于第一季度；从而表明只有洗衣机表现出某种形式的季节性。这个结论与方程（9.7.3）中给出的关于冰箱的结论形成对照，冰箱在第二季度和第三季度（而不是第四季度）存在季节性。

（c）由于洗碗机和污物碾碎机销售额中没有统计上看得见的季节性，所以无须对数据去除季节变化。对于洗衣机，回归残差就代表着去除季节变化的时间序列。

9.23 从 EViews 得到的回归结果如下：在下表中，D_1、D_2 和 D_3 为第二、第三和第四季度的虚拟变量。DISH、DISP 和 WASH 分别表示洗碗机、污物碾碎机和洗衣机的销售额，以千台为单位，而 DUR 则表示以十亿美元为单位的耐用品支出。虽然我们没有讨论表中给出的所有统计量，但在本书的以后部分会讨论到所有这些统计量。

Dependent Variable：DISH

Method：Least Squares

Sample：1978：1　1985：4

Included observations：32

Variable	Coefficient	Std. Error	t-Statistic	Prob.
C	106.841 9	168.801 0	0.632 946	0.532 1
D1	5.840 220	62.141 76	0.093 982	0.925 8
D2	24.148 39	62.320 67	0.387 486	0.701 4
D3	29.812 85	62.347 50	0.478 172	0.636 4
DUR	2.322 680	0.590 194	3.935 452	0.000 5

R-squared	0.378 492	Mean dependent var	773.500 0
Adjusted R-squared	0.286 416	S. D. dependent var	147.119 4
S. E. of regression	124.277 5	Akaike info criterion	12.625 51
Sum squared resid	417 012.1	Schwarz criterion	12.854 53
Log likelihood	−197.008 2	F-statistic	4.110 677
Durbin-Watson stat	0.183 078	Prob（F-statistic）	0.009 944

Dependent Variable: DISP
Method: Least Squares
Sample: 1978 : 1 1985 : 4
Included observations: 32

Variable	Coefficient	Std. Error	t-Statistic	Prob.
C	56.401 25	81.473 05	0.692 269	0.494 7
D1	−80.620 57	29.993 19	−2.687 963	0.012 2
D2	−79.750 24	30.079 54	−2.651 312	0.013 3
D3	−14.854 71	30.092 49	−0.493 635	0.625 6
DUR	3.007 781	0.284 862	10.558 75	0.000 0

R-squared	0.820 847	Mean dependent var	856.531 2
Adjusted R-squared	0.794 306	S. D. dependent var	132.257 6
S. E. of regression	59.983 46	Akaike info criterion	11.168 62
Sum squared resid	97 146.41	Schwarz criterion	11.397 64
Log likelihood	−173.697 9	F-statistic	30.927 30
Durbin-Watson stat	0.733 166	Prob (F-statistic)	0.000 000

Dependent Variable: WASH
Method: Least Squares
Sample: 1978 : 1 1985 : 4
Included observations: 32

Variable	Coefficient	Std. Error	t-Statistic	Prob.
C	741.068 0	107.252 3	6.909 578	0.000 0
D1	−47.070 49	39.483 45	−1.192 157	0.243 6
D2	−13.147 17	39.597 13	−0.332 023	0.742 4
D3	−122.031 1	39.614 18	−3.080 491	0.004 7
DUR	1.754 688	0.374 996	4.679 221	0.000 1

R-squared	0.541 230	Mean dependent var	1 187.844
Adjusted R-squared	0.473 264	S. D. dependent var	108.799 6
S. E. of regression	78.963 07	Akaike info criterion	11.718 44
Sum squared resid	168 349.5	Schwarz criterion	11.947 46
Log likelihood	−182.495 0	F-statistic	7.963 248
Durbin-Watson stat	0.926 092	Prob (F-statistic)	0.000 224

(b) 在洗碗机的方程中增加耐用品支出并没有改变考虑季节性时所得到的结论；数据中没有季节性（与第一季度相比）。污物碾碎机的结论则明显不同，因为现在第二季度和第三季度有明显的季节性。定性地看，洗碗机的结论也是一样的。但必须注意，在每个回归中，耐用品支出的系数都是统计显著的。

(c) 在回归模型中包括虚拟变量时，根据教材中提到的弗里希-沃夫（Frisch-Waugh）定理，不仅要考虑各种厨具销售额中的季节性，还要考虑耐用品支出的季节性。

9.24 (a)&(b) 这个问题留给学生自己做。美国 2008 年的总统选举在 2008 年 11 月进行。使用你的模型，能准确预测 2008 年的选举结果吗？

(c) 这个模型的结果如下：

Dependent Variable: V
Method: Least Squares
Sample: 1 23
Included observations: 23

Variable	Coefficient	Std. Error	t-Statistic	Prob.
C	0.509 175	0.029 691	17.149 36	0.000 0
I	−0.009 832	0.013 156	−0.747 352	0.465 7
D01	0.042 640	0.016 057	2.655 569	0.017 3
W	0.009 592	0.040 796	0.235 129	0.817 1
G_I	0.009 468	0.001 698	5.575 301	0.000 0
P	−0.001 181	0.003 800	−0.310 882	0.759 9
N	−0.004 205	0.003 506	−1.199 373	0.247 8

R-squared	0.774 591	Mean dependent var	0.492 151
Adjusted R-squared	0.690 062	S. D. dependent var	0.0717 50
S. E. of regression	0.039 945	Akaike info criterion	−3.356 843
Sum squared resid	0.025 529	Schwarz criterion	−3.011 258
Log likelihood	45.603 70	F-statistic	9.163 664
Durbin-Watson stat	2.138 282	Prob (F-statistic)	0.000 192

作者没有把 G 作为一个回归元包含在模型中，但可能应该加进去。

9.25 基于 EViews 所得到的回归结果如下：

Dependent Variable: HWAGE
Method: Least Squares
Sample: 1 528
Included observations: 528

Variable	Coefficient	Std. Error	t-Statistic	Prob.
C	−0.261 014	1.106 956	−0.235 794	0.813 7
GENDER	−2.360 657	0.430 203	−5.487 303	0.000 0
RACE	−1.732 729	0.794 716	−2.180 314	0.029 7
GENDER*RACE	2.128 986	1.222 109	1.742 059	0.082 1
EDUCATION	0.802 807	0.081 014	9.909 478	0.000 0

续前表

R-squared	0.203 263	Mean dependent var	9.047 538
Adjusted R-squared	0.197 169	S.D. dependent var	5.144 082
S.E. of regression	4.609 140	Akaike info criterion	5.903 384
Sum squared resid	11 110.70	Schwarz criterion	5.943 811
Log likelihood	−1 553.493	F-statistic	33.356 78
Durbin-Watson stat	1.873 724	Prob (F-statistic)	0.000 000

如这些结果所示，虚拟变量性别—种族在约8%的水平上是统计显著的，如果你认为这个 p 值足够低，那么这个交互虚拟变量就是显著的，而方程(9.6.4)中的结论也就必须重新解释。性别变量的平均薪水（注意性别变量对女性取值1）与男性平均薪水相比每小时约低2.36美元。类似地，非白人/非西班牙人的平均时薪约低1.73美元。但这些结论需要在考虑虚拟变量性别和种族的交互项后加以修正。

比如，考虑到交互项的影响，如果保持种族不变，女性的平均时薪仅低约0.231 7美元（=−2.360 6+2.128 9）。类似地，如果保持性别不变，非白人/非西班牙人的平均薪水实际上反倒高了约0.396 2美元（=−1.732 7+2.128 9）。所以，你可以从中看出，虚拟变量的交互项是如何削弱或扩大仅考虑可加虚拟变量效应的。

9.26 基于EViews所得到的回归结果如下：

Dependent Variable: HWAGE
Method: Least Squares
Sample: 1 528
Included observations: 528

Variable	Coefficient	Std. Error	t-Statistic	Prob.
C	9.067 519	0.446 115	20.325 52	0.000 0
MSTATUS	0.713 991	0.551 188	1.295 367	0.195 8
REGION	−2.540 727	0.826 694	−3.073 359	0.002 2
MSTATUS* REGION	1.323 573	1.020 982	1.296 373	0.195 4

R-squared	0.035 309	Mean dependent var	9.047 538
Adjusted R-squared	0.029 786	S.D. dependent var	5.144 082
S.E. of regression	5.066 893	Akaike info criterion	6.090 880
Sum squared resid	13 452.87	Schwarz criterion	6.123 221
Log likelihood	−1 603.992	F-statistic	6.392 958
Durbin-Watson stat	1.860 478	Prob (F-statistic)	0.000 293

如这些结果所示，虚拟变量的乘积并不显著，其 p 值约为20%，所以婚姻

状况与居住地之间没有太多的交互影响，于是也就没有必要引入这个交互项。因此，方程（9.3.1）中的结论值得信赖。

9.27 $\hat{\beta}_1$ 将给出前 40 个观测的均值，而 $\hat{\beta}_1+\hat{\beta}_2$ 则给出后 60 个观测的均值。$\hat{\beta}_1$ 的方差等于 100/40，而 $\hat{\beta}_1+\hat{\beta}_2$ 的方差等于 100/60。记住，如果 X 是一个均值为 $E(X)$、方差为 σ_x^2 的随机变量，那么，样本均值 $\bar{X}$ 则具有相同的期望值，且其方差为$\frac{\sigma_x^2}{n}$，其中 n 为样本容量。

9.28 利用 EViews 得到如下简要的回归结果：

Dependent Variable：ln(Savings)
Method：Least Squares
Sample：1970 1995
Included observations：26

Variable	Coefficient	Std. Error	t-Statistic	Prob.
C	3.677 198	0.108 486	33.895 69	0.000 0
INCOME	0.000 709	7.80E−05	9.084 319	0.000 0
DUM	1.397 1	0.177 9	7.850 0	0.000 0
DUM * INCOME	−0.000 6	8.60E−05	−7.436 1	0.000 0

R-squared	0.933 254	Sum squared resid	0.341 255
Durbin-Watson stat	1.612 107	F-statistic	102.536 3

(a) 模型（9.5.4）是一个线性模型，而这里是一个对数线性模型。因此，该模型中回归元的斜率系数可解释为半弹性。定性地看，两个模型的结论相似。由于两个模型的回归子不同，所以我们不能直接比较它们的 R^2。

(b) 本章中曾指出，保持所有其他因素不变，如果我们取虚拟变量系数3.677 2的反对数，便得到 1970—1981年期间的平均储蓄为 39.535 5。因此，如果收入为 0，则1970—1981年期间的平均储蓄约为 400 亿美元。同样，解释这个数字时亦应半信半疑。

现在，如果取（3.677 2+1.397 1）的反对数，得到 159.860 2，那么这就是收入不变的情况下，1982—1995 年期间的平均储蓄。接受这个数字时同样要加倍小心。

(c) 将 Y（储蓄）的对数对 X（收入）进行回归，在两个期间估计的误差方差为 $\hat{\sigma}^2=0.012\ 2$（自由度为 10）和 $\hat{\sigma}^2=0.018\ 2$（自由度为 12）。在两个总体方差相同的虚拟假设下，我们构造 $F=0.018\ 2/0.012\ 2=1.491\ 8$。在分子和分母的自由度分别为 12 和 10 的情况下，这个 F 值即便在 25%的水平上也不是统计显著的。因此，我们无法断定两个误差方差相同。注意：在书中讨论的原模型中，我们将 Y 对 X 回归。所以，如果原模型中存在异方差性，而在对数线性模型中则没有，那就表明对数变换或许更合适。

9.29 (a) 利用 EViews 得到如下回归结果：

Dependent Variable: LN _ WI
Method: Least Squares
Sample: 1 114
Included observations: 114

Variable	Coefficient	Std. Error	t-Statistic	Prob.
C	3.688 057	0.175 749	20.984 81	0.000 0
AGE	0.030 010	0.004 734	6.339 633	0.000 0
DSEX	−0.587 478	0.145 176	−4.046 665	0.000 1
DE2	0.037 666	0.192 291	0.195 879	0.845 1
DE3	0.359 290	0.211 429	1.699 341	0.092 2
DE4	1.757 937	0.620 933	2.831 123	0.005 6
DE2 _ DPT	0.399 898	0.327 538	1.220 920	0.224 9
DE3 _ DPT	0.438 610	0.310 725	1.411 572	0.161 0
DE4 _ DPT	−1.200 914	0.677 653	−1.772 165	0.079 3

R-squared	0.499 976	Mean dependent var	4.648 845
Adjusted R-squared	0.461 879	S. D. dependent var	0.834 751
S. E. of regression	0.612 346	Akaike info criterion	1.932 619
Sum squared resid	39.371 62	Schwarz criterion	2.148 634
Log likelihood	−101.159 3	F-statistic	13.123 73
Durbin-Watson stat	1.989 598	Prob (F-statistic)	0.000 000

根据这些新的交互项的 p 值，教育水平和工作性质（永久的或暂时的）之间看来并没有显著的交互影响。然而，最后一个变量，即高等教育水平和工作性质的联合项，勉强显著，p 值为 0.079 3。

（b）为了评估受过初等教育的工人和没有受过初等教育的工人的差异，我们来看虚拟变量 DE2 和交互项 DE2 _ DPT。两者都不显著（由于 p 值很高）。对于受过中等教育的工人，来看 DE3 和 DE3 _ DPT 的 p 值，在标准的 5%水平，两者都不显著。然而，对于受过中等以上教育的工人与那些没有受过初等教育的工人的差异，看来在截距项上确实有显著的差异（DE4 的 p 值是 0.005 6）。这毫不奇怪，因为这个差异代表了这个数据集中教育水平最极端的不平等程度。

（c）去掉虚拟变量但是保留交互项之后的回归结果如下：

Dependent Variable: LN _ WI
Method: Least Squares
Sample: 1 114
Included observations: 114

Variable	Coefficient	Std. Error	t-Statistic	Prob.
C	3.759 114	0.166 655	22.556 21	0.000 0
AGE	0.029 959	0.004 751	6.305 279	0.000 0
DSEX	−0.632 087	0.148 721	−4.250 144	0.000 0
DE2 _ DPT	0.368 190	0.292 461	1.258 936	0.210 8
DE3 _ DPT	0.735 232	0.251 365	2.924 961	0.004 2
DE4 _ DPT	0.514 528	0.297 440	1.729 854	0.086 5
R-squared	0.448 990	Mean dependent var		4.648 845
Adjusted R-squared	0.423 480	S. D. dependent var		0.834 751
S. E. of regression	0.633 817	Akaike info criterion		1.977 084
Sum squared resid	43.386 22	Schwarz criterion		2.121 094
Log likelihood	−106.693 8	F-statistic		17.600 74
Durbin-Watson stat	1.973 954	Prob (F-statistic)		0.000 000

现在我们看到一个略有不同的结果：中等教育水平与工作性质的交互项（DE3 _ DPT）非常显著，中等以上教育水平与工作性质的交互项（DE4 _ DPT）勉强显著，但是初等教育水平与工作性质的交互项不显著。删除虚拟变量后，这并不令人惊讶。现在，教育水平之间的差异只能在交互项中起作用。

第 10 章 多重共线性：回归元相关会怎么样？

问 答 题

10.1 如果 X_k 是其余变量的一个完全的线性组合，那么关于 k 个未知数就有 $(k-1)$ 个方程。未知数多于方程数，不可能得到唯一解。

10.2 (a) 不能。因为 $X_{3i}=2X_{2i}-1$，所以变量 X_{3i} 恰好是 X_{2i} 的线性组合。

(b) 把方程重写成

$$\begin{aligned} Y_i &= \beta_1+\beta_2 X_{2i}+\beta_3(2X_{2i}-1)+u_i \\ &= (\beta_1-\beta_3)+(\beta_2+2\beta_3)X_{2i}+u_i \\ &= \alpha_1+\alpha_2 X_{2i}+u_i \end{aligned}$$

其中，$\alpha_1=(\beta_1-\beta_3)$，$\alpha_2=(\beta_2+2\beta_3)$。

因此，我们可以唯一地估计出 α_1 和 α_2，但无法估计出原始的 β，因为两个方程无法解出三个未知数。

10.3 (a) 尽管人均 GNP 和 FLR 的系数和截距的数值都有所变化，但符号未变。此外，这些变量仍是统计显著的。这些变化来自 TFR 变量的引入，从而表明这些回归元之间可能存在某种共线性。

(b) 由于 TFR 系数的 t 值高度显著（p 值仅为 0.003 2），所以看来模型应包含 TFR。由于一个妇女生育的子女数越多，儿童死亡率提高的可能性就越大，所以这个系数符号为正也说得通。

(c) 这是一种“幸运”的巧合，尽管可能存在共线性，但每个系数仍都是统计显著的。

10.4 这种关系可重写成

$$X_{1i}=-\frac{\lambda_2}{\lambda_1}X_{2i}-\frac{\lambda_3}{\lambda_1}X_{3i}=\beta_{12.3}X_{2i}+\beta_{13.2}X_{3i}$$

$$X_{2i}=-\frac{\lambda_1}{\lambda_2}X_{1i}-\frac{\lambda_3}{\lambda_2}X_{3i}=\beta_{21.3}X_{1i}+\beta_{23.1}X_{3i}$$

$$X_{3i}=-\frac{\lambda_1}{\lambda_3}X_{1i}-\frac{\lambda_2}{\lambda_3}X_{2i}=\beta_{31.2}X_{1i}+\beta_{32.1}X_{2i}$$

因此

$$r_{12.3}=\sqrt{(\hat{\beta}_{12.3})(\hat{\beta}_{21.3})}=\text{sqrt}\left(-\frac{\lambda_2}{\lambda_1}\right)\left(-\frac{\lambda_1}{\lambda_2}\right)=\pm 1$$

$$r_{13.2}=\sqrt{(\hat{\beta}_{13.2})(\hat{\beta}_{31.2})}=\text{sqrt}\left(-\frac{\lambda_3}{\lambda_1}\right)\left(-\frac{\lambda_1}{\lambda_3}\right)=\pm 1$$

$$r_{23.1}=\sqrt{(\hat{\beta}_{23.1})(\hat{\beta}_{32.1})}=\text{sqrt}\left(-\frac{\lambda_3}{\lambda_2}\right)\left(-\frac{\lambda_2}{\lambda_3}\right)=\pm 1$$

所以

$$R^2_{1.23}=r^2_{12}+(1-r^2_{12})r^2_{13.2}=1$$

类似地，有

$$R^2_{2.13}=R^2_{3.12}=1$$

多重共线性的共线程度是完全的。

10.5 (a) 是的。经济时间序列数据有同向变动的趋势。这里，收入的滞后变量一般也以相同的方向变动。

(b) 如本章曾简要讨论及第 17 章将详细讨论的那样，一阶差分变换也许能缓解这个问题。

10.6 若从模型中去掉财富变量，便存在模型误设，收入效应的系数也存在偏误。因此，我们在方程（10.6.4）中观测到的是收入系数的偏误估计值。偏误的性质如下：给定

$$Y_i=\beta_1+\beta_2X_{2i}+\beta_3X_{3i}+u_i$$

便有

$$b_{12}=\hat{\beta}_2+\hat{\beta}_3b_{32}$$

其中，b_{12} 为 Y 对 X_2 回归的斜率系数，b_{32} 为 X_3 对 X_2 回归的斜率系数。利用所给数据，我们得到

$$\hat{\beta}_2=0.941\,5$$
$$\hat{\beta}_3=-0.042\,4$$
$$b_{32}=10.191$$
$$b_{12}=0.509\,1$$

因此，b_{12} 中的偏误为 $(\hat{\beta}_3)(b_{32})=(-0.042\,4)\times 10.191=-0.432\,1$。

10.7 如在习题 10.5 中所讨论的那样，经济变量通常受到诸如商业周期和时间趋势等类似因素的影响。因此，在回归分析中，使用诸如 GNP 和货币供给等变量时，应该预计到存在多重共线性的可能。

10.8 (a) 是。这是因为 X_2 和 X_3 之间的相关系数为 0。结果，β 系数表达式(方程(7.4.7)和(7.4.8))中的交叉乘积项消失，从而变成与 α 和 γ 系数同样的表达式(方程(3.1.8))。

(b) 是它们的一个线性组合，证明如下：

$$\hat{\beta}_1=\bar{Y}-\hat{\beta}_2\bar{X}_2-\hat{\beta}_3\bar{X}_3$$
$$\hat{\alpha}_1=\bar{Y}-\hat{\alpha}_2\bar{X}_2=\bar{Y}-\hat{\beta}_2\bar{X}_2$$
$$\hat{\gamma}_1=\bar{Y}-\hat{\gamma}_3\bar{X}_3=\bar{Y}-\hat{\beta}_3\bar{X}_3$$

因此，$\hat{\beta}_1=\hat{\alpha}_1+\hat{\gamma}_1-\bar{Y}$。

(c) 不是。原因如下：

$$\text{var}(\hat{\beta}_2)=\frac{\hat{\sigma}^2}{\sum x_{2i}^2(1-r_{23}^2)}=\frac{\hat{\sigma}^2}{\sum x_{2i}^2} \qquad r_{23}^2=0$$

$$\text{var}(\hat{\alpha}_2)=\frac{\hat{\sigma}_1^2}{\sum x_{2i}^2} \qquad \text{见方程(3.3.1)}$$

注意：$\hat{\sigma}^2=\dfrac{\sum\hat{u}_i^2}{n-3}\neq\hat{\sigma}_1^2=\dfrac{\sum\hat{u}_i^2}{n-2}$。

10.9 (a) 劳动力和资本之间的相关系数为 0.698，相当高。

(b) 不会。尽管这两个变量之间存在着相关关系，但回归系数在 5%的显著性水平上仍是统计显著的，而去掉一个变量将带来模型误设的偏误。

(c) 如果去掉劳动力变量，则资本变量的系数将是有偏误的。这种偏误可根据习题 10.6 计算为：

$$(\hat{\beta}_2)(b_{23})=1.498\,8\times0.131\,9=0.197\,5$$

10.10 (a) 不对。多重共线性指的是多个变量之间的线性关系。这里的关系是非线性的。

(b) 没有理由去掉它们。它们在本例中理论上也是统计显著的。

(c) 如果将其中一个变量去掉，余下变量的系数中便会出现设定偏误。

10.11 不赞成。变量的添加应该基于经济理论，而不能仅基于多一个变量就能使 ESS 或 R^2 增大。而且，如果变量有相关关系，那么添加或剔除一些变量会改变其他的系数值。

10.12 (a) 错。如果变量之间存在完全线性关系，那么，我们甚至无法估计其系数或标准误。

(b) 错。仍可能得到一个或多个显著的 t 值。

(c) 错。如教材中指出(见方程(7.5.6))，OLS 估计量的方差由下式给出：

$$\text{var}(\hat{\beta}_j)=\frac{\hat{\sigma}^2}{\sum x_j^2}\left(\frac{1}{1-R_j^2}\right)$$

从此式可看出，一个很高的 R_j^2 可被一个很低的 $\hat{\sigma}^2$ 或很高的 $\sum x_j^2$ 抵消掉。

(d) 不确定。如果一个模型只有两个回归元，两两之间的高度相关系数便表示存在多重共线性。如果一个或多个回归元非线性地进入模型，那么两两相关可能给出误导性的答案。

(e) 不确定。如果观测到的共线性在后来的样本数据中继续存在，或许无害。但如果不是这样，或者目的在于作出精确的估计，多重共线性便成为问题。

(f) 错。见上述 (c) 中的答案。

(g) 错。VIF 和 TOL 给出同样的信息。

(h) 错。在回归元高度相关的模型中通常得到很高的 R^2。

(i) 对。如 (c) 中的公式所示，若 X_3 的变化很小，则 R_j^2 将很小，而在 X_3 的值都相同的极端情形下，$\sum x_{3i}^2$ 将为 0，因此 β_3 估计值的方差将变得无穷大。

10.13 (a) 参照方程 (7.11.5)，我们看到，如果所有的 r^2 都为 0，那么 R^2 事实上也为 0。

(b) 如果回归子与每个回归元都不相关，那么回归子的变异完全不能由该模型解释。

10.14 (a) 考虑方程 (7.11.5)，如果所有零阶或总相关系数都为 r，那么这个公式可简化为

$$R^2=\frac{2r^2(1-r)}{1-r^2}=\frac{2r^2}{1+r}$$

(b) 利用方程 (7.11.1)，可以看出，比如

$$r_{12.3}=\frac{r(1-r)}{1-r^2}=\frac{r}{1+r}$$

10.15 (a) 如果存在完全的多重共线性，则 ($\boldsymbol{X}'\boldsymbol{X}$) 便成为一个退化矩阵并因而不可逆，结果系数和标准误都没有定义。

(b) 一个检验办法就是检查 ($\boldsymbol{X}'\boldsymbol{X}$) 的行列式，若为 0，则存在完全共线性。

10.16 (a) 由于在完全多重共线性的情形下，($\boldsymbol{X}'\boldsymbol{X}$) 矩阵不可逆，所以方差—协方差矩阵就无定义。

(b) 如果共线性程度很高，方差—协方差矩阵虽有定义，但方差（主对角线上的元素）将变得很大，因为随着共线性程度的加强，($\boldsymbol{X}'\boldsymbol{X}$) 的行列式趋于 0。

10.17 (a) 若 R 的行列式为 0，则存在完全共线性。

(b) 若 R 的行列式很小，则共线性程度比完全共线性弱。

(c) 若 R 的行列式为 1，则变量正交（见习题 10.18）。

10.18 (a) 只有主对角线上才有元素。

(b) 得到 ($\boldsymbol{X}'\boldsymbol{X}$) 矩阵及其逆以及 ($\boldsymbol{X}'\boldsymbol{y}$) 矩阵。

(c) 主对角线以外没有元素，即协方差都为 0。

(d) 不需要。因为所有的回归元都正交，所有的协方差项都是 0。

10.19 (a) 由于第三个回归元（$M_t - M_{t-1}$）是 M_t 和 M_{t-1} 的一个线性组合，所以可能存在共线性问题。

(b) 如果我们重新把模型设定为

$$\begin{aligned}\mathrm{GNP}_t &= \beta_1 + (\beta_2 + \beta_4)M_t + (\beta_3 - \beta_4)M_{t-1} + u_t \\ &= \beta_1 + \alpha_1 M_1 + \alpha_2 M_{t-1} + u_t\end{aligned}$$

我们可以唯一地估计出 β_1，α_1 和 α_2，但我们不能唯一地估计出 β_2，β_3 和 β_4。

(c) 由于不再有完全共线性，所以所有参数都能唯一地估计出来。

(d) 答案同（c）。

10.20 记得

$$r_{23}^2 = \frac{\left(\sum x_{2i}x_{3i}\right)^2}{\left(\sum x_{2i}^2\right)\left(\sum x_{3i}^2\right)}$$

因此

$$\left(\sum x_{2i}x_{3i}\right)^2 = r_{23}^2\left(\sum x_{2i}^2\right)\left(\sum x_{3i}^2\right)$$

将此表达式替代方程（7.4.7）和（7.4.8）中的分母并化简即得。

10.21 完全共线性时 $r_{23}=1$，因此方程（7.4.12）和（7.4.15）中的分母将变成 0，结果方差无定义。

10.22 记得 $\mathrm{se}(\hat{\beta}_2 + \hat{\beta}_3) = \sqrt{\mathrm{var}(\hat{\beta}_2) + \mathrm{var}(\hat{\beta}_3) + 2\mathrm{cov}(\hat{\beta}_2, \hat{\beta}_3)}$，由于协方差的值已给定，所以验证答案只是一个简单运算的问题。

10.23 (a) 其他条件不变，随着 σ_k^2 的增加，β_k 系数估计值的方差便会下降。这就容许估计量更精确地被估计出来。

(b) 当完全共线性时，方差无定义。

(c) 正确。随着整体 R^2 的提高，$(1-R^2)$ 将下降。这将减小估计系数的方差。

10.24 (a) 给定相对高的 $R^2=0.97$、可观的 F 值以及从经济学上讲符号错误的不显著的 $\log K$ 系数，看来模型中可能存在共线性。

(b) 凭经验，预期资本对产出具有正影响。这里并非如此，可能是因为回归中有共线性问题。

(c) 这是一个柯布-道格拉斯型的生产函数，因为给定的模型可以写成

$$Y = \beta_1 K^{\beta_2} L^{\beta_3} e^{\beta_4 t}$$

(d) 在样本期内，真实劳动投入指数提高 1%导致真实产出指数平均上升约 0.91%。模型中的 t 变量代表时间。时间通常被视为技术变化的工具变量。系数 0.047 表明，在样本期内，真实产出（用产出指数度量）增长率平均约为 4.7%。

(e) 这个方程蕴涵着假定了规模报酬不变，即 $\beta_2 + \beta_3 = 1$。这种变换附带的一个好处是减小了共线性问题。

(f) 给定资本劳动比系数在统计上不显著，看来共线性问题还没有解决。

(g) 如（e）中提到的，作者试图发现是否存在规模报酬不变。你可以使用第 8 章中讨论的 F 检验，看这个约束是否有效。但由于两个模型中的因变量不同，我们不能使用 R^2 型 F 检验。我们使用 F 检验时需要约束和无约束残差平方和。

(h) 如（g）中指出的，这两个 R^2 不可比。你可以根据第 7 章讨论的程序将这两个 R^2 变为可比。

10.25 (a),(b),(c)和(d)都表明，多重共线性本质上常常是数据不足的问题。

实证分析题

10.26 (a) 修正模型的回归结果为：

$$\hat{Y}_i = 20.995 + 0.710Z_i$$
$$se = (6.341)(0.066)$$
$$t = (3.311)\ (10.771) \quad R^2 = 0.906$$
$$\hat{\beta}_3 = 0.75 \times 0.710 = 0.532$$

因此

$$\hat{\beta}_4 = 0.625 \times 0.710 = 0.444$$

(b) Z 可解释为各种类型收入的加权平均。

10.27 (a)

Dependent Variable：LN _ IMPORTS

Method：Least Squares

Sample：1975 2005

Included observations：31

Variable	Coefficient	Std. Error	t-Statistic	Prob.
C	1.409 416	0.270 074	5.218 629	0.000 0
LN _ GDP	1.850 099	0.182 912	10.114 71	0.000 0
LN _ CPI	−0.873 369	0.284 805	−3.066 548	0.004 8

R-squared	0.992 005	Mean dependent var	13.084 72
Adjusted R-squared	0.991 434	S. D. dependent var	0.762 092
S. E. of regression	0.070 532	Akaike info criterion	−2.373 736
Sum squared resid	0.139 293	Schwarz criterion	−2.234 963
Log likelihood	39.792 91	F-statistic	1 737.193
Durbin-Watson stat	0.650 260	Prob (F-statistic)	0.000 000

(b) 通过很高的 R^2 和 logCPI 系数为负值判断，数据中可能存在多重共线性。

(c)

Dependent Variable: LN _ IMPORTS
Method: Least Squares
Sample: 1975 2005
Included observations: 31

Variable	Coefficient	Std. Error	t-Statistic	Prob.
C	2.001 910	0.214 308	9.341 269	0.000 0
LN _ GDP	1.293 252	0.024 951	51.831 30	0.000 0
R-squared	0.989 321	Mean dependent var		13.084 72
Adjusted R-squared	0.988 952	S. D. dependent var		0.762 092
S. E. of regression	0.080 102	Akaike info criterion		−2.148 687
Sum squared resid	0.186 074	Schwarz criterion		−2.056 171
Log likelihood	35.304 65	F-statistic		2 686.484
Durbin-Watson stat	0.517 695	Prob (F-statistic)		0.000 000

Dependent Variable: LN _ IMPORTS
Method: Least Squares
Sample: 1975 2005
Included observations: 31

Variable	Coefficient	Std. Error	t-Statistic	Prob.
C	3.578 293	0.348 057	10.280 76	0.000 0
LN _ CPI	1.986 499	0.072 515	27.394 49	0.000 0
R-squared	0.962 795	Mean dependent var		13.084 72
Adjusted R-squared	0.961 512	S. D. dependent var		0.762 092
S. E. of regression	0.149 510	Akaike info criterion		−0.900 561
Sum squared resid	0.648 248	Schwarz criterion		−0.808 045
Log likelihood	15.958 69	F-statistic		750.458 2
Durbin-Watson stat	0.279 792	Prob (F-statistic)		0.000 000

Dependent Variable: LN _ GDP
Method: Least Squares
Sample: 1975 2005
Included observations: 31

Variable	Coefficient	Std. Error	t-Statistic	Prob.
C	1.172 304	0.166 696	7.032 591	0.000 0
LN _ CPI	1.545 793	0.034 730	44.509 42	0.000 0
R-squared	0.985 573	Mean dependent var		8.569 723
Adjusted R-squared	0.985 075	S.D. dependent var		0.586 128
S.E. of regression	0.071 605	Akaike info criterion		−2.372 953
Sum squared resid	0.148 693	Schwarz criterion		−2.280 437
Log likelihood	38.780 76	F-statistic		1 981.089
Durbin-Watson stat	0.199 406	Prob (F-statistic)		0.000 000

LN _ GDP 对 LN _ CPI 的辅助回归表明，这两个变量高度相关，可能显示数据存在共线性问题。

(d) 这里最好的解决办法是，将进口和 GDP 除以 CPI 以真实项表示（回忆教材中讨论的比率方法）。结果如下：

Dependent Variable: LN(IMP/CPI)
Method: Least Squares
Sample: 1975 2005
Included observations: 31

Variable	Coefficient	Std. Error	t-Statistic	Prob.
C	1.442 445	0.221 017	6.526 390	0.000 0
LN(GDP/CPI)	1.811 942	0.058 312	31.073 04	0.000 0
R-squared	0.970 841	Mean dependent var		8.299 204
Adjusted R-squared	0.969 835	S.D. dependent var		0.399 385
S.E. of regression	0.069 365	Akaike info criterion		−2.436 517
Sum squared resid	0.139 535	Schwarz criterion		−2.344 002
Log likelihood	39.766 02	F-statistic		965.533 8
Durbin-Watson stat	0.647 203	Prob (F-statistic)		0.000 000

10.28 (a) 由于有五个解释变量，所以就有五个辅助回归。为节省篇幅，我们下面仅给出这些回归得到的 R^2 值。

因变量	R^2
X_2	0.984 6
X_3	0.948 2
X_4	0.987 2
X_5	0.988 9
X_6	0.992 7

(b) 由于所有辅助回归中的 R^2 值一律都很高，所以看来数据中存在多重共线性问题。

(c) 可能方程中替代品变量太多。你可以仅使用替代品综合价格、鸡肉价格和可支配收入作为回归元。在习题 7.19 中已经做过这个回归。

(d) 创造一个相对价格变量，比如牛肉价格除以猪肉价格，或许能减轻共线性问题。

10.29 (a)&(c) 检查可能的解释变量之间的相关系数发现，新车 CPI 和一般的 CPI 高度相关（0.997），PDI 和新车 CPI 之间高度相关（0.991）。其他相关系数也相对较高，但出于理论上的考虑，仍应留在模型中。PDI 与就业水平也密切相关，二者的相关系数高达 0.972。因此，应该去掉一般的 CPI 和 PDI，并估计如下模型：

Dependent Variable：LY

Method：Least Squares

Sample：1971 1986

Included observations：16

Variable	Coefficient	Std. Error	t-Statistic	Prob.
C	−22.103 74	8.373 593	−2.639 696	0.021 6
LX2	−1.037 839	0.330 227	−3.142 805	0.008 5
LX5	−0.294 929	0.073 704	−4.001 514	0.001 8
LX6	3.243 886	0.872 231	3.719 068	0.002 9

R-squared	0.684 855	Mean dependent var	9.204 273
Adjusted R-squared	0.606 069	S. D. dependent var	0.119 580
S. E. of regression	0.075 053	Akaike info criterion	−2.128 930
Sum squared resid	0.067 595	Schwarz criterion	−1.935 783
Log likelihood	21.031 44	F-statistic	8.692 569
Durbin-Watson stat	1.309 678	Prob（F-statistic）	0.002 454

注：L 表示取对数。看来这个模型没有多少共线性问题。

(b) 如果我们包括进所有的 X 变量，则得到如下结果：

Dependent Variable：LOG（Y）

Method：Least Squares

Sample：1971 1986

Included observations：16

Variable	Coefficient	Std. Error	t-Statistic	Prob.
C	3.254 859	19.116 56	0.170 264	0.868 2
LOG(X2)	1.790 153	0.873 240	2.050 012	0.067 5
LOG(X3)	−4.108 518	1.599 678	−2.568 341	0.028 0
LOG(X4)	2.127 199	1.257 839	1.691 154	0.121 7
LOG(X5)	−0.030 448	0.121 848	−0.249 884	0.807 7
LOG(X6)	0.277 792	2.036 975	0.136 375	0.894 2

R-squared	0.854 803	Mean dependent var	9.204 273
Adjusted R-squared	0.782 205	S. D. dependent var	0.119 580
S. E. of regression	0.055 806	Akaike info criterion	−2.653 874
Sum squared resid	0.031 143	Schwarz criterion	−2.364 153
Log likelihood	27.230 99	F-statistic	11.774 42
Durbin-Watson stat	1.793 020	Prob (F-statistic)	0.000 624

显然和猜测的一样，这个模型遇到共线性的问题。

10.30 (a) 将工作小时数对所有回归元进行回归，我们得到如下结果：

Dependent Variable：HRS

Method：Least Squares

Sample：1 35

Included observations：35

Variable	Coefficient	Std. Error	t-Statistic	Prob.
C	1 904.578	251.933 3	7.559 849	0.000 0
RATE	−93.752 55	47.145 00	−1.988 600	0.057 4
ERSP	0.000 225	0.038 255	0.005 894	0.995 3
ERNO	−0.214 966	0.097 939	−2.194 896	0.037 3
NEIN	0.157 208	0.516 406	0.304 427	0.763 2
ASSET	0.015 572	0.025 405	0.612 970	0.545 2
AGE	−0.348 636	3.722 331	−0.093 661	0.926 1
DEP	20.728 03	16.880 47	1.227 930	0.230 5
SCHOOL	37.325 63	22.665 20	1.646 826	0.111 6

R-squared	0.825 555	Mean dependent var	2 137.086
Adjusted R-squared	0.771 879	S. D. dependent var	64.115 42
S. E. of regression	30.622 79	Akaike info criterion	9.898 400
Sum squared resid	24 381.63	Schwarz criterion	10.298 35
Log likelihood	−164.222 0	F-statistic	15.380 50
Durbin-Watson stat	1.779 824	Prob (F-statistic)	0.000 000

对结果的解释很简单，在其他条件不变的情况下，若小时工资上涨 1 美元，则年度工作时数平均减少约 93 个小时。

(b) R^2 很高，但是所有的系数都不是非常显著，仅有几个系数勉强显著，因而很可能存在多重共线性。此外，我们还可以看回归元的相关矩阵：

	RATE	ERSP	ERNO	NEIN	ASSET	AGE	DEP	SCHOOL
RATE	1.000 000	0.571 693	0.058 992	0.701 787	0.778 932	0.044 173	−0.601 358	0.881 271
ERSP	0.571 693	1.000 000	−0.040 994	0.234 426	0.274 094	−0.015 300	−0.692 881	0.549 108
ERNO	0.058 992	−0.040 994	1.000 000	0.359 094	0.292 243	0.775 494	0.050 212	−0.298 555
NEIN	0.701 787	0.234 426	0.359 094	1.000 000	0.987 510	0.502 432	−0.520 832	0.539 173
ASSET	0.778 932	0.274 094	0.292 243	0.987 510	1.000 000	0.417 086	−0.513 552	0.630 899
AGE	0.044 173	−0.015 300	0.775 494	0.502 432	0.417 086	1.000 000	−0.048 360	−0.331 067
DEP	−0.601 358	−0.692 881	0.050 212	−0.520 832	−0.513 552	−0.048 360	1.000 000	−0.602 575
SCHOOL	0.881 271	0.549 108	−0.298 555	0.539 173	0.630 899	−0.331 067	−0.602 575	1.000 000

注：将上表的最后一行当作最后一列。

如表中所示，两两之间的相关系数从很低（如 ERSP 和 ERNO 之间的 −0.040 9）到很高（如受教育年限与工资率之间的 0.881 2）都有。显然有些变量高度相关。

(c) 为了节省篇幅，我们只计算回归元 RATE 的 VIF 和 TOL。将 RATE 对所有其他回归元进行回归，便得到一个 R^2 值为 0.941 6。利用公式（7.5.6），可以验证这个回归元的 VIF 约为 2 224，因此 TOL 为这个数的倒数，即 0.000 45。

(d) 模型中不需要使用所有变量。使用教材中讨论过的一个或多个诊断检验，便可以去掉一个或多个变量，或者使用它们的某种线性组合。

(e) 尽管结论模棱两可，但可能仍有负收入税值得一试的某种证据。

10.31 课堂练习。

10.32 使用 EViews 得到的回归结果为：

Dependent Variable：Y

Method：Least Squares

Sample：1947 1961

Included observations：15

Variable	Coefficient	Std. Error	t-Statistic	Prob.
C	−3 017 441.	939 728.1	−3.210 973	0.012 4
X1	−20.510 82	87.097 40	−0.235 493	0.819 7
X2	−0.027 334	0.033 175	−0.823 945	0.433 8
X3	−1.952 293	0.476 701	−4.095 429	0.003 5
X4	−0.958 239	0.216 227	−4.431 634	0.002 2
X5	0.051 340	0.233 968	0.219 430	0.831 8
X6	1 585.156	482.683 2	3.284 049	0.011 1

续前表

R-squared	0.995 5	Adjusted R-squared	0.992 1
S. E. of regression	295.621 9		
Sum squared resid	699 138.2		
F-statistic	295.771 0	Durbin-Watson stat	2.492 491

将这些结论与10.10节中的结论相比较，我们看到，仅去掉一个观测就使某些系数的大小或符号发生了变化，从而证实了教材中的观点，即在高度共线性的情况下，数据稍有变化，便可能使结论明显改变。

10.33 （a）

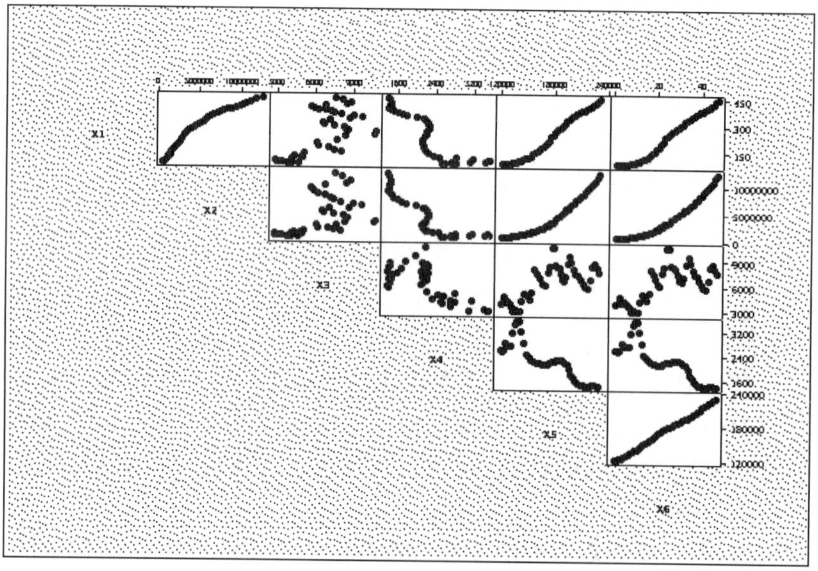

X1、X2、X3、X4、X5 和 X6 的矩阵图

是的，一些自变量之间看来确实存在某些很强的相关关系。有些并不呈现出完全的线性，但是可能仍然有很高的线性相关性。

（b）自变量的相关矩阵如下：

相关性：X1、X2、X3、X4、X5、X6

	X1	X2	X3	X4	X5
X2	0.969				
X3	0.692	0.553			
X4	−0.869	−0.855	−0.664		
X5	0.989	0.960	0.699	−0.871	
X6	0.959	0.963	0.681	−0.862	0.999

上表中加阴影的部分表示相关性很高的值。

(c)&(d)

Dependent Variable: Y
Method: Least Squares
Sample: 1959 2005
Included observations: 47

Variable	Coefficient	Std. Error	t-Statistic	Prob.
C	−11 304.74	9 963.786	−1.134 583	0.263 3
X1	87.452 86	6.649 853	13.151 10	0.000 0
X2	−0.001 467	0.000 154	−9.558 925	0.000 0
X3	−1.432 391	0.101 101	−14.167 89	0.000 0
X4	−1.066 252	0.367 530	−2.901 130	0.006 0
X5	0.643 255	0.083 757	7.680 038	0.000 0
X6	−91.294 35	199.510 8	−0.457 591	0.649 7

R-squared	0.999 398	Mean dependent var	101 822.8
Adjusted R-squared	0.999 307	S. D. dependent var	24 543.81
S. E. of regression	645.958 9	Akaike info criterion	15.915 95
Sum squared resid	16 690 518	Schwarz criterion	16.191 51
Log likelihood	−367.024 9	F-statistic	11 061.62
Durbin-Watson stat	0.707 944	Prob (F-statistic)	0.000 000

其中一些系数并不符合预期（为正数值）。这极有可能是由于上述多重共线性。

10.34 (a)

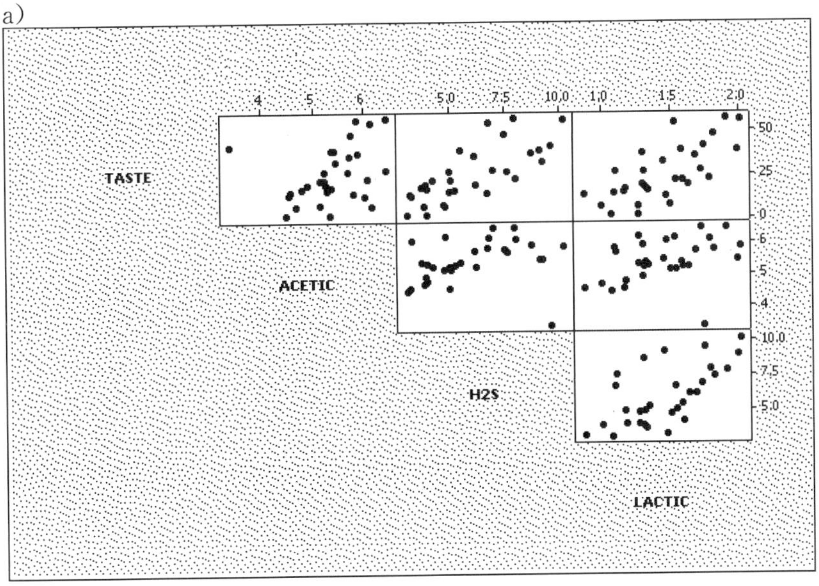

TASTE、ACETIC、H2S 和 LACTIC 矩阵图

(b)

Dependent Variable: TASTE
Sample: 1 30
Included observations: 30

Variable	Coefficient	Std. Error	t-Statistic	Prob.
C	−25.676 18	16.329 78	−1.572 353	0.127 5
ACETIC	3.253 508	3.113 979	1.044 807	0.305 4
H2S	5.499 416	0.980 733	5.607 455	0.000 0

R-squared	0.587 826	Mean dependent var	24.533 33
Adjusted R-squared	0.557 294	S. D. dependent var	16.255 38
S. E. of regression	10.815 70	Akaike info criterion	7.694 514
Sum squared resid	3 158.444	Schwarz criterion	7.834 634
Log likelihood	−112.417 7	F-statistic	19.253 15
Durbin-Watson stat	1.111 606	Prob (F-statistic)	0.000 006

看来只有 H2S 这个变量是显著的。

(c)

Dependent Variable: TASTE
Sample: 1 30
Included observations: 30

Variable	Coefficient	Std. Error	t-Statistic	Prob.
C	−27.591 82	8.981 825	−3.071 961	0.004 8
LACTIC	19.887 20	7.959 009	2.498 704	0.018 8
H2S	3.946 267	1.135 692	3.474 768	0.001 7

R-squared	0.651 702	Mean dependent var	24.533 33
Adjusted R-squared	0.625 903	S. D. dependent var	16.255 38
S. E. of regression	9.942 362	Akaike info criterion	7.526 126
Sum squared resid	2 668.965	Schwarz criterion	7.666 246
Log likelihood	−109.891 9	F-statistic	25.259 95
Durbin-Watson stat	1.581 086	Prob (F-statistic)	0.000 001

这一次两个变量都显著。

(d)

Dependent Variable: TASTE
Sample: 1 30
Included observations: 30

Variable	Coefficient	Std. Error	t-Statistic	Prob.
C	−34.134 91	15.676 28	−2.177 488	0.038 7
ACETIC	1.538 645	3.000 501	0.512 796	0.612 4
H2S	3.915 241	1.153 106	3.395 386	0.002 2
LACTIC	18.802 35	8.342 614	2.253 772	0.032 9

R-squared	0.655 190	Mean dependent var	24.533 33
Adjusted R-squared	0.615 404	S. D. dependent var	16.255 38
S. E. of regression	10.080 91	Akaike info criterion	7.582 729
Sum squared resid	2 642.242	Schwarz criterion	7.769 556
Log likelihood	−109.740 9	F-statistic	16.467 93
Durbin-Watson stat	1.441 891	Prob (F-statistic)	0.000 003

在这个多元回归中，ACETIC 再次地统计上不显著。

(e)&(f) 极有可能 ACETIC 这个变量与 H2S 高度线性相关。检查 ACETIC 独自预测 TASTE 的显著性应该会有用（这留给读者）。由于系数不显著，所以选择仅包含 LACTIC 和 H2S 的模型应该是更明智的选择。此外，这个模型（指仅包含 LACTIC 和 H2S 的模型）的 R^2 值与最后一个模型的 R^2 非常接近，这也支持了这样的模型选择。

第 11 章 异方差性：误差方差不是常数会怎么样？

问　答　题

11.1 (a) 错。估计量是无偏的，也不是有效的。

(b) 对。见 11.4 节。

(c) 错。通常并非必定高估方差。见 11.4 节和习题 11.9。

(d) 错。除异方差性外，自相关和模型误设误差等也可能导致这种样式。

(e) 对。由于真实的 σ_i^2 无法直接观测，所以对异方差性作某种假定就不可避免。

(f) 对。见上面 (d) 中的答案。

(g) 错。异方差性指的是误差项 u_i 的方差而非一个回归元的方差。

11.2 (a) 如方程 (1) 所示，随着 N 增加一个单位，工资平均上涨约 0.009 美元。若将第二个方程乘以 N，则得到的结论与方程 (1) 十分类似。

(b) 作者显然在考虑异方差性问题，因为他将原方程除以 N，这就等于假定误差方差与 N 的平方成正比，因此作者在估计方程 (2) 时使用了加权最小二乘法。

(c) 方程 (1) 中的截距系数是方程 (2) 中的斜率系数，方程 (1) 中的斜率系数是方程 (2) 中的截距系数。

(d) 不能。因为两个模型中的因变量不同。

11.3 (a) 不能。这些模型非线性于参数，不能用 OLS 估计。

(b) 有专门的非线性估计程序，我们将在非线性回归模型一章讨论这个问题。非正式地讲，我们可以通过试错法估计参数。

11.4 (a) 见习题 7.14 和 6.9 节。

(b) 不会。$E[\ln(u_i)]=E[\ln(1)]=0$。但由于对数变换的凹性，所以 $E[\ln(u_i)]<\ln E(u_i)$。一个随机变量对数的期望小于其期望的对数，除非这个变量的方差为 0，此时二者相等。

(c) 令 $Y_i=\ln\beta_1+\beta_2\ln X_i+\ln u_i=\alpha+\beta_2\ln X_i+u_i^*$，其中 $u_i^*=\ln u_i-E(\ln u_i)$，$\alpha=\ln\beta_1+E(\ln u_i)$。现在 $E(u_i^*)=E[\ln u_i-E(\ln u_i)]=0$。顺便指出，我们没有得到 β_1 的一个直接估计值。

11.5 这只是一个代入定义并进行化简的问题。

11.6 (a) 所作的假定是误差方差正比于 GNP 的平方，如假设中的描述一样。作者通过对数据的考察和对这种关系的观测而作出这个假定。

(b) 尽管第二个模型中有两个系数的标准误较小，但其结论在本质上是相同的；这或许就是这种异方差变换的经验理由。

(c) 不能。R^2 项不能直接比较，因为两个模型中的因变量不同。

11.7 如在习题 11.13 中将看到的那样，巴特利特检验表明，这个数据集中没有异方差性。因此，这个发现也就不足为奇，见习题 11.11。

11.8 将 $w_i=w$ 代入方程（11.3.8），我们得到

$$\hat{\beta}_2^*=\frac{(nw)(w\sum X_iY_i)-(w\sum X_i)(w\sum Y_i)}{(nw)(w\sum X_i^2)-(w\sum X_i)^2}$$

$$=\frac{n\sum X_iY_i-(\sum X_i)(\sum Y_i)}{n\sum X_i^2-(\sum X_i^2)}=\hat{\beta}_2$$

方差相等可类似证明。

11.9 我们从方程（11.2.2）得到

$$\operatorname{var}(\hat{\beta}_2)=\frac{\sum x_i^2\sigma_i^2}{(\sum x_i^2)^2}$$

在上述方程中代入 $\sigma_i^2=\sigma^2k_i$，则得到

$$\operatorname{var}(\hat{\beta}_2)=\frac{\sigma^2\sum x_i^2k_i}{(\sum x_i^2)}=\frac{\sigma^2}{\sum x_i^2}\frac{\sum x_i^2k_i}{\sum x_i^2}$$

上式右边第一项为方程（11.2.3）中给出的方差，因此，如果 $\dfrac{\sum x_i^2k_i}{\sum x_i^2}>1$，那么上述异方差性（情况）下的方差就大于同方差性下的方差。此时，同方差性下的方差将低估异方差性下的方差，从而使 t 和 F 统计量膨胀。由于结论是基于异方差性的某种特定形式而得到的，所以不能得出任何一般性的结论。

11.10 从附录 3A.3 和 6A.1 得到

$$\operatorname{var}(\hat{\beta}_2)=\frac{\sum X_i^2\operatorname{var}(u_i)}{(\sum X_i^2)^2}$$

给定 $\text{var}(u_i)=\sigma^2 X_i^2$，我们得到

$$\text{var}(\hat{\beta}_2)=\frac{\sum X_i^2\sigma^2 X_i^2}{\left(\sum X_i^2\right)^2}=\frac{\sigma^2\sum X_i^4}{\left(\sum X_i^2\right)^2}$$

实证分析题

11.11 回归结果已在方程（11.5.3）中给出，若生产力提高 1 美元，则酬金平均提高约 23 美分。

(a) 回归残差如下：－775.657 9，－205.048 1，165.851 2，183.935 6，199.378 5，54.665 7，112.841 0，150.623 9，113.410 0。

(b) 这只是一个验证的问题。

(c) 回归结果为

$$|\hat{u}_i|=407.3455-0.0203X_i$$
$$t=(0.6433)(-0.3013)\qquad R^2=0.0128$$
$$|\hat{u}_i|=575.2976-3.7097\sqrt{X_i}$$
$$t=(0.4479)(-0.2787)\qquad R^2=0.0109$$

如同这些结果所显示的，基于格莱泽方法的结果很少显示出异方差性。

(d) 如果你将残差绝对值从低到高排列，将平均生产力数字也类似地排列，然后计算方程（11.5.5）中给出的斯皮尔曼等级相关系数，你会发现这个系数约为－0.516 7。利用方程（11.5.6）中给出的 t 公式，t 值约为－0.856 2。这个 t 值不是统计显著的，在 5%的显著性水平下，7 个自由度的临界 t 值的绝对值约为 2.447。因此，基于等级相关检验，我们没有理由怀疑异方差性。

总之，所有上述检验都表明，不存在异方差性的问题。

11.12 (a)&(b)

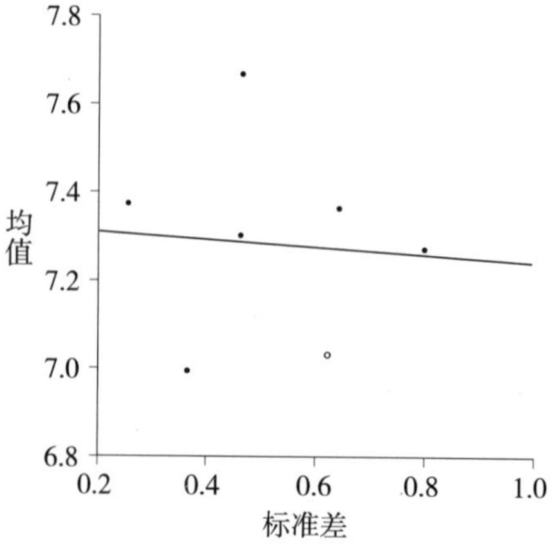

(c) 回归结果为

$$\hat{SD}_i = 0.9910 - 0.0650\text{Mean}_i$$
$$t = (0.3756)(-0.1795) \qquad R^2 = 0.0064$$

由于斜率系数在统计上无异于 0，因此这两个变量之间没有系统关系，从图（a）中也可以看出。

（d）由于销售现金比的均值与各种资产类别的标准差之间没有系统关系，所以无须对数据进行任何变换。

11.13 利用巴特利特检验，χ^2 值为 6.647 3，其 p 值为 0.574 8。因此，不拒绝方差相同的虚拟假设。

11.14 利用加权最小二乘法的公式(11.3.8)可以证明

$$\hat{\beta}^* = \frac{1}{3}(2Y_1 - Y_2) \text{ 和 } \text{var}(\hat{\beta}^*) = \frac{2}{3}\sigma^2$$

若使用 OLS，则从方程（6.1.6）可得到

$$\hat{\beta} = \frac{\sum X_i Y_i}{\sum X_i^2} = \frac{Y_1 - Y_2}{2} = \frac{1}{2}(Y_1 - Y_2)$$

利用方程（6.1.7）可得到

$$\text{var}(\hat{\beta}) = \frac{\sigma^2}{\sum X_i^2} = \frac{1}{2}\sigma^2$$

比较两个估计值，我们可以看出加权最小二乘法给 Y_1 的权重为 2/3，给 Y_2 的权重为 1/3，而 OLS 对两个 Y 的观测值赋予相等的权重。在加权最小二乘法中得到的斜率估计量的方差比在 OLS 中得到的斜率估计量的方差更大。

11.15 （a）回归结果如下：

$$\hat{MPG}_i = 189.9597 - 1.2716SP_i + 0.3904HP_i - 1.9032WT_i$$
$$\text{se} = (22.5287)\ (0.2331)\qquad (0.0762)\qquad (0.1855)$$
$$t = (8.4318)\quad (-5.4551)\ (5.1207)\qquad (-10.2593)$$
$$R^2 = 0.8828$$

恰如所料，MPG 与 HP 正相关，与速度和重量负相关。

（b）由于这是一个涉及多种小汽车的横截面数据，所以先验预期应该存在异方差性。

（c）将（a）中所示从模型中得到的残差平方对三个回归元、它们的平方项和它们的交叉乘积项进行回归，我们得到 $R^2 = 0.3094$。将这个 R^2 值乘以观测次数（=81）便得到 25.064 6，在不存在异方差性的虚拟假设下，它服从自由度为 9（3 个回归元、3 个回归元的平方项和 3 个交叉乘积项）的 χ^2 分布。在虚拟假设下得到大于等于25.064 6的 χ^2 值的 p 值为 0.002 9，这个 p 值非常小。因此，我们必须拒绝虚拟假设。也就是说，存在异方差性。

（d）基于怀特程序所得到的结果如下：

Dependent Variable: MPG
Method: Least Squares
Sample: 1 81
Included observations: 81
White Heteroscedasticity-Consistent Standard Errors & Covariance

Variable	Coefficient	Std. Error	t-Statistic	Prob.
C	189.959 7	33.906 05	5.602 531	0.000 0
SP	−1.271 697	0.336 039	−3.784 375	0.000 3
HP	0.390 433	0.108 781	3.589 180	0.000 6
WT	−1.903 273	0.285 077	−6.676 352	0.000 0
R-squared	0.882 864	Durbin-Watson stat		1.023 7

将这个结果与OLS结果相比较，便发现系数估计值是相同的，但它们的方差和标准差不同。你可以看出，在怀特程序下，所有斜率系数估计值的标准误都更高，因此 $|t|$ 更低，从而表明OLS低估了标准误。这可能都是因为异方差性所致。

(e) 目前还没有一个简单的公式来判定异方差性的精确性质。你或许可以作一些简单的假定并尝试各种变换。比如，如果相信“罪魁祸首”是HP，而且我们相信误差方差与HP的平方成正比，那我们就可以通过除以HP看会发生什么。当然，其他任何一个回归元都可能成为变换的对象。

11.16 (a) 回归结果如下：

Dependent Variable: FOODEXP

Variable	Coefficient	Std. Error	t-Statistic	Prob.
C	94.208 78	50.856 35	1.852 449	0.069 5
TOTALEXP	0.436 809	0.078 323	5.577 047	0.000 0
R-squared	0.369 824			

回归中得到的残差看起来如下图所示：

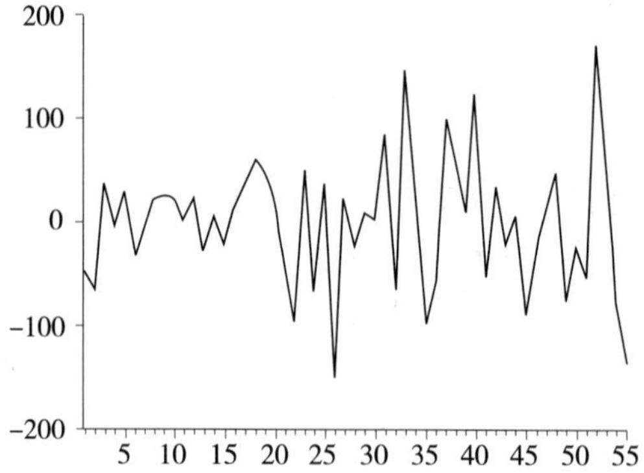

(b) 将残差（$R1$）对总支出描点，我们看到

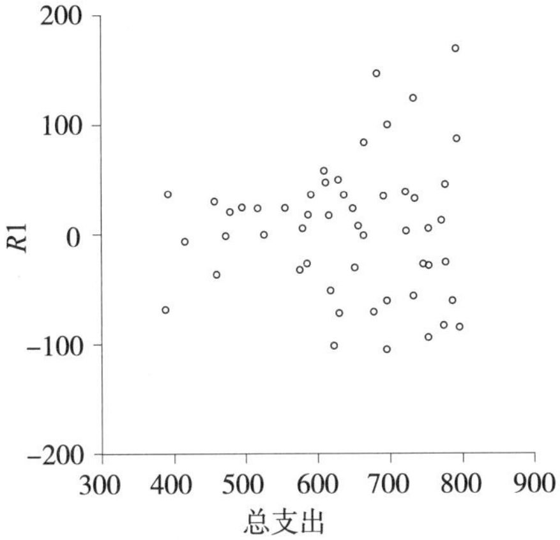

看来，随着总支出的增加，残差的绝对值也在增加，但可能是非线性的。

(c) 帕克检验：

Dependent Variable：LOG（RESQ）

Variable	Coefficient	Std. Error	t-Statistic	Prob.
C	−16.862 88	10.001 40	−1.686 053	0.097 7
LOG（totalexp）	3.703 235	1.551 873	2.386 300	0.020 6
R-squared	0.097 018			

由于斜率系数的估计值显著，所以帕克检验肯定了异方差性。

格莱泽检验：

Dependent Variable：$|\hat{u}_i|$，absolute value of residuals

Variable	Coefficient	Std. Error	t-Statistic	Prob.
C	−32.219 65	29.489 98	−1.092 563	0.279 5
TOTALEXP	0.130 709	0.045 417	2.877 997	0.005 8
R-squared	0.135 158			

由于斜率系数的估计值统计显著，所以格莱泽检验也表明了异方差性的存在。

怀特检验：

Dependent Variable：$\hat{u}_i^2$

Variable	Coefficient	Std. Error	t-Statistic	Prob.
C	13 044.00	21 156.58	0.616 546	0.540 2
TOTALEXP	−53.122 60	71.483 47	−0.743 145	0.460 7
TOTALEXPSQ	0.059 795	0.058 860	1.015 887	0.314 4
R-squared	0.134 082			

若将 0.134 082 乘以 55，而虚拟假设是不存在异方差性，则所得到的乘积 7.374 5 便服从自由度为 2 的分布。得到这样一个值的 p 值约为 0.025，这个 p 值很小。因此，与帕克检验和格莱泽检验一样，怀特检验也表明了异方差性的存在。

(d) 怀特的异方差修正结果如下：

Dependent Variable：FOODEXP

Variable	Coefficient	Std. Error	t-Statistic	Prob.
C	94.208 78	43.263 05	2.177 581	0.033 9
TOTALEXP	0.436 809	0.074 254	5.882 597	0.000 0
R-squared	0.369 824			

与 (a) 中给出的 OLS 结果对比，尽管截距的标准误下降了，但斜率系数的标准误没多大差别。很难讲这种差别是否值得忧虑。但除非我们完成了这道习题，否则我们无法知道 OLS 与怀特程序之间的差别有多大。

11.17 回归结果如下：

Variable	Coefficient	Std. Error	t-Statistic	Prob.
C	1.154 332	0.777 959	1.483 795	0.143 8
LOG (TotalEx)	0.736 326	0.120 713	6.099 834	0.000 0
R-squared	0.412 469			

对上述双对数回归中得到的残差应用帕克、格莱泽和怀特检验一致表明：没有异方差性的证据。

这个例子表明，对数变换通常能够减少异方差性。因此，在判断是否存在异方差性时，回归模型所采用的函数形式也至关重要。

11.18 首先从食物支出对总支出的回归中得到残差平方，记为 R_1^2。然后将这个残差平方对上述回归中食物支出的预测值和预测值的平方进行回归，回归结果如下：

Dependent Variable：R_1^2

Variable	Coefficient	Std. Error	t-Statistic	Prob.
C	27 282.63	39 204.59	0.695 904	0.489 6
FOODEXP	−180.662 9	221.554 2	−0.815 434	0.418 5
FOODEXP^2	0.313 387	0.308 486	1.015 887	0.314 4
R-squared	0.134 082			

将上述 0.134 082 乘以 55 便得到 7.374 5。在没有异方差性的虚拟假设下，

这个数值服从自由度为 2 的 χ^2 分布。得到这样一个大于等于 7.374 5 的 χ^2 值的 p 值约为 0.025，这个 p 值相当小。因此，结论就是误差方差是异方差性的。

还可以证明，如果将上述程序应用于从食物支出的对数对总支出的对数进行的回归中得到的残差平方，就没有异方差的证据。

11.19 如从下面利润对销售的回归中所看到的一样，利润与销售高度相关，所以没有理由相信结论有什么差别。

Dependent Variable：PROFITS

Variable	Coefficient	Std. Error	t-Statistic	Prob.
C	−338.538 5	1 105.311	−0.306 283	0.763 6
SALES	0.100 713	0.011 097	9.075 346	0.000 0
R-squared	0.845 936			

11.20 (a)

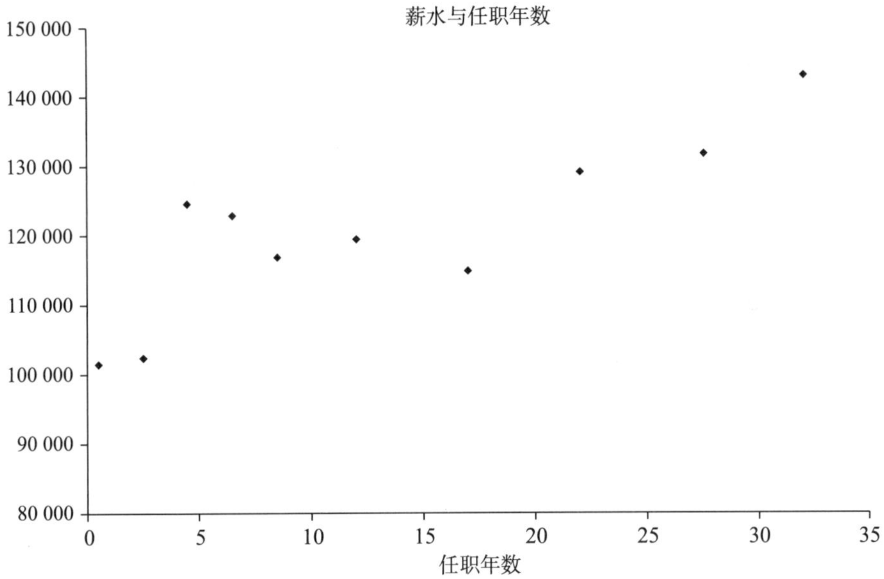

如上图所示，平均薪水随着任职年限的增加而上升，但不是理想的线性关系。

(b) 从上图可以看出，模型 (2) 或许更合适，而且它也与人力资本理论相吻合。线性和二次模型的拟合结果如下：

Variable	Coefficient	Std. Error	t-Statistic	Prob.
C	107 709.926	3 872.067	27.817	0.000 0
X	971.787	229.826	4.228	0.002 9
$R^2=0.690\ 9$				

Variable	Coefficient	Std. Error	t-Statistic	Prob.
C	108 052.82	5 855.786	18.452	0.000 0
X	893.785	974.137	0.917 5	0.389 4
X^2	2.447	29.571	0.082 7	0.936 4
$R^2=0.6912$				

(c) 对模型（1）应用怀特异方差检验表明，没有异方差的证据。从残差平方的辅助回归中得到的 n. R^2 为 2.293 7，其 p 值为 0.317 6，表明是同方差。而对模型（2）做同样的检验，所得到的 n. R^2 为 2.725 0，其 p 值为 0.436 0，表明在 5%的显著性水平上不存在异方差性。

(d) 既然没有明显的异方差，就不需要额外的步骤。通常在这类情形中，当每个观察都是几项（在这里就是几个教授）的平均时，误差的方差是与经验年数的平方成正比。这类情形的补救措施是将模型（1）两边同除以 X 以消除异方差。

11.21 计算检验统计量 $\lambda(=F)$ 为

$$\lambda=\frac{RSS_2/df}{RSS_1/df}=\frac{140/25}{55/25}=2.5454$$

分子和分母的自由度都为 25 时，5%显著性水平下的临界 F 值为 1.97，由于估计出来的值 2.545 4 超过了这个临界值，所以拒绝同方差的虚拟假设。

11.22 (a) 散点图如下：

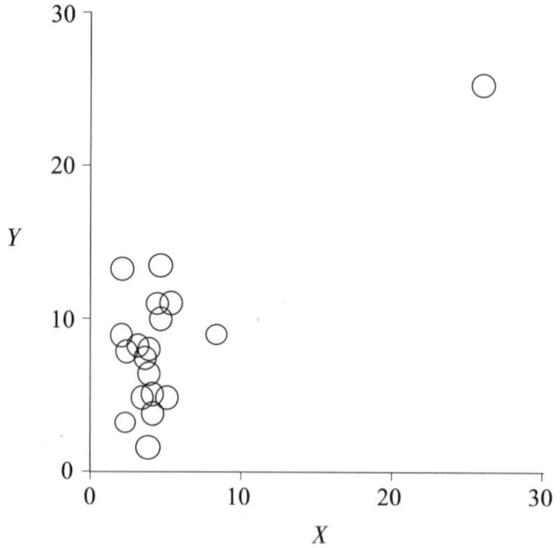

(b) 回归结果为：

Variable	Coefficient	Std. Error	t-Statistic	Prob.
C	4.610 282	1.084 906	4.249 478	0.000 5
X	0.757 433	0.149 941	5.051 559	0.000 1
R-squared	0.586 380			

将此回归的残差对 X 描点得到下图：

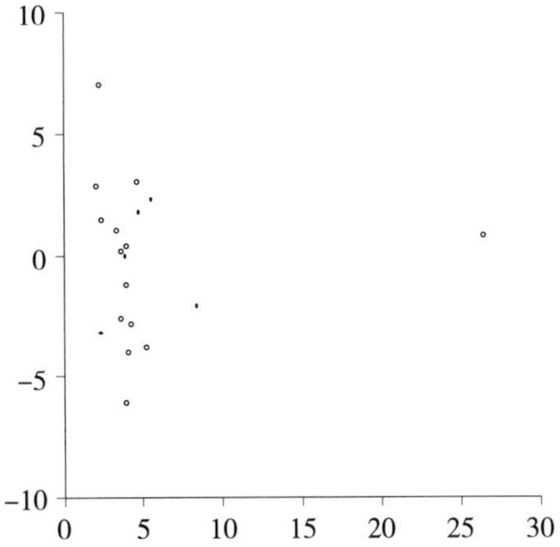

智利的残差对其他残差有支配性影响。

(c) 排除智利的观测数据，回归结果如下：

Variable	Coefficient	Std. Error	t-Statistic	Prob.
C	6.738 082	2.384 860	2.825 358	0.011 7
X	0.221 484	0.555 568	0.398 663	0.695 1
R-squared	0.009 262			

如你所见，(a) 中的斜率系数很显著，但在这个回归中并不显著。从而看出，仅一个极端的观测点便能够改变回归结论。此回归的残差相对 X 的描点图为：

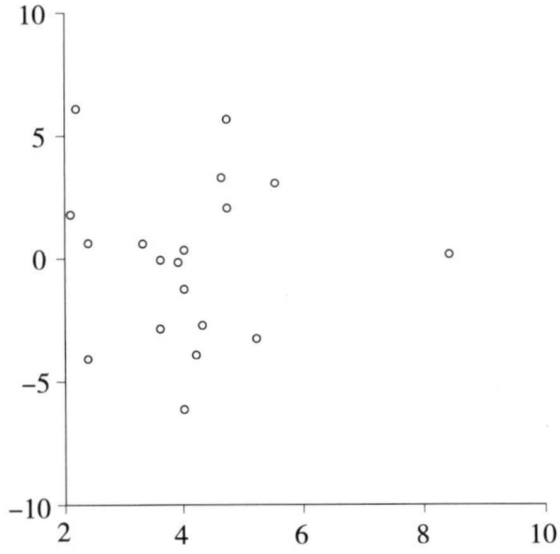

(d) 通过比较 (b) 和 (c) 中的残差图，我们看出，一旦从数据中去掉智利，Y 和 X 之间就没有什么关系了，因此异方差性的表象是谬误的。

11.23 (a) EViews 的回归结果如下：

Dependent Variable: SALARY

Method: Least Squares

Date: 07110108 Time: 10: 37

Sample: 1 447

Included observations: 447

Variable	Coefficient	Std. Error	t-Statistic	Prob.
C	998.709 5	623.695 4	1.601 277	0.110 0
TENURE	31.672 79	9.465 097	3.346 272	0.000 9
AGE	5.492 393	11.460 86	0.479 230	0.632 0
SALES	0.014 287	0.006 614	2.160 040	0.031 3
PROFITS	0.141 302	0.068 845	2.052 471	0.040 7
ASSETS	0.007 630	0.001 326	5.754 849	0.000 0

R-squared	0.248 829	Mean dependent var	2 027.517
Adjusted R-squared	0.240 312	S. D. dependent var	1 722.566
S. E. of regression	1 501.390	Akaike info criterion	17.479 50
Sum squared resid	9.94E+08	Schwarz criterion	17.534 57
Log likelihood	−3 900.669	F-statistic	29.216 60
Durbin-Watson stat	2.014 806	Prob (F-statistic)	0.000 000

怀特异方差检验的结果如下：

F 检验	2.089 313	p 值	0.024 109
$n*R^2$	20.440 73	p 值	0.025 349

p 值为 0.025 3，显然数据集中存在异方差。构造布罗施-帕甘统计量的工作作为练习留给读者，它也表明数据集中存在异方差。

（b）线性到对数模型和怀特异方差检验的结果如下：

Dependent Variable: LN _ SAL

Method: Least Squares

Sample: 1 447

Included observations: 447

Variable	Coefficient	Std. Error	t-Statistic	Prob.
C	6.753 659	0.236 823	28.517 78	0.000 0
TENURE	0.008 251	0.003 594	2.295 836	0.022 2
AGE	0.007 228	0.004 352	1.661 010	0.097 4
SALES	6.09E−06	2.51E−06	2.425 693	0.015 7
PROFITS	5.72E−05	2.61E−05	2.186 738	0.029 3
ASSETS	2.03E−06	5.03E−07	4.035 537	0.000 1

续前表

R-squared	0.208 984	Mean dependent var	7.391 898
Adjusted R-squared	0.200 016	S. D. dependent var	0.637 388
S. E. of regression	0.570 091	Akaike info criterion	1.727 292
Sum squared resid	143.326 8	Schwarz criterion	1.782 359
Log likelihood	−380.049 7	F-statistic	23.302 17
Durbin-Watson stat	1.920 217	Prob (F-statistic)	0.000 000

怀特异方差检验的结果如下：

F 检验	2.581 930	p 值	0.004 784
n * R^2	24.990 78	p 值	0.005 363

显然数据中仍然存在一些异方差。

(c)

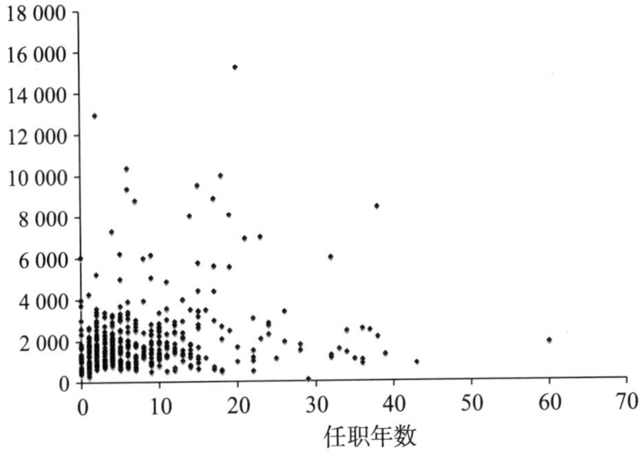

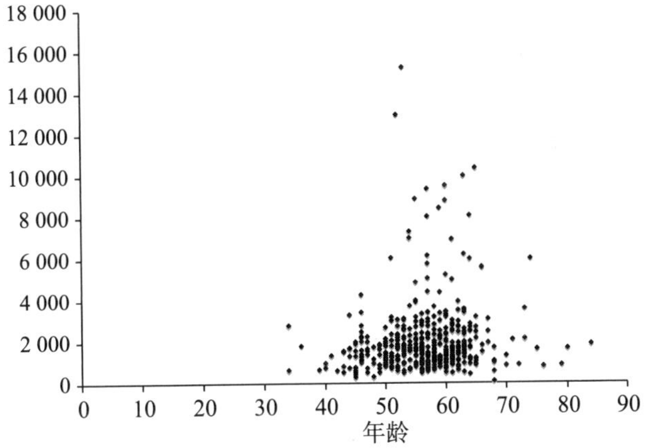

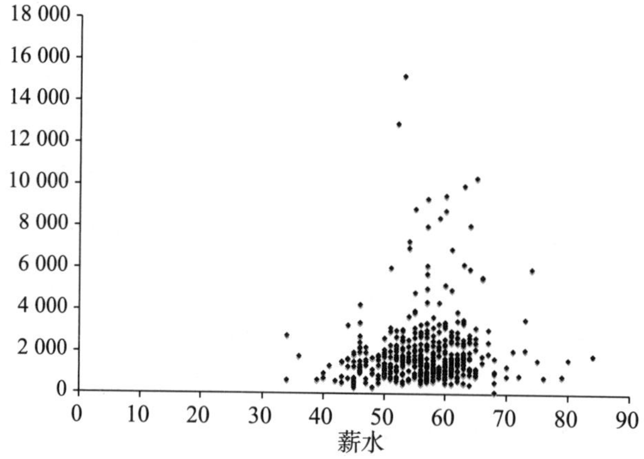

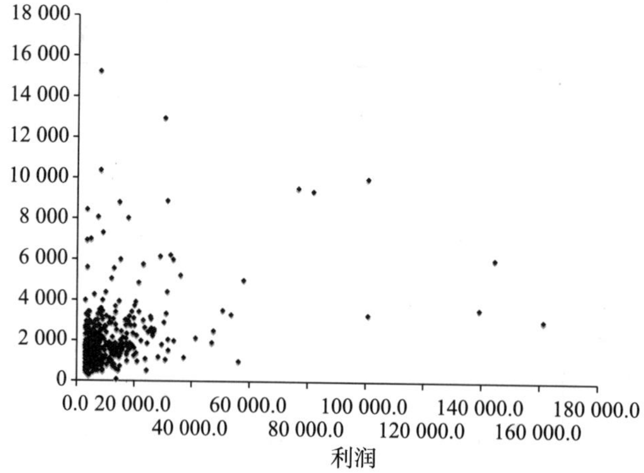

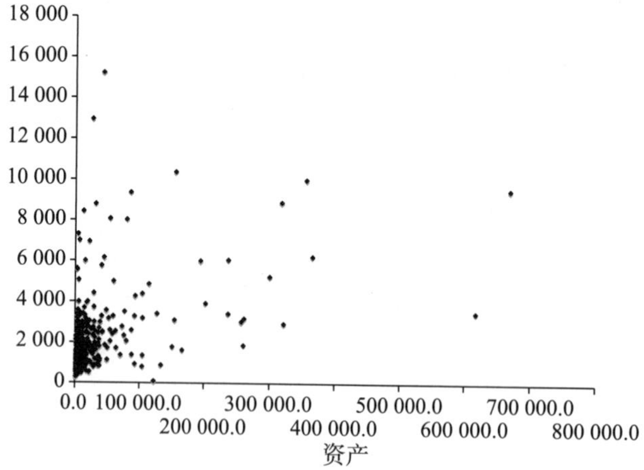

根据这些描点图，有几个变量可能导致了异方差性。读者可以尝试几个模型，看看哪个模型有助于充分降低异方差性。

第 12 章 自相关：误差项相关会怎么样？

问 答 题

12.1 (a) 错。估计量无偏但无效。

(b) 对。我们仍保留了 CLRM 的其他假定。

(c) 错。假定是 $\rho=+1$。

(d) 对。为了比较 R^2，两个模型中的回归子必须相同。

(e) 对。也可能表明有设定误差。

(f) 对。由于预测误差涉及 σ^2，而通常的 OLS 公式对 σ^2 的估计是不正确的。

(g) 对。见上述 (e)。

(h) 错。尽管我们使用了德宾-沃森表来检验 $\rho=1$，我们也只能使用贝伦布鲁特-韦布的 g 统计量来检验。

(i) 对。把模型写成 $Y_t=\beta_1+\beta_2X_t+\beta_3t+\beta_4t^2+u_t$ 并对这个方程取一阶差分即可验证。

12.2 对 $n=50$ 和 $k'=4$ 而言，$\alpha=5\%$的临界 d 值为：

$$d_L=1.38 \qquad 4-d_L=2.62$$
$$d_U=1.72 \qquad 4-d_U=2.28$$

(a) 正自相关；(b) 无定论；(c) 无定论；(d) 负自相关。

12.3 (a) 模型 A 中存在序列相关，但模型 B 中没有。

(b) 自相关可能由于模型 A 的误设，因为它排除了趋势的平方项。

(c) 你需要对可能的函数形式有先验知识。

12.4 (a) 计算冯·诺伊曼比率(V-N)及其均值和方差。利用正态分布表，确定这个比率与计算出来的均值相差多少个标准差单位。选择一个置信水平并进行一个置信区间检验。

(b) V-N$=\left(\frac{n}{n-1}\right)d$。

(c) 极限为 $2\left(\frac{n}{n-1}\right)$ 和 $4\left(\frac{n}{n-1}\right)$。因此，如果 n 足够大，V-N 比率和德宾-沃森 d 统计量一样介于 0～4 之间。

(d) OLS 残差是真实误差项的一致估计值；因此在大样本情形下正态假定可能成立。

(e) 给定 $n=100$，可以看出 V-N 比率的均值和方差分别为 2.02 和 0.04。利用这些数字，区间 $2.02\pm3\times\sqrt{0.04}=$ (1.420 3，2.619 7) 包含了正态曲线下方 99.7%的面积。由于给定的数值 2.88 不属于上述区间，所以我们可以断定存在自相关。

12.5 会，在 3 或 14 个游程时有自相关的证据，前者为正相关，后者为负相关。

12.6 将分子和分母同时除以 n^2 便得到

$$\hat{\rho}=\frac{\left(1-\frac{d}{2}\right)+\frac{k^2}{n^2}}{1-\frac{k^2}{n^2}}$$

对一个给定的 k，随着 $n\to\infty$，分子和分母中的第二项都趋于 0，因此，$\hat{\rho}\approx 1-\frac{d}{2}$。

12.7 (a) 其主要优越性在于简单。通过微调搜寻程序，还可以处理存在不止一个局部最小值的问题。

(b) 这是一个试错并微调间隔的问题。

12.8 (a) 使用 Minitab 软件，大约 4 次迭代可以找到 ρ 的一个稳定估计值。这些得到的数值是 0.887 1、0.993 2、0.996 7、0.996 8。最后一次迭代在 0.005 的水平保持稳定。

(b) 新的回归结果如下：

$$\hat{Y}_t^* = 0.416\,5 + 0.541\,1\hat{X}_t^*$$
$$\text{se}=(0.284)\qquad(0.111)$$
$$t=(1.46)\qquad(4.89)\qquad R^2=0.358$$

保留第一次观测（而不是去掉它）的结果如下：

$$\hat{Y}_t^* = 0.361\,9 + 0.588\,1\hat{X}_t^*$$
$$\text{se}=(0.297)\qquad(0.114)$$
$$t=(1.22)\qquad(5.17)\qquad R^2=0.378$$

(c) 两个结果看来确实有微小的不同，因此读者可以自己决定这个差异是否大到成为保留的理由。

12.9 利用从 C-O 程序中方程（3）中估计出来的 ρ 可以看出，这个值为 0.887 1。这个值与方程（12.9.16）中的 ρ 值 0.868 9 和方程（12.9.17）中的 ρ 值 0.896 4 没有太大的区别。因此，你在使用 C-O 两步程序所得到的回归结果中看不到太大差别。

12.10 （a）回归结果如下：

Dependent Variable：Y

Sample（adjusted）：1961 2005

Included observations：45 after adjustment

Variable	Coefficient	Std. Error	t-Statistic	Prob.
C	5.156 639	2.144 141	2.404 990	0.020 8
X	0.567 725	0.124 595	4.556 556	0.000 0
X _ LAG _ 1	−0.498 400	0.148 723	−3.351 192	0.001 7
Y _ LAG _ 1	0.879 465	0.064 669	13.599 39	0.000 0

R-squared	0.996 340	Mean dependent var	91.111 11
Adjusted R-squared	0.996 072	S. D. dependent var	14.891 67
S. E. of regression	0.933 345	Akaike info criterion	2.784 605
Sum squared resid	35.716 48	Schwarz criterion	2.945 197
Log likelihood	−58.653 60	F-statistic	3 719.983
Durbin-Watson stat	1.626 925	Prob（F-statistic）	0.000 000

我们从 Y_{t-1} 的系数看出，$\hat{\rho}=0.879\ 5$，它与从 C-O 两步程序或 C-O 迭代程序得到的结果差别不大。因此，使用从德宾-沃森两步程序估计出来的 ρ 所得到的结果，与使用其他方法估计出来的 ρ 所得到的结果差别不大。

（b）这是一个非线性（于参数）回归模型的话题。

12.11 （a）这个数字表明，可能存在函数形式误设所带来的设定偏误。

（b）引入 $[\log(\text{output})]^2$ 作为一个回归元。这可能会获得成本与产出之间的二次关系性质。

12.12 （a）出现异常值的原因很多。可能这个观测就是与样本中的其他观测极为不同；也可能是错误度量的结果或抽样的问题。

（b）除非有某种合理的根据认为它是错误的（比如错误地度量或错误地记录等），否则不应该去掉这个观测。

（c）不适用。异常值可能支配着 RSS。

12.13 见习题 12.3 中的答案。

12.14 根据 u 的独立性有：

$$E(\varepsilon_t)=E(u_t-\rho u_{t-1})=0 \text{ 和 } \mathrm{var}(\varepsilon_t)=E[(u_t-\rho u_{t-1})(u_t-\rho u_{t-1})]=(1+\rho^2)\sigma^2$$

同样也有 $\mathrm{cov}(\varepsilon_t,\varepsilon_{t-1})=-\rho\sigma^2$。再次注意到 u 是独立的，也是序列无关的，但 ε 则不然。

12.15 由于模型中包含了因变量的滞后值作为回归元，所以德宾-沃森的 d 统计量就不是一个合适的检验统计量。此时应该使用习题 12.36 中给出的德宾 h 统计量。

12.16 给定 AR(1) 模式：

(a) 在 ρ 接近 1 时适合使用一阶差分回归法。

(b) 若 ρ 约等于−1，则适合使用移动平均回归法。

(c) 若回归元的一阶差分和二阶差分与变量本身的变化范围相比较小，则适合使用泰尔-纳加变换。

(d) 若 RSS 收敛，则适合使用 C-O 程序。

(e) 见习题 12.7 中的答案。

(f) 若从滞后 Y 变量的系数估计出来的 ρ 值约等于滞后 X 变量的系数与 X 变量的系数之比（注意系数的符号），则适合使用德宾两步法。

12.17 把模型变换如下：

$$Y_t-\rho_1 Y_{t-1}-\rho_2 Y_{t-2}=\beta_1(1-\rho_1-\rho_2)+\beta_2(X_t-\rho_1 X_{t-1}-\rho_2 X_{t-2})+\varepsilon_t$$

若 ρ 已知，则可将数据作如上变换；若 ρ 未知，则首先用 OLS 估计原模型并得到残差 $\hat{u}_t$，然后作如下回归：

$$\hat{u}_t=\hat{\rho}_1\hat{u}_{t-1}+\hat{\rho}_2\hat{u}_{t-1}+v_t$$

其中，v_t 为误差项。利用从上述回归中得到的 ρ，对数据进行上述变换。若样本充分大，则估计出来的 ρ 便是与总体估计值一致的估计值。

12.18 $C=\dfrac{\sum(x_t-\rho x_{t-1})^2[(1-\rho^2)x_1y_1]-\sum(x_t-\rho x_{t-1})(y_t-\rho y_{t-1})[(1-\rho^2)x_1^2]}{\sum(x_t-\rho x_{t-1})^2[(1-\rho^2)x_1^2+\sum(x_t-\rho x_{t-1})^2]}$，所有求和都是从 $t=2$ 到 $t=n$。

12.19 从方程（12.9.6）开始，其离差形式可写成：

$$y_t^*=\beta_2^* x_t^*+(\varepsilon_t-\bar{\varepsilon})$$

利用标准的 OLS 公式可得到：

$$\hat{\beta}_2^*=\frac{\sum y_t^* x_t^*}{\sum x_t^{*2}}=\frac{\sum(y_t-\rho y_{t-1})(x_t-\rho x_{t-1})}{\sum(x_t-\rho x_{t-1})^2}$$

注意：由于差分程序，所以没有第一个观测。

12.20 这个序列中有22 个正号和 11 个负号。游程数为 14。利用教材中给出的正态近似可看出，期望游程数为 18.83，游程方差为 0.495 5，因此 95%的置信区间为：18.83±1.96×0.703 9，即（17.45，20.21）。* 由于所观测到的游程数 14 低于下限，所以我们断定所观测的序列不是随机的。

* 这里的数据与教材中的数据在计算上似均有问题，读者根据教材中的公式给出正确的计算并不困难。——译者注

12.21 公式为

$$d_{12}=\frac{\sum_{13}^{n}(\hat{u}_t-\hat{u}_{t-12})^2}{\sum_{1}^{n}\hat{u}_t^2}$$

12.22 教材中曾指出，若一阶差分回归中存在截距项，则意味着原回归中存在线性趋势项。给定资本和劳动力不变，如果我们假定时间或趋势是技术进步的代理变量，那么截距项可解释为技术进步所导致的产出增长率。

12.23 由于当 d 很小时有 $\hat{\rho}\approx 1-\frac{d}{2}\approx 1$，此时广义差分方程简化成一阶差分形式的回归。

12.24 若 $r=0$，则方程（12.4.1）可简化成

$$E(\hat{\sigma}^2)=\frac{\sigma^2\left(n-\frac{2}{1-\rho}\right)}{n-2}=\frac{\sigma^2}{n-2}\left(n-\frac{2}{1-\rho}\right)$$

(a) 若 ρ 为正但小于 1，则 $E(\hat{\sigma}^2)$ 仍有偏误，因为它低估了真实的 σ^2。

(b) 若 ρ 为负但大于 -1，则 $E(\hat{\sigma}^2)$ 仍有偏误，只是此时高估了真实的 σ^2。

(c) 若 ρ 接近于 0，则偏误理应很小。

12.25 (a) 从计算机输出的结果可以看出，只有一阶滞后的残差才是统计显著的，当然，也有可能其他 5 个滞后残差不显著是因为它们之间的共线性所致。

(b) 由于 AR(1) 系数 1.019 7 在统计上并非显著异于 1，所以适合一阶差分变换。

实证分析题

12.26 (a) 估计回归结果为：

$$\ln\hat{C}_t=-1.500+0.468\ln I_t+0.279\ln L_t-0.005\ln H_t+0.441\ln A_t$$

$$\text{se}=(1.003)\quad(0.166)\quad(0.115)\quad(0.143)\quad(0.107)$$

$$t=(-1.496)\quad(2.817)\quad(2.436)\quad(-0.036)\quad(4.415)$$

$$R^2=0.936\quad \bar{R}^2=0.926\quad F=91.543\quad d=0.955$$

可见，I，L 和 A 的系数分别都是统计显著的，并且对 C 的影响有一定的经济意义。

(b) 如果你描出残差图和标准化残差图，便可看出一定的自相关性。

(c) 如上述（a）中给出的回归结果所示，d 统计量为 0.955。对 $n=30$，$k'=4$ 和 $\alpha=5\%$，d 的下限为 1.138。由于计算出来的 d 值小于这个临界 d 值，所以成为正一阶自相关的证据。

(d) 至于游程检验，$n=30$，$n_1=17$，$n_2=13$ 和 $R=9$，利用教材附录 D 中斯威德（Swed）和艾森哈特（Eisenhart）统计表 D6，游程 5%的下临界值为

10，上临界值为 22。由于所观测到的游程 $R=9$ 低于下限，所以表明数据中存在（正）自相关，从而加强了基于 d 检验所得到的结论。

（e）可能应该使用教材中讨论的布罗施-戈弗雷检验。

12.27 回归结果为：

$$\hat{Y}_t = 246.240 + 15.182X_t$$
$$se = (5.849) \quad (0.643)$$
$$t = (42.104) \quad (23.603)$$
$$R^2 = 0.977; \; d = 0.4148$$

（a）从上述给出的结果可知 $d=0.4148$。

（b）对 $n=15$，$k'=1$ 和 $\alpha=0.05$，有 $d_L=1.077$。由于计算出来的 d 值小于 d_L，所以有正一阶自相关的证据。

（c）（i）在 $n=15$ 和 $k=2$ 的情况下，泰尔-纳加统计量（见习题 12.6）为 $\hat{\rho}=0.8251$。

（ii）由于解释变量与其滞后值之间存在高度共线性，所以德宾两步法或许不适用。

（iii）C-O 法给出 ρ 的估计值为 0.669 1（三次迭代后在 0.005 的水平上收敛）。

（d）利用 ρ 的泰尔-纳加估计值 0.825 1，对数据进行如下变换：$[Y_t - 0.8251Y_t - 1]$ 和 $[X_t - 0.8251X_{t-1}]$，利用变换后的数据得到如下回归结果：

$$\hat{Y}_t^* = 32.052 + 19.404X_t^*$$
$$se = (4.925) \quad (2.038)$$
$$t = (6.508) \quad (9.522)$$
$$R^2 = 0.883; \; d = 1.923$$

（注意：* 表示变换后的变量。）

注意上述回归并没有按照普莱斯-温斯顿建议的方法对第一次观测的缺损进行修正。

（e）尽管 d 值 1.923 或许表明不存在自相关，但不清楚这里使用德宾-沃森的 d 统计量是否恰当，因为它表明原回归应该是一个 AR(2) 模型。因此，应该使用诸如游程检验之类的非参数检验来检验上述回归中的序列相关。对此回归，有 $n=14$，$n_1=8$，$n_2=6$ 和 $R=10$，利用斯威德-艾森哈特表，临界游程值分别为 3 和 12。由于所观测到的游程值 10 介于两个临界值之间，所以我们应该断定，从目前情形来看没有自相关。

12.28 （a）C-O 两步程序的回归结果为

$$\hat{Y}_t^* = -1.214 + 0.398\ln I_t^* + 0.336\ln L_t^* - 0.055\ln H_t^* + 0.456\ln A_t^*$$
$$se = (1.137) \quad (0.247) \qquad (0.121) \qquad (0.147) \qquad (0.162)$$
$$t = (-1.067)(1.610) \qquad (2.766) \qquad (-0.378) \qquad (2.818)$$
$$R^2 = 0.951 \quad F = 89.476 \quad d = 1.448$$

（注意：* 表示变换后的变量。）

现在 $\ln I_t$ 的系数不再显著，但 $\ln L$ 和 $\ln A$ 的系数仍显著，尽管数值多少有些变化。基于游程检验，看来这个回归也没有自相关的问题：$n=29$，$n_1=15$，$n_2=14$ 和 $R=11$，5%的临界游程值为 10 和 22。

(b) 从 C-O 两步程序估计出来的 ρ 值为 0.524，而从 d 统计量估计出来的（见习题 12.26）ρ 值则为：$\hat{\rho}=1-d/2=1-0.955/2=0.5225$。可见，两种方法基本上得到相同的估计值。

12.29 线性总成本回归的结果为：

$$\hat{Y}_i=166.4667+19.933X_t$$
$$se=(19.021)\quad(3.066)$$
$$t=(8.752)\quad(6.502)$$
$$R^2=0.841;\ d=0.716$$

对于 $n=10$，$k'=1$ 和 $\alpha=0.05$，有 $d_L=0.879$。由于计算出来的 d 值低于此值，“看来”存在正自相关。但这种自相关与其说是真实的，不如说是表面的。如同第 7 章曾指出的，总成本函数或许更适合设定为三次多项式，所以上述回归中观察的自相关源于错误的模型设定。

12.30 习题 7.21 中已经给出了水平值形式的回归结果。那里的回归表明 d 值相当低，仅为0.2187，从而表明误差项是自相关的。从这个 d 值可如下计算 ρ 值：$\hat{\rho}=1-d/2=0.8906$。这个数值如此接近 1，以至可以尝试一阶差分变换。一阶差分变换的结果如下：

Dependent Variable：DLOG（RM2）

Variable	Coefficient	Std. Error	t-Statistic	Prob.
DLOG（RGRDP）	0.608 6	0.166 5	3.655 1	0.002 1
DLOG（LTRATE）	−0.135 4	0.042 7	−3.168	0.006 0
R-squared	0.546 1		d=0.383 2	

注：字母 D 是取一阶差分的 EViews 命令。同时还注意到这个模型中没有截距项。（为什么？）

这个回归结果与习题 7.21 中给出的原回归结果相比很有意思。尽管以前的长期利率弹性在统计上不显著，但现在是高度显著的。此外，收入弹性也从 0.4946 上升到0.6086，也是高度显著的。可能结论中的这种差别与其中时间序列的性质有关系。很有可能其中的时间序列是不稳定的，但我们还没有对付这个问题的工具，在本书后面讨论时间序列计量经济学专题时再解决这个问题。

12.31 由于 X 值已按递增的顺序排列，所以计算出来的 d 值与运用泰尔建议的程序计算出来的 d 值相同。关于这个程序合理性的说明，参见泰尔的有关文献。

12.32 回归结果已经在习题 11.22 中给出。对此回归，估计的 d 值为 2.6072，从而表明没有自相关。但由于有一个异常观测（智利），所以这种自相关值得怀疑。去掉这个观测后，我们得到习题 11.22 那样的回归结果。如同此回归所示，这两个变量之间现在没有关系，而估计的 d 值约为 2.619 9。实际上这些数据中没有自相关。我们将在第 13 章研究被称为异常观测或杠杆观测数据等的作用。

12.33 根据所给的模式生成的一个数据集如下：

u_t	X_t	Y_t
9.464	1	12.964
10.544	2	14.544
11.944	3	16.444
10.427	4	15.427
9.316	5	14.816
8.681	6	14.681
7.525	7	14.025
8.070	8	15.070
7.504	9	15.004
5.797	10	13.797

(a) $\hat{Y}_t = 14.694 - 0.003X_t$

$se = (0.688)\ (0.111)$

$t = (21.354)(-0.027) \qquad R^2 = 0.000;\ d = 1.296$

(b) 个别结果随着 u_t 的变化而变化。

(c) 同样，个别结果会有所变化。

12.34 (a) 存货 Y 对销售额 X 回归的结果为（都以百万美元为单位）：

Dependent Variable: INVENTORIES

Sample (adjusted): 1950 1990

Included observations: 41

Variable	Coefficient	Std. Error	t-Statistic	Prob.
C	66 668.97	10 895.73	6.118 819	0.000 0
SALES	1.183 862	0.046 615	25.396 49	0.000 0

R-squared	0.942 981	Mean dependent var	312 958.1
Adjusted R-squared	0.941 519	S. D. dependent var	131 513.5
S. E. of regression	31 803.73	Akaike info criterion	23.620 11
Sum squared resid	3.94E+10	Schwarz criterion	23.703 69
Log likelihood	−482.212 2	F-statistic	644.981 5
Durbin-Watson stat	0.125 553	Prob (F-statistic)	0.000 000

(b) (i) 对 $n = 42$ 和 $k' = 1$，5%的 d_L 为 1.46。由于观测到的 d 为 0.125 6，所以存在正一阶自相关的有力证据。

(ii) 根据 0.125 6 的 d 值，我们可以得到 ρ 的估计值为 $\hat{\rho}=1-\frac{d}{2}=0.937\,2$。

利用这个值，我们得到 $z=\sqrt{41}\times 0.937\,2=6.001$。这个 z 值在 5%和 1%的显著性水平上都是统计非常显著的，表明存在自相关。

(c) 从（b）中的结论来看，真实的 ρ 确实可能为 1。但如果机械地检验，我们得到如下结果：

$$g=\frac{RSS_{一阶差分方程}}{RSS_{未差分方程}}=\frac{2.93x10^9}{2.22x10^9}=1.320$$

根据 41 次观测及 $k'=1$ 和 $\alpha=0.05$ 得到 $d_L=1.45$ 。由于所观测到的 g 值低于此值，所以我们不能拒绝 $\rho=1$ 的虚拟假设。但必须记住前面曾给过的警告。

(d) 布罗施-戈弗雷检验统计量看起来仅对 1 阶滞后显著（p 值为 0.001）。

(e) 如果你仅使用一阶 AR 模式，并使用从上述（b）中得到的 p 值 0.941 6，便可将数据变换成$[Y_t-0.937\,2Y_{t-1}]$和$[X_t-0.937\,2X_{t-1}]$，并根据这些变换后的数据进行回归。

(f) 对数—线性模型的结果如下：

Dependent Variable：LN _ INVENT

Sample (adjusted)：1950 1990

Included observations：41

Variable	Coefficient	Std. Error	t-Statistic	Prob.
C	2.486 980	0.233 898	10.632 74	0.000 0
LN _ SALES	0.832 201	0.019 352	43.002 34	0.000 0

R-squared	0.979 345	Mean dependent var	12.530 66
Adjusted R-squared	0.978 816	S. D. dependent var	0.552 377
S. E. of regression	0.080 397	Akaike info criterion	−2.156 124
Sum squared resid	0.252 085	Schwarz criterion	−2.072 535
Log likelihood	46.200 54	F-statistic	1 849.201
Durbin-Watson stat	0.229 265	Prob (F-statistic)	0.000 000

定性地讲，对数—线性模型的结果与线性模型的结果相同。即使在对数—线性模型中，布罗施-戈弗雷统计量也仅在一阶滞后显著。

(g) 见第 6 章和 8.11 节中的讨论。

12.35 (a) 回归结果如下：

Variable	Coefficient	Std. Error	t-Statistic	Prob.
C	23.986 94	5.235 037	4.582 000	0.000 1
INFLATION	−4.375 620	1.022 227	−4.280 479	0.000 2
R-squared			Durbin-Watson stat	2.076 724

(b)

Variable	Coefficient	Std. Error	t-Statistic	Prob.
C	3.531 812	8.111 369	0.435 415	0.667 0
GROWTH	3.943 315	1.293 445	3.048 693	0.005 4
INFLATION	−2.499 426	1.082 101	−2.309 789	0.029 4
R-squared	0.572 374		d=1.896 5	

(c) 法马的说法是正确的，为了进一步清楚地看出法马说法的正确性，将即期通货膨胀对产出增长进行回归便得到：

Variable	Coefficient	Std. Error	t-Statistic	Prob.
C	6.326 759	0.788 408	8.024 730	0.000 0
GROWTH	−0.679 792	0.192 818	−3.525 570	0.001 6
R-squared	0.323 439		Durbin-Watson stat	0.538 786

(d) 在所有这些回归中的 d 值都接近 2，从而表明没有一阶自相关。这个结果应该无足为奇，因为所有这些回归中的变量都以增长率的形式表示，这就意味着先进行这种隐含的差分通常也能减少自相关。

12.36 (a) 回归结果为：

Dependent Variable：Y

Sample (adjusted)：1961 2005

Included observations：45 after adjustments

Variable	Coefficient	Std. Error	t-Statistic	Prob.
C	9.099 866	1.998 847	4.552 558	0.000 0
X	0.166 985	0.039 019	4.279 602	0.000 1
Y_LAG_1	0.751 731	0.058 259	12.903 23	0.000 0
R-squared	0.995 337	Mean dependent var	91.111 11	
Adjusted R-squared	0.995 115	S. D. dependent var	14.891 67	
S. E. of regression	1.040 830	Akaike info criterion	2.982 254	
Sum squared resid	45.499 74	Schwarz criterion	3.102 699	
Log likelihood	−64.100 73	F-statistic	4 482.499	
Durbin-Watson stat	1.376 461	Prob (F-statistic)	0.000 000	

如这些结果所示，真实工资指数不仅取决于生产力指数，还取决于上一期当时的真实工资指数。

(b) 利用 h 统计量我们得到：

$$h=\hat{\rho}\sqrt{\frac{n}{1-n\left[\mathrm{var}(\hat{\beta}_3)\right]}}=0.311\ 8\times\sqrt{\frac{45}{1-45\times 0.003\ 4}}=2.272\ 7$$

其中，ρ 的估计值得自（a）中给出的 d 值，而 $\mathrm{var}(\hat{\beta}_3)$ 等于（a）中回归给出的 Y_{t-1} 的标准误的平方。

如果我们假定样本容量 45 次观测足够大，那么以上得到的 h 值服从标准正态分布。由于标准正态变量 5%的临界值为 1.96，而计算出来的 h 值又大于 1.96，所以我们断定，从目前情形看，存在自相关。然而，如果我们使用 1%的临界值 2.575，我们就会认为不存在自相关。

12.37 根据教材中讨论的曼达拉程序而得到的回归结果为：

Variable	Coefficient	Std. Error	t-Statistic	Prob.
C	−4.041 785	23.342 84	−0.173 149	0.864 2
ISTAR	0.086 407	0.031 605	2.733 972	0.012 4
NDUM	67.378 38	35.503 61	1.897 789	0.071 6
PROD	−0.067 809	0.036 959	−1.834 690	0.080 8
R-squared	0.551 249		Durbin-Watson stat	2.203 363

注：ISTAR 是变换后的收入变量，NDUM 为变换后的虚拟变量，而 PROD 为二者之积。

若将这些结果与方程（9.5.4）中的结果相比较，你会发现，收入变量的系数和收入变量的级差斜率系数都大致相同。由于进行了数据变换，所以截距系数和虚拟变量系数都不能直接比较。

12.38 方程（12.9.8）中模型的回归结果如下：

Dependent Variable：DEL _ Y
Sample (adjusted)：1961 2005
Included observations：45 after adjustments

Variable	Coefficient	Std. Error	t-Statistic	Prob.
C	0.259 612	0.264 369	0.982 007	0.331 6
DEL _ X	0.549 740	0.113 584	4.839 934	0.000 0

R-squared	0.352 653	Mean dependent var	1.320 000
Adjusted R-squared	0.337 598	S. D. dependent var	1.219 463
S. E. of regression	0.992 498	Akaike info criterion	2.866 242
Sum squared resid	42.357 21	Schwarz criterion	2.946 538
Log likelihood	−62.490 45	F-statistic	23.424 96
Durbin-Watson stat	1.538 356	Prob (F-statistic)	0.000 017

其中，DEL _ Y 是 $\Delta Y_t = Y_t - Y_{t-1}$，DEL _ X 是 $\Delta X_t = X_t - X_{t-1}$。在这个模型中，截距项在任何标准水平都不是统计上显著的，因此在这个模型中可能不必要。不管在以上结果中还是在从（12.9.9）得到的模型结果中，DEL _ X 的斜率都是统计上显著的，p 值是 0.000 0。或许“过原点的回归”模型就足以胜任。

第 13 章 计量经济建模：模型设定和诊断检验

问 答 题

13.1 由于模型看起来以经济理论为基础，所以看似很好地设定了。然而，价格变量强相关，并可能因为多重共线性而引致了问题。而函数形式的选择完全是一个实证问题。

13.2 真模型可以离差形式写成：

$$y_i = \beta_1 x_i + (u_i - \bar{u})$$

于是

$$\hat{\alpha}_1 = \frac{\sum y_i x_i}{\sum x_i^2} = \frac{\sum [\beta_1 x_i + (u_i - \bar{u})] x_i}{\sum x_i^2}$$

因此，利用 u_i 和 x_i 的各种性质得到 $E(\hat{\alpha}_1) = \beta_1$。也就是说，即便我们在第二个模型中引入不必要的截距项，斜率系数仍是无偏的。这与理论一致。

这两个估计量的方差为

$$\text{var}(\hat{\beta}_1) = \frac{\sigma_u^2}{\sum X_i^2} \text{ 和 } \text{var}(\hat{\alpha}_1) = \frac{\sigma_v^2}{\sum (X - \bar{X})^2}$$

二者并不相同。

13.3 我们知道

$$\hat{\beta}_1 = \frac{\sum X_i Y_i}{\sum X_i^2} = \frac{\sum X_i(\alpha_0 + \alpha_1 X_i + v_i)}{\sum X_i^2} = \frac{\alpha_0 \sum X_i}{\sum X_i^2} + \alpha_1 + \frac{\sum v_i X_i}{\sum X_i^2}$$

因此，

$$E(\hat{\beta}_1) = \frac{\alpha_0 \sum X_i}{\sum X_i^2} + \alpha_1$$

这里，误设模型中的斜率估计量给出真实斜率系数的一个无偏估计量。方差则与习题 13.2 中给出的一样。

13.4 （a）回想第 7 章中的如下公式：

$$R^2 = \frac{r_{12}^2 + r_{13}^2 - 2r_{12}r_{13}r_{23}}{1 - r_{23}^2}$$

由于 X_3 是无关变量，所以 $r_{13}=0$，于是上述公式可简化成：

$$R^2 = \frac{r_{12}^2}{1 - r_{23}^2}$$

于是，X_3 的添加明显会提高 R^2 值。不过，若 $r_{23}=0$，则 R^2 将保持不变。

（b）是的，由于教材中讨论的原因，它们是无偏的。这很容易从第 7 章中给出的多元回归公式证明出来，注意，真实的 β_3 为 0。

（c）两个模型中 $\hat{\beta}_2$ 的方差为

$$\text{var}\hat{\beta}_2 = \frac{\sigma_u^2}{\sum x_i^2} \qquad \text{真模型}$$

$$\text{var}\hat{\beta}_2 = \frac{\sigma_v^2}{\sum x_i^2(1 - r_{23}^2)} \qquad \text{误设模型}$$

因此，其方差不同。

13.5 （a）如教材中讨论的那样，遗漏一个有关变量将导致估计的偏误。因此有 $E(\hat{\beta}_1)\neq\alpha_1$ 和 $E(\hat{\beta}_2)\neq\alpha_2$。使用标量代数推导将导致表达式很庞杂，而使用矩阵代数则很容易推导。但如果你想做，那么首先估计“误设”模型的参数，然后将估计参数代入真模型，并取期望，看从误设模型中得到的参数期望值是否等于它们的真实值。若不相等，则存在偏误。

（b）若 L_2 是一个无关变量，则估计值仍是无偏的，只是由于“讨厌”的变量 L_2 的出现，导致方差变大了。

13.6 如果 $\hat{\alpha}_2$ 较小的方差足以补偿偏误，那么我们基于 MSE 准则便会选择这个估计量。本题旨在说明，一个有偏的估计量有时也可能因其方差较小而被选取。当然，这都取决于研究的目的。

13.7 根据方程（13.5.3），我们使用 OLS 便得到：

$$\hat{\beta} = \frac{\sum x_i y_i}{\sum x_i^2} = \frac{\sum x_i Y_i}{\sum x_i^2} = \frac{\sum x_i(\alpha + \beta X_i + u_i + \varepsilon_i)}{\sum x_i^2} = \beta + \frac{\sum x_i u_i + \sum x_i \varepsilon_i}{\sum x_i^2}$$

对上式两边同时取期望并注意到 x_i，u_i 和 ε 的性质，可看出 $\hat{\beta}$ 是无偏的。

13.8 （a）对方程（2），我们通过 OLS 得到（注意：为方便起见，我们省略掉了观测顺序的下标）：

$$\hat{\beta}=\frac{\sum yx}{\sum x^2}=\frac{\sum[y^*+(u-\bar{u})][x^*-(v-\bar{v})]}{\sum[x^*+(v-\bar{v})]^2}$$

对方程（1），我们得到：

$$\hat{\beta}=\frac{\sum y^*x^*}{\sum x^{*2}}$$

将它代入上述表达式并化简，然后取 $n\to\infty$ 时的极限便得到 $p\lim(\hat{\beta})=\frac{\beta}{1+(\sigma_v^2/\sigma_{X^*}^2)}$，从而表明 $\hat{\beta}$ 是无偏的。

（b）不会，从上述公式可以看出。换言之，$\hat{\beta}$ 也不是一个一致估计量。

13.9 （a）方法与结果都与习题 13.8 相同。

（b）在高级文献中有关于各种补救措施的探讨。

13.10 正确的模型为：

$$Y_i=\beta_1+\beta_2X_{2i}+\beta_3X_{3i}+u_i$$

但如果你在该模型中遗漏了变量 X_3，而仅将 Y 对 X_2 回归，然后将回归残差对 X_3 回归并得到系数 $\hat{\alpha}_3$，那么 $\hat{\alpha}_3$ 便是真实 β_3 的一个有偏且不一致的估计量。规范的证明参见 A. R. Pagan and A. D. Hall,"Diagnostic Tests as Residual Analysis,"*Econometric Reviews*, Vol. 2, 1983, pp. 159-218.

13.11 （a）$\hat{\beta}_{1(\text{true})}=\hat{\beta}_1+5\hat{\beta}_2 \quad \hat{\beta}_{2(\text{true})}=\hat{\beta}_2$

（b）$\hat{\beta}_{1(\text{true})}=\hat{\beta}_1 \quad \hat{\beta}_{2(\text{true})}=3\hat{\beta}_2$

（c）截距系数无偏，而斜率系数有偏且不一致。

13.12 我们从方程（13.3.2）中得到

$$\hat{\alpha}_1=\bar{Y}-\hat{\alpha}_2\bar{X}_2$$

因此，

$$\begin{aligned}E(\hat{\alpha}_1)&=\bar{Y}-(\beta_2+\beta_{32}b_{32})\bar{X}_2 \qquad \text{利用方程(13.3.3)}\\&=(\beta_1+\beta_2\bar{X}_2+\beta_3\bar{X}_3)-(\beta_2+\beta_3b_{32})\bar{X}_2\\&=\beta_1+\beta_3(\bar{X}_3-b_{32}\bar{X}_2)\end{aligned}$$

13.13 利莫尔多少有些以怀疑的态度看待理论计量经济学和应用计量经济学之间的关系。他实质上认为，理论家考察这个学科并列出将理论用于实践时必须考虑的问题，其中包括自相关、异方差性、多重共线性和模型设定等问题。而实践者想讨论的是，理论家所列出的这些问题对他们的研究结论有何影响。

13.14 泰尔的评论涉及回归的策略问题，这正好是所引文献该章的标题。他指的是，考虑假设检验时须谨慎。他的依据是，所报告的回归检验来自动态决策过程，而其中每一个连续决策都取决于决策时所能利用的信息。更深入的讨论参见他写的这一章。

13.15 布劳格可能持这种观点：研究者有时会把他们提出的一个模型“强加”于一个数据集上，而没有严格地评判模型对数据是否适用。每当一个新的计量经济方法诞生以后，研究者都会对它十分青睐，并开始任意地使用它。比如，在理性预期模型流行的时候，研究者便把它应用于各种经济系统，而不去研究这些经济系统的结构。

13.16 作为对布劳格思想的一个说明，回想在检验统计量（比如 t）并非统计显著时的假设检验，我们并没有说我们接受了这个虚拟假设，而是说我们不能拒绝这个虚拟假设。这是因为，基于另外一个数据集，我们很有可能拒绝同样的虚拟假设。所以，当我们不能拒绝一个虚拟假设时，我们所能说的只是手头上的样本还没有成为我们拒绝虚拟假设的理由。

13.17 可以说，基于圣路易斯模型的判断“货币供给的变化……决定了（名义）GNP的变化”是一个很强的命题。充分（高）就业下政府支出增长率的五个系数中有两个在 95%的显著性水平上是统计显著的。同理，货币供给增长率系数中也有两个在统计上无异于 0。此外，在模型中，货币供给增长率和充分就业政府预算增长率之间可能存在共线性。

利用现代数据重做圣路易斯模型会很有意思。注意，M1 货币供给的首要地位已经被 M2 货币供给所取代。

13.18 可以证明

$$E(\hat{\alpha}_1)=\beta_4+4\beta_3 \text{ 和 } E(\hat{\alpha}_2)=\beta_2+7\beta_4$$

（提示：根据 X 的取值，有 $\bar{X}=0$。）

13.19 为方便起见，略去观测顺序的下标 i，由于 $\hat{Y}=\hat{\beta}_1+\hat{\beta}_2X_i$，于是 $\hat{Y}^2=\hat{\beta}_1^2+2\hat{\beta}_1\hat{\beta}_2X+\hat{\beta}_2^2X^2$。若将后者代入 RESET 方程，便得到

$$\begin{aligned}Y&=\hat{\alpha}_1+\hat{\alpha}_2X+\hat{\alpha}_3(\hat{\beta}_1^2+2\hat{\beta}_1\hat{\beta}_2X+\hat{\beta}_2^2X^2)\\&=(\hat{\alpha}_1+\hat{\alpha}_3\hat{\beta}_1^2)+(\hat{\alpha}_2+2\hat{\alpha}_3\hat{\beta}_1\hat{\beta}_2)X+(\hat{\alpha}_3\hat{\beta}_2^2)X^2\\&=\lambda_1+\lambda_2X+\lambda_3X^2\end{aligned}$$

其中，λ 为原系数的函数，这正是所需要的结论。

13.20 (a) 对。见图 13—4。

(b) 对。见图 13—4。

(c) 对。见图 13—4。

(d) 对。在一个二次方程中，线性项和二次项都需要。

(e) 对。以离差形式表示的第一个模型为

$$y_i=\beta_2x_{2i}+\beta_3x_{3i}+(u_i-\bar{u})$$

在第二个模型中预计 α_1 为 0。（为什么？）因此两个模型基本相同，于是估计的回归线（图）也相同。

实证分析题

13.21 (a) 方程(1)是无约束模型，而方程(2)是约束模型。应用第8章讨论的约束 F 检验我们可以检验约束（变量 $\ln X_6$ 不包括在模型中）是否真实。无约束和约束 R^2 分别为0.980 3和0.980 1。因此，我们得到

$$F=\frac{(R_{UR}^2-R_R^2)/NR}{(1-R_{UR}^2)/(n-k)}=\frac{(0.9803-0.9801)/1}{(1-0.9803)/(23-4)}=0.2206$$

由于这个 F 值不显著，所以约束模型(2)被接受。于是，这里无须进行一次明显的RESET检验。对 LM 检验来说也是一样。

(b) 在目前的情形中，变量 $\ln X_6$ 不是统计显著的。但它很有可能在其他样本中又是统计显著的。

(c) 不是。在一个模型中引入解释变量的根据是可靠的经济理论，而不是 t 或 F 统计量。

13.22 (a) 这将是包含无关变量的情形。

(b) 估计量将是无偏和一致的，但它们的方差将变大。

13.23 Y 对 X 的回归结果在二者都没有正确度量的情况下是：

$$\hat{Y}_i=28.302+0.584X_i$$
$$\text{se}=(12.677)(0.071)\quad R^2=0.895$$

这个结果与使用正确数据的结果(见方程(13.5.11))很接近，但上面给出的系数反映了预期的偏误。

13.24 (a) 模型拟合不足的偏误。

(b) 如教材中证明的那样，原CES函数中的 $\hat{\beta}_2$ 将有偏且不一致。

(c) 扩展模型的结果为：

$$\ln\left(\frac{V}{L}\right)=-3.385+2.126\ln W+1.505\ln\left(1+\frac{1}{E}\right)$$
$$t=(-0.534)(1.229)\qquad(0.471)$$
$$R^2=0.895;\ F=67.91;\ d=2.362$$

为便于比较，原CES模型的结果为：

$$\ln\left(\frac{V}{L}\right)=-0.472+1.340W$$
$$t=(-0.352)(3.022)$$
$$R^2=0.413;\ d=1.826$$

你可以看出，扩展模型的结果很糟，因为没有一个斜率系数是统计显著的。这意味着要么扩展模型中添加的变量是多余的，要么在计算弹性时有严重的度量误差，要么两个回归元或所有这些因素之间存在着共线性。

13.25 留作一个课堂练习，因为实际结果取决于手头的样本。

13.26 因为不能从模型 A 推导出模型 B，也不能从模型 B 推导出模型 A，所以这里 J 检验或许更合适。不过，嵌套 F 检验或许可用于习题 8.26 中的无约束模型与约束模型 A 或 B 的比较。比较结果如下：

与模型 A 的比较：

$$F=\frac{(R_{\mathrm{UR}}^2-R_{\mathrm{R}}^2)/NR}{(1-R_{\mathrm{UR}}^2)/(n-k)}=\frac{(0.823-0.601)/2}{(1-0.823)/(16-6)}=6.271$$

其中，无约束 R^2 来自习题 8.26 中的模型，而约束 R^2 则来自模型 A。由于估计的 F 值在 5%的水平上显著，所以我们拒绝接受模型 A 为正确的模型。

与模型 B 的比较：

$$F=\frac{(0.823-0.189)/2}{(1-0.823)/(16-6)}=17.910$$

其中，数值 0.823 和 0.189 分别为得自习题 8.26 中的模型和模型 B 的 R^2 值。同样，这个 F 值在 5%的水平上显著，表明模型 B 也不是一个正确的模型。

看来，习题 8.26 中给出的模型才是更合适的模型。

13.27 这里所涉及的步骤如下：

1. 估计模型 B 并从中得到 Y 的估计值 $\hat{Y}_i^B$。
2. 把 $\hat{Y}_i^B$ 作为一个解释变量添加到模型 A 中，并估计由此得到的回归。检验此回归中添加变量的系数在统计上不显著的假设。若该假设被拒绝，则模型 A 可能就不是一个正确的模型。
3. 交换 A 和 B 的位置，重复第 1 步和第 2 步。

第一个回归结果如下（为方便起见，略去观测顺序的下标 t）：

$$\hat{Y}=6\,042.059+1.226X_3-820.010X_4-1\,115.888X_6+1.213\hat{Y}^B$$
$$t=(1.848)\quad(0.831)\quad(-3.658)\quad(-3.908)\quad(2.184)$$
$$R^2=0.722;\ F=7.138$$

$\hat{Y}^B$ 系数的 p 值约为 5.15%。如果我们选择 5%的显著性水平，那么这个系数就不显著，从而表明模型 A 可能是“正确”的模型。第二个回归结果为：

$$\hat{Y}=-8\,944.403+3.177X_2+108.217X_5+572.812X_6+1.210\hat{Y}^A$$
$$t=(-3.016)\quad(1.921)\quad(1.070)\quad(2.293)\quad(5.960)$$
$$R^2=0.808;\ F=11.583$$

$\hat{Y}^A$ 变量的系数在 0.000 1 的水平上是显著的。基于这些结论，看来模型 A 是“正确”的模型。

13.28 (a) 习题 7.19 中模型（1）和模型（2）的区别在于，模型（2）中多了一个解释变量。如果模型（2）正确，那么估计模型（1）将导致变量遗漏偏误。可以使用教材中讨论的拉姆齐的 RESET 检验。应用 F 统计量 1.474，我们不能拒绝模型（2）正确设定的虚拟假设。

(b) 基于拉姆齐检验，你会发现模型（5）是正确设定的。

13.29 有几种可能性。我们只考虑一种，即戴维森-麦金农 J 检验。步骤如下：

1. 估计模型 A 并从中得到预测值 Yf^A。
2. 估计模型 B 并从中得到预测值 Yf^B。
3. 在模型 A 中包含 Yf^B 并重新回归，若 Yf^B 的系数统计显著，则选择模型 B。
4. 在模型 B 中包含 Yf^A 并重新回归，若 Yf^A 的系数统计显著，则选择模型 A。
5. 若模型 A 中的 Yf^B 和模型 B 中的 Yf^A 都统计显著，则意味着两个模型都可以接受。

如果你进行上述步骤，便发现两个模型都可以接受，所以这里没有明显的偏好。不过，若引入利率，则很可能两个模型之一更受欢迎。我们下面给出不含利率变量的回归结果：

$$\hat{Y}_t = -39.2316 + 0.3616X_t - 0.3801X_{t-1} + 1.1188Yf^B$$
$$t = (-1.7725)\ (3.8804)\quad (-3.9028)\quad (4.2355)$$
$$R^2 = 0.8965;\ d = 1.8193$$
$$\hat{Y}_t = -43.4574 - 0.0269X_t + 0.5864Y_{t-1} + 1.1430Yf^A$$
$$t = (-1.8294)(-2.1177)(4.2355)\quad (3.9027)$$
$$R^2 = 0.8965$$

式中，Y 为储蓄；X 为收入。虽然第一个模型的 DW 值为 1.819 3，但由于滞后回归子的出现，所以德宾-沃森方法不能用于检验模型中的序列相关。

可见，基于 J 检验，两个模型都可以接受。你或许要问：上述第二个模型中收入变量的系数为什么是负的？

13.30 储蓄对收入的回归结果如下：

期间	截距	斜率	R^2
1970—1981	1.016 1	0.080 3	0.902 1
	(0.873)	(9.601 5)	
1970—1985	9.725 5	0.005 91	0.914 2
	(0.899 9)	(12.219 7)	
1970—1990	50.251 6	0.044 4	0.756 1
	(3.639 6)	(7.674 5)	
1970—1995	62.422 6	0.037 6	0.767 2
	(4.891 7)	(8.893 8)	

可见，估计的截距和斜率系数的变动性较大，这可能带来不同时期储蓄—收入关系稳定性的问题。

13.31 根据方程（13.10.1），利用给定的数据，我们得到如下 F 值：

$$F = \frac{(136\,175.053 - 1\,613.756)/19}{1\,613.756/10} = 43.886$$

其中，$n_1 = 12$，$n_2 = 19$。
这个 F 值在统计上高度显著（$p = 0.0000$），从而得出结论：储蓄—收入关系在观测期内并不稳定。

13.32 让我们看去掉变量 $\ln X_6$ 对变量 $\ln X_2$ 的系数有何影响。根据题中给出的方程有：

$$E(\hat{\beta}_2)=\beta_2+\beta_6 b_{62}$$

在真模型（1）中，β_2 和 β_6 的值分别为 0.481 3 和 −0.061 0。现在，可以证明 b_{62} 的值为 0.487 5，因此得到

$$E(\hat{\beta}_2)=0.481\,2-0.061\,0\times0.487\,5=0.451\,5$$

即偏误为 −0.029 7。换言之，去掉 $\ln X_6$ 导致 β_2 的系数低估了约 −0.03。

根据上述程序，可求出 $\ln X_3$ 系数的偏误。

第 14 章 非线性回归模型

问 答 题

14.1 如果一个回归模型粗略一看是非线性于参数的，但经过适当变换即可转化成线性于参数的模型，那么，这个模型基本上或本质上就是一个线性（于参数的）回归模型。但如果没有办法把这样的模型转化成一个线性于参数的模型，那它本质上就是一个非线性回归模型。

在习题 2.6、2.7 和 2.9 中已经给出了例子。

14.2 如果误差项以相加的形式进入方程，那么柯布-道格拉斯模型就成为一个本质上非线性的模型。如果误差项以乘积的形式进入方程，那么模型就线性于斜率参数（但非截距参数）。但该模型中误差项的性质取决于误差项是以方程（14.1.2）还是方程（14.1.3）的乘积形式进入方程的。这种差别对估计和推断具有不同的含义。根据惯例，以方程（14.1.2）的形式进入。

为了判别在给定情形下误差项采用和的形式与采用积的形式哪个更适当，可以使用一种类似 J 检验的方法在两种形式之间加以选择。此外，如果我们分别用加式误差项和积式误差项估计柯布-道格拉斯生产函数模型，便可以考察两种设定下的估计残差，以了解误差项是否正态分布或是否序列相关等。

14.3 我们在 OLS 估计中可以得到未知参数的显式解或分析解。在 NLLS 中，我们不能得到这种显式解，而且必须通过迭代程序才能得到估计值。

14.4 首先把方程写成

$$u_i = Y - \beta_1 10^{\frac{\beta_2 t}{\gamma + t}}$$

于是，我们想最小化：

$$\sum u_i^2 = \sum (Y_i - \beta_1 10^{\frac{\beta_2 t}{\gamma + t}})^2$$

此表达式中有 β_1，β_2 和 γ 三个未知数。因此，我们必须将上述方程对每个未知数求导，令每个导数为 0 并联立求解。你可以想象，由此得到的导数表达式是高度非线性的，并且无法得到显式解。因此，我们还必须求助于教材中讨论的非线性估计方法之一。对那些有进取心的同学，这里是三个导数：

$$\frac{\partial \sum u_i^2}{\partial \beta_1} = 2\sum \left[(Y_i - \beta_1 10^{\frac{\beta_2 t}{\gamma+t}})(-10^{\frac{\beta_2 t}{\gamma+t}})\right]$$

$$\frac{\partial \sum u_i^2}{\partial \beta^2} = 2\sum \left[(Y_i - \beta_1 10^{\frac{\beta_2 t}{\gamma+t}})(-\beta_1 10^{\frac{\beta_2 t}{\gamma+t}})\left(\frac{t}{\gamma + t}\right)\right]$$

$$\frac{\partial \sum u_i^2}{\partial \gamma} = 2\left[(Y_i - \beta_1 10^{\frac{\beta_2 t}{\gamma+t}})(-\beta_1 10^{\frac{\beta_2 t}{\gamma+t}})\left(\frac{\beta_2 t}{\gamma + t^2}\right)\right]$$

令这些表达式为 0 便得到正规方程，必须通过迭代才能解出这个方程组。

14.5 （a）对。见 14.5 节的讨论。

（b）对。见 14.5 节的讨论。

14.6 参考附录 14A 的 14A.3 节。仅使用一阶导数便可将方程（2）推广到多于两个未知数的情形。为了使用这个公式，我们需要将 CES 函数对未知数 A，β 和 δ 求导。这些导数具有相当笨拙的表达式。有兴趣的同学在 Judge 等的书中可以找到这些表达式。[1]

14.7 （a）这里，$\frac{dY}{dt} = \beta_2$。此模型表明 Y 以不变的速度 β_2 增长，增长速度是正是负取决于 β_2 的符号。

（b）这里，$\frac{1}{Y}\frac{dY}{dt} = \beta_2$ 表明 Y 的相对变化是一个等于 β_2 的常数。如果把这个数值乘以 100，便得到变化百分数或增长率。

（c）逻辑增长模型具有 S 形。当 $t=0$ 时，$Y = \frac{\beta_1}{1+\beta_2}$，这是 Y 值的起点。此外，随着 $t \to \infty$，$Y = \beta_1$ 是 Y 的极限增长值。于是有 $\beta_2 > 0$。

（d）类似 logistic 增长曲线，冈珀茨增长曲线也是 S 形的，但它并非关于拐点对称，其拐点为 $Y = \beta_1 / e = 0.368\beta_1$ $\left(注意：令 \frac{d^2 Y}{dt^2} = 0 便得到拐点\right)$。而且，注意

$$\frac{dY/dt}{Y} = \beta_3 (\ln\beta_1 - \ln Y)$$

意味着 Y 的相对增长率与 Y 的对数呈线性关系。冈珀茨增长曲线已被用于

---

① 参见 George G. Judge，R. Carter Hill，William E. Griffiths，Helmut Lutkepohl，and Tsoung-Chao Lee，*Introduction to the Theory and Practice of Econometrics*. 2d ed.，John Wiley & Sons，New York，1988，pp. 514。

对人口增长和动物增长问题的研究。

实证分析题

14.8 在如下模型中，令 Y＝人口，t＝时间。

线性模型：

$$\hat{Y}_t = -5\ 042\ 627 + 2\ 661.83t$$
$$t = (-66.92) \qquad (70.24);\ r^2 = 0.993$$

对数线性模型：

$$\widehat{\ln Y_t} = 12.216\ 8 + 0.010\ 6t$$
$$t = (7\ 350.19)\ (143.06);\ r^2 = 0.998$$

logistic 模型：

$$\hat{Y}_t = \frac{1\ 432.739}{1 + 1.798\ 6e^{-0.011\ 17t}};\ R^2 = 0.999\ 7$$

（注意：β_1，β_2 和 β_3 估计值的 t 值分别为 2.820 9，4.361 8 和−14.065 8。）

冈珀茨模型：

$$\hat{Y}_t = 1\ 440.733\exp\{1.960\ 6e^{0.005\ 4t}\};\ R^2 = 0.999\ 5$$

（注意：β_1，β_2 和 β_3 估计值的 t 比率分别为 2.792 1，5.489 3 和 5.019 7。）

利用习题 14.7 中对这些模型的理论讨论来解释这些结果，便留给读者自己完成。

14.9 利用加式误差的柯布-道格拉斯生产函数估计的结果为：

$$GDP = 0.529\ 2(Labor_t)^{0.181\ 0}(Capital_t)^{0.882\ 7};\ R^2 = 0.994\ 2$$

（注意：三个系数的 t 比率分别为 1.951 1，1.281 4 和 12.465 8。）

利用积式误差的柯布-道格拉斯生产函数估计的结果为：

$$\ln GDP_t = -1.652\ 4 + 0.339\ 7\ln Labor_t + 0.845\ 9\ln Capital_t$$
$$t = (-2.725\ 8)(1.829\ 50) \qquad (9.062\ 4)$$
$$R^2 = 0.995\ 0$$

可以看出，定性地讲，这两种设定在产出/劳动力弹性上的结论有所不同，后者要高一些。而且，积式模型中这个系数的边际显著性远高于加式模型中所得到的结果。但必须牢记，加式误差项模型（非线性回归模型）中的结果不能直接与其他模型相比较。此外，非线性模型中估计的 t 比率应在大样本情形下解释。

第 15 章 定性响应回归模型

问 答 题

15.1 基于去掉 12 个观测的回归结果为：

$$\hat{Y}_i = -1.246\frac{1}{\sqrt{w_i}} + 0.120\frac{X_i}{\sqrt{w_i}}$$
$$t = (-10.332) \qquad (17.454)$$

保留 12 次观测并根据所给方法进行调整后的回归结果为：

$$\hat{Y}_i = -0.635\frac{1}{\sqrt{w_i}} + 0.0820\frac{X_i}{\sqrt{w_i}}$$
$$t = (-12.576) \qquad (26.305)$$

这两个结果之间的差别很明显。不要忘记调整后的回归是基于全部 40 次观测，而原回归是仅基于 28 次观测作出的。可能调整后的模型更可取，因为它包括了所有的观测。另外，注意估计 t 比率的变化。

15.2 这些数据会得到一个完美的拟合，因为所有大于 16 的 X 都对应于 $Y=1$，而所有小于 16 的 X 则对应于 $Y=0$。因此，无数条曲线都能拟合这些数据。在这种情形下，最大似然估计法可能失效，因此，问答题中给出的 ML 估计值是有问题的。

15.3 从原模型可以看出，结果得自线性概率模型，可支配收入 X_1 的单位是千美元。

(a) 各个回归元中，只有变量 X_1，X_{13} 和 X_{16} 在 5%的显著性水平上统计显著并具有正确的符号。不必担心 R^2 有些低，因为对所使用的模型而言，这个度量可能不太适当。

(b) 由于这个系数在统计上不显著，所以不能赋予这个变量什么含义。

(c) 平方项用于刻画这些影响的变化率。由于没有一个系数统计显著，所以负号没有实际意义。

(d) 这个概率是 0.643 1。

(e) 这个概率是 0.693 6。

15.4 由于通常的 R^2 度量在二值回归子模型中不是特别有用，所以使用第 8 章中讨论的 F 检验来检验它的显著性没有多少道理。教材及其参考文献中讨论了拟合优度的其他度量方法（也可见习题 15.13）。

15.5 各种收入水平上估计的概率分别为 0.245 8，0.276 1，0.308 6，0.361 1，0.398 1，0.495 0，0.592 3，0.682 8，0.761 4 和 0.825 4。

若将这些概率对收入描点，几乎得到一条向右上方倾斜的直线。

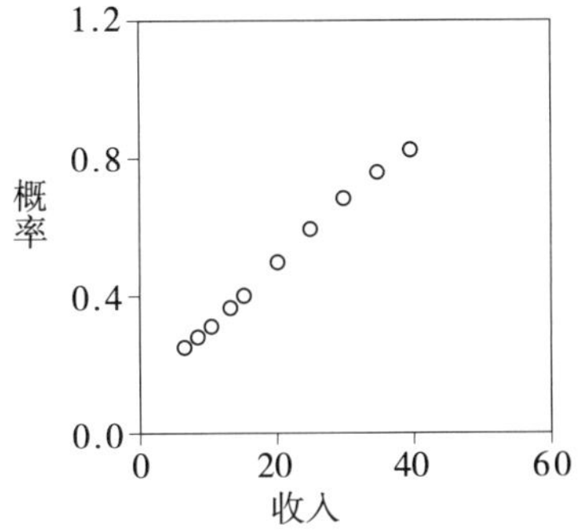

15.6 记得

$$I_i = \beta_1 + \beta_2 X_i$$

标准化正态变量为

$$I_i = \frac{X_i - \mu_x}{\sigma_x} = -\frac{\mu_x}{\sigma_x} + \left(\frac{1}{\sigma_x}\right) X_i$$

因此，

$$\beta_1 = -\frac{\mu_x}{\sigma_x},\ \beta_2 = \frac{1}{\sigma_x}$$

15.7 (a) 出现更高谋杀率的机会的对数，与人口规模和人口增长率正相关，与阅读智商负相关。P_i 的系数 0.001 4 可作如下解释：取其反对数得到 1.001 4，然后减去 1 便得到 0.001 4，再乘以 100 即得到 0.14%。这就意味着，若人口增加一个单位（即 1 000 人），则出现高谋杀率的机会就上升 0.14%。其他系数可作类似解释。

(b) 个别地看，C 和 R 的系数在 5%或更好的显著性水平上都是统计显著的。

(c) 根据上述（a）中的分析，阅读智商提高一个单位的影响是，机会下降约 49.93%。

(d) 机会上升 5.77%。

注意：回归元系数估计值本身给出这个机会的近似百分比变化。若要求精确，必须按照（a）中的步骤计算。

15.8 估计系数有些差别；主要差别来自估计的标准误。方程（15.7.1）对异方差性进行了修正，而方程（15.7.3）却没有。

实证分析题

15.9 （a）注意，这里机会的对数是收入对数的函数，因此是一个双对数模型。于是，若收入增加 1%，则拥有一辆汽车的机会提高约 34.8%。

（b）将估计方程取反对数便得到

$$\frac{P_i}{1-P_i}=0.0625X^{0.3475}$$

其中，X 为收入。将这个表达式取对数便又重新得到题目中给出的方程。根据上式，我们得到拥有一辆汽车的概率表达式为：

$$P_i=\frac{0.0625X^{0.3475}}{1+0.0625X^{0.3475}}$$

（c）这个概率为：

$$P_i=\frac{0.0625\times(20\,000)^{0.3475}}{1+0.0625\times(20\,000)^{0.3475}}\approx 0.66$$

即概率约为 66%。读者可根据这个程序验证，在 25 000 美元的收入水平上，这个概率约为 68%。根据教材第 554 页注释②的说明，读者可以验证，收入水平从 20 000 美元提高到25 000美元导致的概率变化相当小。

（d）从给出的结果可以看到，系数分别都是高度显著的，作为拟合优度度量指标的 χ^2 值也是高度统计显著的。

15.10 如附录 A 所示，对于一个伯努利分布，其均值为 P，方差为 $P(1-P)$。

15.11 （a）尽管结果并不完全一致，但在几种情形下，logit 系数的绝对值在只招收黑人的学校都要低一些。在有些情形中，差别并非统计显著。但多数情况下，变量都具有预期的符号。

（b）多数情况是一致的。

（c）如你所见，对招收各种生源的学校，所有的系数都是高度统计显著的，但仅招收黑人的学校则并非如此。模型的总体显著性可由 χ^2 值来判断，该值对两种学校都是高度显著的。χ^2 值度量了模型的拟合优度；它将实际值与模型的预测值相比较。对此可参见习题 15.13。

15.12 （a）为了使误差项同方差，权重应该是干扰项 u_i 的标准误的倒数，这里的权重为：

$$w_i=\frac{\sqrt{N_i f_i}}{\sqrt{P_i(1-P_i)}}$$

（b）权重和变换后的数据如下：

概率	权重（w_i）	$I^* = Iw_i$	$X_i^* = X_iw_i$
0.20	0.075	−11.157	79.690
0.24	0.086	−8.113	92.717
0.30	0.114	−4.571	87.896
0.35	0.140	−2.708	92.636
0.45	0.415	−0.289	36.181
0.51	1.991	0.015	10.044
0.60	0.243	1.029	102.856
0.66	0.168	2.388	179.124
0.75	0.102	6.557	342.509
0.80	0.095	8.820	420.000

（c）加权最小二乘的结果为：

$$I_i^* = -1.086 + 0.049X_i^*$$
$$\text{se} = (0.031) \quad (0.001)$$

可见，加权与否，结果并非极为不同，只是如同所料，加权最小二乘的标准误相对较小。

15.13 这里的 χ^2 检验统计量为 2.344 9，其 p 值约为 0.97。因此，不能拒绝估计概率值与实际概率值无统计差别的虚拟假设。

15.14 将死亡概率作为剂量对数的一个函数，估计这个加权 logit 模型的结果为：

$$\hat{L}_i = -4.837 + 7.058\ 1\ln X_i$$
$$\text{se} = (0.434) \quad (0.599)$$
$$t = (-11.141)(11.782); \chi^2 = 1.406\ 9$$

这些结果表明，估计系数高度显著。所观察到的 χ^2 值的 p 值为 0.703 9，表明估计的概率值与实际概率值之间没有统计上的差别。即拟合模型相当不错。

15.15 （a）LPM 模型的结果如下：

$$\hat{Y}_i = -2.867 + 0.003Q_i + 0.002V_i$$
$$t = (-3.442)(2.976) \quad (3.441)$$

其中，Y 在获准攻读研究生时取值 1，否则取值 0。

（b）尽管结果看起来令人满意，但 LPM 不是一个令人满意的模型，因为正如教材中所提，这种模型存在诸如误差项非正态分布和异方差性等问题。

15.16 （a）估计的 logit 模型为：

$$\hat{Y}_i = -2.085 \quad + \quad 0.136X_i$$
$$t = (-143.597) \quad (151.621)$$

（b）估计的 logit 模型为：

$$\hat{I}_i = 3.722 + 0.083X_i$$
$$t = (316.543) \quad (115.254)$$

（c）根据 17 美分的折扣，估计的 logit 值为 1.254 8，由此得到估计概率约为 56%。对于 probit 模型，相应的概率大致相同。

（d）我们可先求出

$$\ln\left(\frac{0.70}{1-0.70}\right) = -2.085 + 0.136X_i$$

从中解出 X 值约为 21.56 美分。

15.17 （a）由于两个时期中婚姻状况的系数在统计上都不显著，所以对这个变量的重要性就无须多言。但这个变量在两个时期都具有正的符号，在经济上讲得通。

（b）少数民族变量的系数估计值为负，可能刻画了某种收入效应，表明少数民族收入偏低，他们对银行账户的需求也就较低。

（c）这个变量同样可能代表着收入效应，表明一个家庭随着子女数的增加，放到支票或储蓄账户中的钱也就越来越少。

（d）χ^2 统计量是对拟合优度的一种度量。这里模型拟合得相当不错：对于是否拥有银行账户，1977 年该模型正确预测了 91%，而 1989 年则正确预测了 90%。

15.18 （a）加权 LPM 的结果为：

$$\hat{Y}_i = 0.184 + 0.874X_i$$
$$t = (1.373)(5.042)$$

（b）给定 $X=48$，

真实的 $E(Y|X=0.48)=0.440$

估计的 $E(Y|X)=0.603$

（c）利用数据，我们可以证实作者的结果：

$$P(Y^* | X=0.48) = -0.969 + 2.764 \times 0.48 = 0.357\,9$$

概率为 0.639 8；与作者的数字一致。

（d）$P(Y^* | X=0.79) = -0.969 + 2.764 \times 0.79 = 1.214\,5$

概率为 0.887 8。预测变化为 24.80，也支持了作者的计算结果。

15.19 （a）使用这些数据，并用“work”作为因变量，EViews 的 LPM 结果如下：

Dependent Variable：WORK
Method：Least Squares
Sample：1 2000
Included observations：2000

Variable	Coefficient	Std. Error	t-Statistic	Prob.
C	−0.207 323	0.054 111	−3.831 436	0.000 1
AGE	0.010 255	0.001 227	8.358 393	0.000 0
MARRIED	0.111 112	0.021 948	5.062 567	0.000 0
CHILDREN	0.115 308	0.006 772	17.028 48	0.000 0
EDUCATION	0.018 601	0.003 250	5.723 597	0.000 0

R-squared	0.202 623	Mean dependent var	0.671 500
Adjusted R-squared	0.201 024	S. D. dependent var	0.469 785
S. E. of regression	0.419 920	Akaike info criterion	1.104 990
Sum squared resid	351.783 3	Schwarz criterion	1.118 992
Log likelihood	−1 099.990	F-statistic	126.738 1
Durbin-Watson stat	1.957 237	Prob（F-statistic）	0.000 000

（b）Logit 模型的 EViews 结果如下：

Dependent Variable：WORK

Method：ML—Binary Logit（Quadratic hill climbing）

Sample：1 2000

Included observations：2000

Convergence achieved after 4 iterations

Covariance matrix computed using second derivatives

Variable	Coefficient	Std. Error	z-Statistic	Prob.
C	−4.159 247	0.332 040	−12.526 35	0.000 0
AGE	0.057 930	0.007 221	8.022 434	0.000 0
MARRIED	0.741 777	0.126 471	5.865 221	0.000 0
CHILDREN	0.764 488	0.051 529	14.836 12	0.000 0
EDUCATION	0.098 251	0.018 652	5.267 537	0.000 0

Mean dependent var	0.671 500	S. D. dependent var	0.469 785
S. E. of regression	0.416 267	Akaike info criterion	1.032 914
Sum squared resid	345.689 8	Schwarz criterion	1.046 917
Log likelihood	−1 027.914	Hannan-Quinn criter.	1.038 056
Restr. log likelihood	−1 266.223	Avg. log likelihood	−0.513 957
LR statistic（4 df）	476.616 2	McFadden R-squared	0.188 204
Probability（LR stat）	0.000 000		
Obs with Dep=0	657	Total obs	2 000
Obs with Dep=1	1 343		

如结果所示，年龄增加 1 岁时，女性成为劳动力的机会比率增加 1.06。这些结果可以通过对系数值取幂得到。例如，$e^{0.05793}=1.06$。其他变量的解释类似，且留给读者。

Dependent Variable：WORK
Method：ML—Binary Probit（Quadratic hill climbing）
Sample：1 2000
Included observations：2000
Convergence achieved after 4 iterations

Variable	Coefficient	Std. Error	z-Statistic	Prob.
C	−2.467 365	0.192 563	−12.813 26	0.000 0
AGE	0.034 721	0.004 229	8.209 604	0.000 0
MARRIED	0.430 857	0.074 208	5.806 078	0.000 0
CHILDREN	0.447 325	0.028 742	15.563 62	0.000 0
EDUCATION	0.058 365	0.010 974	5.318 351	0.000 0

Mean dependent var	0.671 500	S. D. dependent var	0.469 785
S. E. of regression	0.416 219	Akaike info criterion	1.032 062
Sum squared resid	345.610 3	Schwarz criterion	1.046 064
Log likelihood	−1 027.062	Hannan-Quinn criter.	1.037 203
Restr. log likelihood	−1 266.223	Avg. log likelihood	−0.513 531
LR statistic（4 df）	478.321 9	McFadden R-squared	0.188 878
Probability（LR stat）	0.000 000		
Obs with Dep=0	657	Total obs	2 000
Obs with Dep=1	1 343		

很明显，根据以上结果，尽管 logit 和 probit 模型的系数略有不同，但 z 统计量和显著性水平几乎完全相同。既然 logit 模型的结果解释起来更容易，那么使用那些结果可能就更受偏爱。

15.20 包含一个 Education 和 Income 的交互项的 logistic 模型结果如下：

Dependent Variable：SMOKER
Method：ML—Binary Logit（Quadratic hill climbing）
Sample：1 1196
Included observations：1196
Convergence achieved 6 iterations
Covariance matrix computed using second derivatives

Variable	Coefficient	Std. Error	z-Statistic	Prob.
AGE	−0. 017 086	0. 003 648	−4. 683 053	0. 000 0
EDUC	0. 067 462	0. 035 138	1. 919 904	0. 054 9
INCOME	0. 000 110	2. 37E−05	4. 634 602	0. 000 0
PCIGS79	−0. 010 120	0. 007 384	−1. 370 638	0. 170 5
EDU _ INC	−8. 65E−06	1. 88E−06	−4. 612 144	0. 000 0

Mean dependent var	0. 380 435	S. D. dependent var	0. 485 697
S. E. of regression	0. 475 348	Akaike info criterion	1. 287 868
Sum squared resid	269. 112 9	Schwarz criterion	1. 309 134
Log likelihood	−765. 145 2	Hannan-Quinn criter.	1. 295 880
Avg. log likelihood	−0. 639 754		
Obs with Dep=0	741	Total obs	1 196
Obs with Dep=1	455		

与表 15—16 的结果相比较，这个结果有所不同。没有交互项时，INCOME 和 PCIGS79 在 5%的水平统计上不显著，但是 INCOME 在这里变得显著。且这里看来交互项确实有用，因为其 p 值为 0. 000 0。

15. 21 logistic 模型的 EViews 结果如下：

Dependent Variable：CANCER

Method：ML—Binary Logit（Quadratic hill climbing）

Sample：1 178

Included observations：178

Convergence achieved 6 iterations

Covariance matrix computed using second derivatives

Variable	Coefficient	Std. Error	z-Statistic	Prob.
C	0. 505 525	2. 2241 97	0. 227 284	0. 820 2
AGE	0. 0154 28	0. 020 985	0. 735 213	0. 462 2
HIGD	−0. 058 738	0. 085 383	−0. 687 939	0. 491 5
CHK	−1. 569 722	0. 513 854	−3. 054 804	0. 002 3
AGPI	0. 099 333	0. 052 973	1. 875 155	0. 060 8
MISCARRIAGES	0. 322 766	0. 220 780	1. 461 938	0. 143 8
WEIGHT	−0. 027 915	0. 009 806	−2. 846 654	0. 004 4

续前表

Mean dependent var	0.224 719	S. D. dependent var	0.418 575
S. E. of regression	0.382 180	Akaike info criterion	0.947 093
Sum squared resid	24.976 57	Schwarz criterion	1.072 219
Log likelihood	−77.291 26	Hannan-Quinn criter.	0.997 835
Restr. log likelihood	−94.841 29	Avg. log likelihood	−0.434 221
LR statistic (4 df)	35.100 05	McFadden R-squared	0.185 046
Probability (LR stat)	4.12E−06		
Obs with Dep=0	138	Total obs	178
Obs with Dep=1	40		

基于这些结果，看来只有 CHK 和 WEIGHT 在 5%的水平统计上显著，但 AGPI 勉强也显著。尽管如此，需记住，从模型中删除任何一个变量都可能极大地影响其他变量的显著性。

第 16 章 面板数据回归模型

问 答 题

16.1 在横截面数据中，我们获取若干微观个体在同一时点的信息，通常假定这种数据基于随机样本而收集。在时间序列数据中，我们得到一个微观个体在一段时期内的信息。面板数据则提供若干微观个体在几个不同时期内的信息，因而兼具横截面数据和时间序列数据的特征。

16.2 在一个固定效应模型（FEM）中，我们允许每个微观个体都可以由其自己的截距来表示，但这个截距在不同时期保持不变。通过引入横截面虚拟变量和时间虚拟变量，我们可以同时允许出现时间维和空间维。

16.3 与 FEM 不同，在误差组成模型（ECM）* 中，我们假定一个微观个体的截距就是一个具有确定均值和确定方差的随机抽取。这是一个经济的模型，因为我们没有对 N 个横截面单位引入 N 个不同的截距虚拟变量。教材中指出，若误差项与回归元无关，则 ECM 适用；但若误差项与回归元相关，则 FEM 适用。

16.4 它们都是同义词。

16.5 16.1 节给出了答案。简而言之，通过同时考虑空间维和时间维，我们能够研究一个问题的诸多方面，而这些方面在纯粹横截面数据或时间序列数据中是无法研究的。面板数据有两个重要的实例，一是“收入动态的面板研究”，一是“收入与项目参与的调查研究”。通过对相同横截面单位的跟踪调查，便可能研究变化的动态。

* 误差意味着随机。——译者注

16.6 新的误差项是

$$w_{it}=\varepsilon_i+v_t+u_{it}$$

其中假定

$$\varepsilon_i\sim N(0,\ \sigma_\varepsilon^2);\ v_t\sim N(0,\ \sigma_v^2);\ u_{it}\sim N(0,\ \sigma_u^2)$$

我们进一步假定

$$E(\varepsilon_i v_t)=E(\varepsilon_i u_{it})=E(v_t u_{it})=0$$
$$E(\varepsilon_i\varepsilon_j)=0(i\neq j);\ E(v_t v_s)=0(t\neq s)$$
$$E(u_{it}u_{is})=E(u_{it}u_{jt})=E(w_{it}w_{js})=0\ (i\neq j;\ t\neq s)$$

因此，

$$\text{var}(w_{it})=\sigma^2=\sigma_\varepsilon^2+\sigma_v^2+\sigma_u^2$$

即 w_{it} 同方差。w_{it} 和 w_{jt} 之间的相关系数（$i\neq j$），即两个不同横截面单位在给定时点的误差之间的相关系数为：

$$\frac{\text{cov}(w_{it},w_{jt})}{\sqrt{\text{var}(w_{it})\text{var}(w_{jt})}}=\frac{\sigma_v^2}{\sigma_\varepsilon^2+\sigma_v^2+\sigma_u^2}\quad(i\neq j)$$

而 w_{it} 和 w_{is} 之间的相关系数（$t\neq s$），即一个给定横截面单位在不同时点的误差之间的相关系数为：

$$\frac{\text{cov}(w_{it},w_{is})}{\sqrt{\text{var}(w_{it})\text{var}(w_{is})}}=\frac{\sigma_\varepsilon^2}{\sigma_\varepsilon^2+\sigma_v^2+\sigma_u^2}\quad(t\neq s)$$

16.7 这里我们有 $N=50$ 个横截面单位和 $T=2$ 个时间序列数据。根据 16.5 节中的第二个选择原则，由于我们不能把 50 个州看成是随机抽取的，所以这里使用 FEM 或许更合适。

16.8 就目前所考虑的 X 变量的系数来看，结果没有明显的不同。由于两个模型背后所作的假定不同，所以可以料到，截距是不同的。

16.9 (a) 总体上，结果在经济上讲得通。比如，如果一个人去年失业，或者健康状况不佳，那么今年其收入的对数就要低一些。

(b) 定性地讲，这两个模型的结果相似。

(c) 由于我们有 3 774 个观测，所以我们有足够的自由度去估计一个固定效应模型。但由于两个模型通常都给出相似的结果，所以你可以倾向于任何一个。更规范的做法是，可使用豪斯曼检验在两个模型中加以选择。

实证分析题

16.10 对数—线性模型的结果如下：

Dependent Variable: LN _ C

Method: Least Squares

Sample：1 90

Included observations：90

Variable	Coefficient	Std. Error	t-Statistic	Prob.
C	8.075 649	0.334 203	24.163 92	0.000 0
LN _ Q	0.882 854	0.013 302	66.369 37	0.000 0
LN _ PF	0.454 687	0.020 460	22.222 93	0.000 0
LN _ LF	−0.891 464	0.190 655	−4.675 803	0.000 0

R-squared	0.988 252	Mean dependent var	13.365 61
Adjusted R-squared	0.987 842	S. D. dependent var	1.131 971
S. E. of regression	0.124 816	Akaike info criterion	−1.280 523
Sum squared resid	1.339 800	Schwarz criterion	−1.169 420
Log likelihood	61.623 54	F-statistic	2 411.377
Durbin-Watson stat	0.384 164	Prob（F-statistic）	0.000 000

需记住，我们不能直接将这里的结果与表 16—2 的结果相比较（为什么?），我们确实发现这个对数—线性模型很好地解释了数据，特别是 R^2 高达 98.83%。然而，这个模型给出了每个变量的弹性，因此在某些场合可能会更有用。

16.11 （a）

年份	截距	斜率	R^2	d
1990	3 118.484 （3.571 8）	−22.498 4 （−2.089 4）	0.083 4	1.98
1991	3 149.356 （3.883 7）	−23.348 5 （−2.274 2）	0.097 2	1.9

注：圆括号中的数字为 t 比率。

（b）混合回归的结果如下：

$$\text{Eggs}=3\ 132.258-22.895\ 2\text{Price}$$
$$t=\ (5.328\ 1)\ (-3.117\ 3)$$
$$R^2=0.090\ 2;\ d=2.003\ 7$$

这里所作的假定是，两个时期的截距、斜率和误差方差都相同。

（c）令 1990 年 $D=0$ 和 1991 年 $D=1$，回归结果为：

$$\text{Eggs}=3\ 153.082-34.697\ 7D-22.940\ 3\text{Price}$$
$$t=(5.076\ 7)\quad(-0.108\ 7)\ (-3.102\ 7)$$
$$R^2=0.090\ 3;\ d=2.004\ 7$$

可见，1991 年的虚拟系数在统计上不显著，表明两个时期的截距在统计上相同。

（d）如果我们那样做的话，就必须使用 49 个虚拟变量。这就要消耗大量的自由度。此外，注意 16.5 节中的第二条原则。

（e）没有，原因同（d）。

(f) 由于 ECM 要求横截面单位数多于待估计的系数个数，所以我们在目前的情况下不能估计 ECM。如果你尝试用我们的数据去估计这样一个模型，你会得到上述情形。

16.12 这里是必要的数据

年份	RSS	df
1990	1.24E+08	48
1991	1.22E+08	48
混合	2.46E+08	98

注：1.24E+08=124 000 000，1.22E+08=122 000 000，2.46E+08=246 000 000。

如果你使用邹至庄检验，会发现可以拒绝两个时期误差方差不同的虚拟假设，表明数据可以混合。

16.13 (a)&(b) 以下以表格形式给出了回归结果（圆括号中的数字为 t 比率）：

公司	截距	F_{-1}	C_{-1}	R^2	RSS	d
通用电气	−9.956 3 (−0.317 3)	0.026 5 (1.705 7)	0.151 6 (5.901 5)	0.705 3	13 217	1.07
通用汽车	−149.466 7 (−1.413 7)	0.119 2 (4.619 2)	0.371 5 (10.027 0)	0.921 4	143 118	0.93
美国钢铁	−50.078 0 (−0.341 3)	0.171 4 (2.325 4)	0.408 7 (2.820 8)	0.481 0	154 988	0.92
西屋电气	−0.580 4 (−0.072 4)	0.053 0 (−3.377 6)	0.091 6 (1.633 4)	0.745 0	176 9	1.42
混合	−63.304 1	0.110 1	0.303 4	0.756 5	1 560 690	0.22

(c) LSDV 估计结果如下：

$$\hat{Y}_{it} = -245.7924 + 161.5722D_{2i} + 339.6328D_{3i} + 186.5666D_{4i} + 0.1079X_{2it} + 0.3461X_{3it}$$

$$\begin{array}{lllllll} se= & (3\ 508\ 112) & (46.456\ 3) & (23.986\ 3) & (31.506\ 8) & (0.017\ 5) & (0.026\ 6) \\ t= & (-6.863\ 5) & (3.477\ 9) & (14.159\ 4) & (5.921\ 4) & (6.165\ 3) & (12.982\ 1) \end{array}$$

$$R^2=0.9345 \qquad d=1.1076 \qquad df=74$$

其中 X_2 表示 F_{-1}，X_3 表示 C_{-1}。看来两个斜率系数的差异并不大，但 R^2 有较大差异。

(d) 使用邹至庄检验，检验 D_2、D_3、D_4 统计上总体不显著，则混合模型足矣。

$$F=\frac{\dfrac{0.9345-0.7565}{3}}{\dfrac{2-0.9345}{8016}}=\frac{0.0593}{0.0008851}=66.998$$

这个 F 值相当高，表明 D_2、D_3、D_4 统计上总体显著，各截距项确实有所不同。因而，LSDV 回归更符合实际。

16.14 (a) 凭经验预计二者之间呈反向关系，因为在其他条件不变的情况下，失业率高，导致提高工资的压力就小。

(b)&(c) 以表格的形式给出结果如下（圆括号中的数字为 t 比率）：

国家	截距	斜率	R^2	RSS
加拿大	155.950 7 (7.52)	−7.852 3 (−3.20)	0.290 8	11 878
英国	212.060 9 (12.28)	−14.538 0 (−7.05)	0.665 1	15 676
美国	202.148 7 (9.16)	−15.559 5 (−4.45)	0.441 5	16 895
混合	184.441 (17.87)	−11.603 (−8.74)	0.491 5	49 486

(d) 这里和 (e) 中的结果都是用 Stata 软件得到的。

```
Fixed-effects (within) regression                 Number of obs=        81
Group variable: Country                           Number of groups=      3
R-sq: within=0.496 3                              Obs per group: min=   27
      between=0.973 1                                            avg=   27.0
      overall=0.491 5                                            max=   27
                                                  F(1, 77) =            75.88
corr (u_i, Xb) =−0.448 2                          Prob>F=               0.000 0
--------------------------------------------------------------------------------
  comp |     Coef.      Std. Err.     t      P>|t|    [95% Conf. Interval]
-------+------------------------------------------------------------------------
    UN |  −12.862 06   1.476 508   −8.71   0.000   −15.802 16   −9.921 954
 _cons |  193.868 4    11.393 02    17.02  0.000   171.182      216.554 8
-------+------------------------------------------------------------------------
sigma_u |   7.205 645 7
sigma_e |  24.770 613
    rho |   0.078 017 99   (fraction of variance due to u_i)
--------------------------------------------------------------------------------
  F test that all u_i=0:     F (2, 77) =     1.83       Prob>F=0.1680
--------------------------------------------------------------------------------
```

(e) 由 Stata 可得：

```
Random-effects GLS regression                  Number of obs=        81
Group variable: Country                        Number of groups=      3
R-sq: within=0.496 3                           Obs per group: min=   27
      between=0.973 1                                         avg=   27.0
      overall=0.491 5                                         max=   27
Random effects u_i~Gaussian                    Wald chi2 (1) =       76.37
corr (u_i, X) =0 (assumed)                     Prob>chi2=            0.000 0
------------------------------------------------------------------------------
     comp |     Coef.     Std. Err.      z     P>|z|     [95% Conf. Interval]
----------+-------------------------------------------------------------------
       UN |   -11.603     1.327 746   -8.74   0.000   -14.205 34   -9.000 671
    _cons |   184.441    10.323 32    17.87   0.000   164.207 7    204.674 3
------------------------------------------------------------------------------
  sigma_u |     0
  sigma_e |    24.770 613
      rho |     0          (fraction of variance due to u_i)
```

(f) 由于两个模型的结果类似，所以可任选一个模型。

16.15 (a) 混合模型的 Stata 结果如下：

```
regress ln_Y ln_X2 ln_X3 ln_X4
   Source |       SS          df        MS           Number of obs=  342
----------+------------------------------            F (3, 338) =    664.00
    Model |   87.838 602 4     3    29.279 534 1      Prob>F=         0.000 0
 Residual |   14.904 358 1   338    0.044 095 734     R-squared=      0.854 9
----------+------------------------------            Adj R-squared=  0.853 6
    Total    102.742 961     341    0.301 299 005     Root MSE=       0.209 99
------------------------------------------------------------------------------
     ln_Y |     Coef.       Std. Err.      t     P>|t|     [95% Conf. Interval]
----------+-------------------------------------------------------------------
     n_X2 |  0.889 961 6   0.035 805 8   24.86   0.000   0.819 531 3   0.960 391 9
    ln_X3 | -0.891 797 9   0.030 314 7  -29.42   0.000  -0.951 427 2  -0.832 168 5
    ln_X4 | -0.763 372 7   0.018 608 3  -41.02   0.000  -0.799 975 4  -0.726 770 1
    _cons |  2.391 326     0.116 934 3   20.45   0.000   2.161 315     2.621 336
------------------------------------------------------------------------------
```

(b) Stata 的固定效应结果如下：

```
Fixed-effects (within) regression                    Number of obs=        342
Group variable: Cntry _ Code                         Number of groups=      18
R-sq: within=0.839 6                                 Obs per group: min=    19
      between=0.575 5                                           avg=      19.0
      overall=0.615 0                                           max=        19
                                                     F (3, 321) =       560.09
corr (u _ i, Xb) = −0.246 8                          Prob>F=           0.000 0
------------------------------------------------------------------------------
   ln _ Y |     Coef.       Std. Err.      t      P> | t |   [95% Conf. Interval]
----------+-------------------------------------------------------------------
   n _ X2 |  0.662 249 8   0.073 386      9.02    0.000   0 .517 871 5   0.806 628 2
  ln _ X3 | −0.321 702 5   0.044 099 2   −7.29    0.000  −0.408 462 6  −0.234 942 4
  ln _ X4 | −0.640 482 9   0.029 678 8  −21.58    0.000  −0.698 872 6  −0.582 093 3
   _ cons |  2.402 67      0.225 309 4   10.66    0.000   1.959 401      2.845 94
----------+-------------------------------------------------------------------
 sigma _ u |  0.348 412 89
 sigma _ e |  0.092 330 34
       rho |  0.934 381 73   (fraction of variance due to u _ i)
------------------------------------------------------------------------------
   F test that all u _ i=0:      F (17, 321) =     83.96       Prob>F=0.000 0
------------------------------------------------------------------------------
```

(c) Stata 的随机效应模型结果如下：

```
Random-effects GLS regression                        Number of obs=        342
Group variable: Cntry _ Code                         Number of groups=      18
R-sq: within=0.836 3                                 Obs per group: min=    19
      between=0.709 9                                           avg=      19.0
      overall=0.730 9                                           max=        19
Random effects u _ i~Gaussian                        Wald chi2 (3) =   1 642.20
corr (u _ i, X) =0 (assumed)                         Prob>chi2=         0.000 0
------------------------------------------------------------------------------
   ln _ Y |     Coef.       Std. Err.      z      P> | z |   [95% Conf. Interval]
----------+-------------------------------------------------------------------
  ln _ X2 |  0.554 985 8   0.059 128 2    9.39    0.000   0.439 096 7    0.670 874 9
  ln _ X3 | −0.420 389 3   0.039 978 1  −10.52    0.000  −0.498 745     −0.342 033 6
  ln _ X4 | −0.606 840 2   0.025 515    −23.78    0.000  −0.656 848 7   −0.556 831 6
```

续前表

_ cons	1.996 699	0.184 326	10.83	0.000	1.635 427	2.357 971
sigma _ u	0.195 544 68					
sigma _ e	0.092 330 34					
rho	0.817 698 56	(fraction of variance due to u _ i)				

(d) 同样，固定效应模型和随机效应模型有相似的结果。读者可以运用豪斯曼检验来证实这一点，并选择最合适的那个。

16.16 如下是一个随机效应模型的 Stata 结果：

Random-effects GLS regression	Number of obs= 395
Group variable: countryid	Number of groups= 135
R-sq: within=0.097 0	Obs per group: min= 2
between=0.226 6	avg= 2.9
overall=0.198 8	max= 3
Random effects u _ i~Gaussian	Wald chi2 (10) = 62.78
corr (u _ i, X) =0 (assumed)	Prob>chi2= 0.000 0

aidcap	Coef.	Std. Err.	z	P>|z|	[95% Conf.	Interval]
y2	−20.975 89	4.034 306	−5.20	0.000	−28.882 99	−13.068 8
y3	−17.742 98	4.233 206	−4.19	0.000	−26.039 91	−9.446 051
rgdpcap	−0.006 819 7	0.003 538 3	−1.93	0.054	−0.013 754 6	0.000 115 2
rgdcap _ 2	2.76e−07	1.50e−07	1.84	0.066	−1.83e−08	5.69e−07
infmort	−0.647 341 9	0.450 688 6	−1.44	0.151	−1.530 675	0.235 991 5
infmort _ 2	0.002 057 1	0.002 684 3	0.77	0.443	−0.003 204	0.007 318 2
civilpolrts	−4.073 314	1.170 265	−3.48	0.001	−6.366 991	−1.779 638
goveff	−12.894 53	6.518 62	−1.98	0.048	−25.670 79	−0.118 268 2
popmil	−0.447 640 5	0.123 689 3	−3.62	0.000	−0.690 067 1	−0.205 214
popmil _ 2	0.000 348 7	0.000 106	3.29	0.001	0.000 141	0.000 556 4
_ cons	143.960 1	24.675 74	5.83	0.000	95.596 57	192.323 7
sigma _ u	45.776 897					
sigma _ e	31.747 432					
rho	0.675 229 83	(fraction of variance due to u _ i)				

读者可以自己对比这个结果和作者论文中的结果，判断哪个模型更合适。

16.17 对于每个航空公司：(括号中的数值为 t 统计量)

航空公司	截距	ln _ Q 的斜率	ln _ PF 的斜率	ln _ LF 的斜率	R^2
1	8.559 2 (30.282)	1.166 4 (11.651)	0.391 7 (20.502)	−1.461 4 (−5.776)	0.998
2	9.540 8 (29.389)	1.464 9 (17.842)	0.310 4 (11.080)	−1.521 6 (−11.104)	0.998 8
3	8.001 1 (15.735)	0.719 6 (4.660)	0.453 4 (12.012)	−0.424 1 (−1.187)	0.994 0
4	8.573 8 (11.717)	0.937 1 (11.924)	0.459 0 (10.206)	−0.376 5 (−1.452)	0.995 1
5	10.653 1 (14.657)	1.061 8 (13.894)	0.295 9 (6.745)	−0.613 2 (−3.565)	0.998 1
6	10.913 0 (19.898)	0.967 5 (30.187)	0.300 2 (9.801)	0.086 7 (0.357)	0.998 6

以上结果与本章教材中报告的固定效应结果非常类似。R^2 值变化不大［尽管我们不能直接比较它们（为什么?)］，只有三种情形下 ln _ LF 的斜率统计上不显著，且只有对航空公司 6，ln _ LF 的符号才为正（但是，它还是统计上不显著)。除此之外，它们非常接近。随机效应模型的比较也基本如此。在这里，构造 15 个分开的横截面模型并不是很好，因为我们将失去太多的自由度（注意，那样的话，对于每个回归，我们就只有 6 个观测，却有 4 个待估参数)。

第 17 章 动态计量经济模型：自回归与分布滞后模型

问 答 题

17.1 (a) 错。如果计量模型刻画了因变量相对其过去值的时间路径，那么就是动态的。使用横截面数据的模型就不是动态的，除非使用了含有回归子滞后值的面板回归模型。

(b) 对。考伊克模型假定所有分布滞后系数都具有相同的符号。

(c) 错。估计量有偏误且不一致。

(d) 对。证明参见约翰斯顿的《计量经济学方法》，见教材第 639 页注释③。

(e) 错。这种方法得到一致的估计值，尽管在小样本中由此得到的估计值存在偏误。

(f) 对。在这种情形下，使用德宾的 h 统计量。不过，德宾的 d 统计量可用于计算 h 统计量。

(g) 错。严格地讲，在大样本条件下成立。

(h) 对。格兰杰检验是对领先滞后关系和信息容量的一种检验，但它本身绝不表示通常意义上的因果关系。

17.2 利用方程（17.7.1），（17.6.2）和（17.5.2）

$$Y_t^* = \beta_0 + \beta_1 X_t^* + u_t \tag{1}$$

$$Y_t - Y_{t-1} = \delta(Y_t^* - Y_{t-1}) \tag{2}$$

$$X_t^* - X_{t-1}^* = \gamma(X_t - X_{t-1}^*) \tag{3}$$

把方程（2）重写成

$$Y_t = \delta Y_t^* + (1-\delta) Y_{t-1} \tag{4}$$

把方程（3）重写成

$$X_t^* = \frac{\gamma}{1-(1-\gamma)L} X_t \tag{5}$$

其中，L 是滞后算子，比如 $LX_t = X_{t-1}$。把方程（1）代入方程（4）便得到

$$Y_t = \delta\beta_0 + \delta\beta_1 X_t^* + \delta u_t + (1-\delta) Y_{t-1} \tag{6}$$

把方程（5）代入方程（6）便得到

$$Y_t = \delta\beta_0 + \delta\beta_1 \left[\frac{\gamma}{1-(1-\gamma)L} X_t\right] + (1-\delta) Y_{t-1} + \delta u_t \tag{7}$$

把方程（7）化简便得到

$$Y_t = \alpha_1 + \alpha_2 X_t + \alpha_3 Y_{t-1} + \alpha_4 Y_{t-2} \rightarrow (17.7.2)$$

其中，α 是方程（7）中各个参数的（非线性）组合。

17.3 $\operatorname{cov}[Y_{t-1}, (u_t - \lambda u_{t-1})] = E\{[Y_{t-1} - E(Y_{t-1})][u_t - \lambda u_{t-1}]\}$　因为 $E(u_t) = 0$

$= E[(u_{t-1})(u_t - \lambda u_{t-1})]$　因为 $Y_{t-1} - E(Y_{t-1}) = u_{t-1}$

$= -\lambda E[(u_{t-1})^2]$　因为不存在序列相关

$= -\lambda\sigma^2$

17.4 P^* 值分别为 100，105，115，135 和 160。

17.5 (a) Y 的估计值是非随机 X 变量的一个线性函数，且与总体误差项 v 渐近无关。

(b) 共线性问题或许没那么严重。

17.6 (a) 中位滞后是调整过程完成 1/ 2 所需的时间。为了求出考伊克模式的中位滞后，解

$$\frac{t\text{ 期的响应}}{\text{长期响应}} = \frac{\beta_0(1-\lambda^t)/(1-\lambda)}{\beta_0/(1-\lambda)} = \frac{1}{2}$$

化简得到 $\lambda^t = \frac{1}{2}$，因此，

$$t\ln\lambda = \ln\frac{1}{2} = -\ln 2$$

于是，$t = \frac{-2\ln 2}{\ln\lambda}$，这就是所需要的答案。

(b)

λ	$\ln\lambda$	$\ln 2$	中位滞后
0.2	−1.609 4	0.693 2	0.430 7
0.4	−0.916 3	0.693 2	0.756 5
0.6	−0.510 8	0.693 2	1.356 9
0.8	−0.223 1	0.693 2	3.106 3

17.7 (a) 由于 $\beta_k = \beta_0\lambda^k$；$0<\lambda<1$；$k=0$，1，2，…，所以

$$\text{均值滞后} = \frac{\sum_{0}^{\infty} k\beta_k}{\sum_{0}^{k} \beta_k} = \frac{\beta_0 \sum k\lambda^k}{\beta_0 \sum \lambda^k} = \frac{\lambda/(1-\lambda)^2}{1/(1-\lambda)} = \frac{\lambda}{1-\lambda}$$

(b) 若 λ 很大，则调整速度会很慢。

17.8 利用公式 $\frac{\sum k\beta_k}{\sum \beta_k}$ 和表 17—1 中的数据，可得到 $11.316/1.03=10.986\approx 10.959$。

17.9 (a) 根据习题 17.2 中的步骤，我们可以把 M_t 的方程写成

$$M_t=\alpha+\frac{\beta_1(1-\gamma_1)}{1-\gamma_1 L}Y_t+\frac{\beta_2(1-\gamma_2)}{1-\gamma_2 L}R_t+u_t$$

转而可写成：

$$\begin{aligned}M_t=&\beta_0+\beta_1(1-\gamma_1)Y_t-\beta_1\gamma_2(1-\gamma_1)Y_{t-1}+\beta_2(1-\gamma_2)R_t-\beta_2\gamma_1(1-\gamma_2)R_{t-1}\\&+(\gamma_1+\gamma_2)M_{t-1}-(\gamma_1\gamma_2)M_{t-2}+[u_t-(\gamma_1+\gamma_2)u_{t-1}+(\gamma_1\gamma_2)u_{t-2}]\end{aligned}$$

其中，β_0 是 α，γ_1 和 γ_2 的线性组合。注意，若 $\gamma_1=\gamma_2=\gamma$，模型可进一步简化。

(b) 刚才提出的这个模型高度非线性于参数，需要利用第 14 章讨论的某些非线性迭代程序进行估计。

17.10 对方程（17.7.2）的估计造成了与考伊克或适应性预期模型同样的估计问题，它们都是具有类似误差结构的自回归。这个模型本质上是一个非线性估计模型，因而需要非线性估计方法。

17.11 如同格里利谢斯所解释的那样，由于序列相关模型包含了回归元的滞后值，而考伊克和局部调整模型则没有，所以在我们为了除掉（一阶）自相关而对模型进行变换的情况下，序列相关模型或许更合适，尽管它与考伊克模型或 PAM 模型类似。

17.12 (a) 能。此时用 OLS 估计考伊克模型。

(b) 由于滞后回归子的出现，所以存在有限样本偏误，但估计值是一致的。证明可参见 Henri Theil，*Principles of Econometrics*，John Wiley & Sons，New York，1971，pp. 408-411。

(c) 由于假定 ρ 和 λ 都介于 0～1 之间，所以假定它们相等是合理的。

17.13 与考伊克、阿尔特、丁伯根和其他的模型类似，这种方法也是一种专用方法，而且没有什么理论根据。它假定过去值的重要性连续递减，有时这是一个合理的假定。通过使用即期值和过去值的加权平均，三角形模型避免了其他模型中可能存在的多重共线性问题。

17.14 (a) 大致上，在样本期内，就业变化与产出正相关，与上一期就业和时间变量负相关。时间系数和时间平方的系数符号为负，表明在样本期内就业逐渐下降，且下降的速度越来越快。注意，在 5%的显著性水平上，时间系数

不显著，而时间平方系数却是显著的。

(b) 为 0.297。

(c) 为了得到长期需求曲线，将短期需求函数除以 δ 并去掉滞后就业项，从而给出长期需求函数为：

$$47.879+0.579Q_t+0.094t+0.002t^2$$

(d) 这里合适的检验统计量是德宾的 h。给定 $n=44$ 和 $d=1.37$，我们得到

$$h=\left(1-\frac{d}{2}\right)\sqrt{\frac{n}{1-n\text{var}(E_{t-1}\text{的相关系数})}}$$

$$=\left(1-\frac{1}{2}d\right)\sqrt{\frac{44}{1-44\times 0.001\ 089}}=2.414$$

由于 h 渐近服从正态分布，所以 5%的临界值为 1.96。假定含 44 次观测的样本足够大，我们便可以得出结论，数据中存在一阶正自相关的证据。

17.15 (a) 为（1−0.086 4）=0.136。

(b) 短期价格弹性为−0.218，长期价格弹性为（−0.218/0.136）=−1.602。

(c) 短期利率弹性为−0.855，长期利率弹性为（−0.855/0.136）=−6.287。

(d) 0.136 的调整速度相对较低。这可能是因为市场上的技术特性。记住，拖拉机是一种耐用品，并具有相对较长的寿命。

17.16 我们在提出考伊克模型时看到，滞后项代表了模型中相应回归元所有滞后值的共同影响。

17.17 多项式的次数至少要比时间序列相对于时间描点图中所表现出来的转折点的个数多一个。于是，对左上角的第一个图使用 4 次多项式；对右上角的第二个图使用 2 次多项式；对左下角的第三个图使用 6 次多项式；对右下角的第四个图使用 2 次多项式。

17.18 (a) $\text{var}(\hat{\beta}_i)=\sum_{j=0}^{2}i^{2j}\text{var}(\hat{a}_j)+2\sum_{j<p}^{p}i^{j+p}\text{cov}(\hat{a}_j,\hat{a}_p)$

另一个表达式与之相似，只是多了一项。

(b) 并非必然如此。这是因为，从（a）中可见，β_i 估计值的方差同时取决于 α 估计系数的方差和协方差，而协方差可能为负。

17.19 给定 $\beta_i=a_0+a_1i+a_2i^2$，若 $\beta_0=0\rightarrow a_0=0$，而且当 $\beta_4=0$ 时$\rightarrow a_0+4a_1+16a_2=0\rightarrow a_1=-4a_2$。因此，变换后的模型为：

$$Y_t=\alpha+\sum_{i=0}^{4}(\beta_iX_i)+u_t$$

$$=\alpha+\sum(a_0+a_1i+a_2i^2)X_{t-i}+u_t$$

$$=\alpha+a_2\left[-4\sum iX_{t-i}+\sum i^2X_{t-i}\right]+u_t$$

17.20

$$Y_t=\alpha+\sum_{i=0}^{k}\beta_iX_{t-i}+u_t$$

$$=\alpha+\sum_{i=0}^{k/2} i\beta X_{t-i}+\sum_{i=\left(\frac{k}{2}+1\right)}(k-i)\beta X_{t-i}+u_t$$

$$=\alpha+\beta\left[\sum iX_{t-i}+\sum(k-i)X_{t-i}\right]+u_t$$

$$=\alpha+\beta Z_t+u_t$$

17.21 这里有 $n=19$ 和 $d=2.54$。尽管样本不是很大，但为了说明 h 检验，我们求出 h 值为：

$$h=\left(1-\frac{d}{2}\right)\sqrt{\frac{n}{1-(n)\text{var}(PF_{t-1}\text{的相关系数})}}$$

$$=\left(1-\frac{2.54}{2}\right)\sqrt{\frac{19}{1-19\times0.0142}}=-1.3773$$

这个 h 值在 5%的水平上不显著。于是，没有一阶正自相关的证据，但需记住，我们的样本太小，不足以接受这个结论。

实证分析题

17.22 利用存量调整或局部调整模型（PAM），短期支出函数可写成（见方程(17.6.5)）：

$$Y_t=\delta\beta_0+\delta\beta_1X_t+(1-\delta)X_{t-1}+u_t \tag{1}$$

式中，Y 为对新厂房和设备的支出；X 为销售额。利用所给数据，回归结果如下：

$$\hat{Y}_t=-15.104+0.629X_t+0.272Y_{t-1}$$
$$t=(-3.194)\ (6.433)\quad(2.365) \tag{2}$$
$$R^2=0.987;\ F=690.057;\ d=1.519$$

我们从 Y 的滞后项的系数发现 $\delta=0.728$。

长期支出函数为：

$$\hat{Y}_t^*=20.738+0.864X_t$$

它是通过将方程（2）除以 0.728 并去掉 Y 的滞后项而得到的。

我们必须使用 h 统计量来看其中是否存在序列相关。利用 h 统计量的公式，可以证明，在本题中 $h=1.364$。渐近地看，这个值在 5%的水平上不显著，于是我们的数据中便不存在序列相关。

17.23 使用与习题 17.22 中同样的符号，短期支出函数可写成：

$$\ln Y_t=\ln\delta\beta_0+\delta\beta_1\ln X_t+(1-\delta)Y_{t-1}+u_t \tag{1}$$

回归结果为：

$$\ln\hat{Y}_t=-1.078+0.905\ln X_t+0.260\ln Y_{t-1}$$
$$t=(-5.854)(8.131)\qquad(2.962) \tag{2}$$

$$R^2=0.994;\ F=1\ 425.219;\ d=1.479$$

我们从这些结果中得到 $\hat{\delta}=0.740$。

长期支出函数为：

$$\ln\hat{Y}_t^* = 0.376 + 1.222\ln X_t$$

本题的 h 统计量为 1.34。因此，渐近地看，我们拒绝误差项中存在一阶正自相关的假设。

两个模型的结论相似。对数模型的优点是，斜率系数估计值直接就给出了弹性系数的估计值，而线性模型中的斜率只度量了变化率。

17.24 统计结果与习题 17.22 相同。不过，由于这是一个适应性预期模型，所以具有不同的解释。现在，δ 的估计值被解释为一个比例，预期企业每期都按此比例对厂房设备投资进行修正。如教材中提到的那样，现在，总体误差结构有所不同。

17.25 这里，我们综合使用适应性预期和 PAM，估计的方程为：

$$Y_t=\beta_0\delta\gamma+\beta_1\delta\gamma X_t+[(1-\delta)+(1-\gamma)]Y_{t-1}+[(1-\delta)+(1-\gamma)]Y_{t-2}+v_t$$

其中，$v_t=\delta u_t+\delta(1-\gamma)u_{t-1}$，为方便起见，我们把它表示成：

$$Y_t=\alpha_0+\alpha_1 X_t+\alpha_2 Y_{t-1}+\alpha_3 Y_{t-2}+v_t$$

根据数据得到的回归结果为：

$$\hat{Y}_t=-19.770\ 1+0.715X_t+0.565Y_{t-1}-0.409Y_{t-2}$$
$$t=(-4.467)\quad(8.323)\quad(4.250)\qquad(-3.460)$$
$$R^2=0.992;\ F=5\ 653.234;\ d=1.367$$

估计系数都是统计显著的。但由于估计系数是原系数的非线性组合，所以并不容易直接得到原系数的估计值。原则上，我们应该使用第 14 章讨论的非线性方法来估计这个模型。那样就会给出各个参数的直接估计值，于是便可与习题 17.22、17.23 和 17.24 中的结果相比较。

17.26 虚拟假设 H_0：销售额不是厂房设备投资的格兰杰原因。格兰杰检验的结果如下：

滞后量	F 统计量	p 值	结论
2	17.394	0.000 1	拒绝 H_0
3	5.687	0.011 7	拒绝 H_0
4	3.309	0.062 8	不拒绝 H_0
5	2.379	0.160 6	不拒绝 H_0
6	1.307	0.446 3	不拒绝 H_0

H_0：厂房设备投资不是销售额的格兰杰原因。格兰杰检验的结果如下：

滞后量	F 统计量	p 值	结论
2	22.865	0.000 1	拒绝 H_0
3	13.009	0.000 4	拒绝 H_0
4	7.346	0.006 5	拒绝 H_0
5	5.867	0.026 2	拒绝 H_0
6	3.053	0.193 9	不拒绝 H_0

从这些结果可以看出，格兰杰因果检验对模型中引入滞后的项数很敏感。前三期滞后项都存在双向因果关系；4～5 期滞后，只有投资是销售额的格兰杰原因；6 期以上的滞后，没有一个变量是另外一个变量的格兰杰原因。

17.27 我们这里拟合的一个说明性模型是一个有 4 期滞后的二次多项式。利用方程（17.13.15）的格式并令 Y 表示投资，X 表示销售额，回归结果为：

$$\hat{Y}_t = -35.4923 + 0.8910X_t + 0.3255X_{t-1} - 0.0312X_{t-2} - 0.1792X_{t-3} - 0.1183X_{t-4}$$
$$t = (-4.3321)(5.1042)\ (3.6176)\quad(-0.2530)\ (-2.1109)\ (-0.6562)$$

读者急切地想试一下其他的滞后和多项式次数组合，你可以使用赤池信息准则在不同的模型中加以选择。

17.28 我们利用 EViews 得到如下结果：

系数	NER	FER	BER
截距	−23.384 4 (−2.357 8)	−36.093 6 (−4.674 0)	−5.930 3 (−0.879 9)
X_t	0.318 8 (3.579 1)	0.871 2 (5.520 5)	0.121 5 (19.942 3)
X_{t-1}	0.441 4 (3.954 2)	0.351 5 (10.446 4)	0.194 5 (19.942 3)
X_{t-2}	0.367 7 (5.421 3)	0.004 5 (0.099 3)	0.218 8 (19.942 3)
X_{t-3}	0.097 6 (2.194 8)	−0.169 7 (−2.206 5)	0.194 5 (19.942 3)
X_{t-4}	−0.368 6 (−1.667 8)	−0.171 2 (−2.773 0)	0.121 5 (19.942 3)

注：NER、FER 和 BER 分别表示近端、远端和双端约束。
圆括号中的数字为 t 比率。

可见，对模型系数施加不同的约束导致极为不同的结果。注意到一个有趣的发现是，施加双端约束得到相同的标准误和 t 比率。除非有强烈的先验预期，否则最好不要施加任何约束。当然，在每种情形中，引入滞后项的期数和多项式的次数都仍是需要回答的问题。

17.29 (a)

因果方向	滞后量	F	概率
$Y \rightarrow X_2$	2	0.069 5	0.932 9
$X_2 \rightarrow Y$	2	2.877 1	0.070 5*
$Y \rightarrow X_2$	3	0.133 8	0.939 2
$X_2 \rightarrow Y$	3	2.489 2	0.079 3*
$Y \rightarrow X_2$	4	0.140 7	0.965 5
$X_2 \rightarrow Y$	4	1.823 9	0.153 3

* 显著性水平为 10%。

在每种情形下，箭头都表示因果方向；虚拟假设是：箭头左边变量是箭头右边变量的格兰杰原因；看来信息处理设备的投资不是销售额的格兰杰原因。但有些微弱的证据表明销售额是投资的格兰杰原因。试一下其他的滞后量，看结论是否会改变。

(b) 投资与利率之间的因果性结论很有意思，直至 5 期滞后二者之间都没有因果关系，但到 6 期时，利率是投资的格兰杰原因，而投资却不是利率的格兰杰原因，可 7 期和 8 期滞后二者又无因果关系。直觉上很难合理解释这些结论。

(c) 在线性形式中，销售额对投资没有什么明确的分布滞后影响。在含有 4 期滞后和二次多项式的对数线性模型中，施加近端约束便得到如下结果：

$$\ln\hat{Y}_t = -15.150\,8 + 0.200\,8\ln X_{2t} + 0.328\,8\ln X_{2(t-1)} + 0.384\,1\ln X_{2(t-2)}$$
$$t = (-73.218\,5)(3.896\,2) \quad (5.079\,4) \quad (9.689\,6)$$
$$+ 0.366\,5\ln X_{2(t-3)} + 0.276\,2\ln X_{2(t-4)}$$
$$(15.078\,2) \quad (2.192\,1)$$

如果将各个 $\ln X_2$ 项的系数描点，你会发现，系数递增到二期滞后，然后开始下降，表现出一个倒 U 形曲线。

17.30 (a)&(b)使用格兰杰因果检验，可以看出，直至 4 期滞后，两个变量之间都存在着双向因果关系，但 4 期以上的滞后便不存在单向或双向因果关系。比如，对于 3 期滞后，我们发现

生产力→工资 $F=3.84$(p 值$=0.031\,4$)
工资→生产力 $F=3.97$(p 值$=0.028\,4$)

对于 4 期滞后，我们发现

生产力→工资 $F=2.27$(p 值$=0.088\,8$)
工资→生产力 $F=3.26$(p 值$=0.026\,5$)

(c) 比如，我们可以将工资对生产力和失业率回归，看失业率除去生产力效应之外的（偏）效应，结果如下：

$$\hat{Y}_t = 26.7834 + 0.6907X_{2t} + 0.6680X_{3t}$$
$$t = (12.8468)(33.2341)\quad(2.7053)$$
$$R^2 = 0.9694;\ d = 0.2427$$

其中，Y 为工资；X_2 为生产力；X_3 为失业率。

所有估计系数看来都是统计显著的。失业率变量的正号违背了直觉，除非你能证明失业提升了生产力，并从而导致了更高的工资。由于本题中的 d 统计量相当低，可能这个模型遇到自相关或设定误差的问题。

17.31 为了进行辛姆斯检验，我们将 Y（厂房设备投资）对 X（销售额）的 4 个先导进行回归并得到回归（1）的如下结果：

Dependent Variable: Y
Sample (adjusted): 3 22
Included observations: 20 after adjustments

Variable	Coefficient	Std. Error	t-Statistic	Prob.
C	−19.770 11	4.425 609	−4.467 207	0.000 4
Y_LAG1	0.564 880	0.132 915	4.249 921	0.000 6
Y_LAG2	−0.408 687	0.118 151	−3.459 021	0.003 2
X2	0.714 564	0.085 857	8.322 741	0.000 0

R-squared	0.991 902	Mean dependent var	112.997 5
Adjusted R-squared	0.990 383	S. D. dependent var	50.068 89
S. E. of regression	4.910 028	Akaike info criterion	6.197 293
Sum squared resid	385.734 0	Schwarz criterion	6.396 439
Log likelihood	−57.972 93	F-statistic	653.234 2
Durbin-Watson stat	1.367 385	Prob (F-statistic)	0.000 000

Dependent Variable: Y
Sample (adjusted): 3 18
Included observations: 16 after adjustments

Variable	Coefficient	Std. Error	t-Statistic	Prob.
C	−0.871 919	6.581 770	−0.132 475	0.897 9
Y_LAG1	0.454 705	0.113 078	4.021 166	0.003 8
Y_LAG2	−0.213 087	0.094 089	−2.264 730	0.053 3

续前表

Variable	Coefficient	Std. Error	t-Statistic	Prob.
X2	1.233 031	0.161 007	7.658 238	0.000 1
X2 _ LEAD1	−0.260 796	0.203 959	−1.278 667	0.236 9
X2 _ LEAD2	−0.313 990	0.194 279	−1.616 182	0.144 7
X2 _ LEAD3	−0.028 393	0.184 305	−0.154 055	0.881 4
X2 _ LEAD4	−0.023 588	0.142 096	−0.166 003	0.872 3
R-squared	0.996 843	Mean dependent var		96.080 00
Adjusted R-squared	0.994 080	S.D. dependent var		40.233 79
S.E. of regression	3.095 684	Akaike info criterion		5.404 748
Sum squared resid	76.666 09	Schwarz criterion		5.791 042
Log likelihood	−35.237 98	F-statistic		360.818 1
Durbin-Watson stat	2.900 403	Prob (F-statistic)		0.000 000

将方程（8.7.9）应用于第一个模型，我们有 $F=\dfrac{(RSS_R-RSS_{UR})/m}{RSS_{UR}/(n-k)}$。

$$F=\frac{(385.734-76.666)\ /4}{76.666/\ (20-8)}=\frac{309.068}{6.389}=48.376\ 3$$

现在对于模型（2），我们将 X（销售额）对 Y（厂房设备投资）的 4 个先导进行回归并得到回归（2）的如下结果：

Dependent Variable：X2

Sample (adjusted)：3 22

Included observations：20 after adjustments

Variable	Coefficient	Std. Error	t-Statistic	Prob.
C	21.914 58	6.145 435	3.565 994	0.002 6
X2 _ LAG1	0.324 223	0.414 739	0.781 753	0.445 8
X2 _ LAG2	0.213 296	0.271 547	0.785 485	0.443 6
Y	0.514 136	0.246 088	2.089 232	0.053 0
R-squared	0.990 016	Mean dependent var		158.283 2
Adjusted R-squared	0.988 143	S.D. dependent var		57.259 69
S.E. of regression	6.234 870	Akaike info criterion		6.675 049
Sum squared resid	621.977 6	Schwarz criterion		6.874 195
Log likelihood	−62.750 49	F-statistic		528.831 9
Durbin-Watson stat	1.165 207	Prob (F-statistic)		0.000 000

Dependent Variable: X2
Sample (adjusted): 3 18
Included observations: 16 after adjustments

Variable	Coefficient	Std. Error	t-Statistic	Prob.
C	14.261 25	2.834 342	5.031 591	0.001 0
X2 _ LAG1	−0.300 083	0.269 853	−1.112 027	0.298 4
X2 _ LAG2	0.165 805	0.112 852	1.469 226	0.180 0
Y	0.630 487	0.230 073	2.740 378	0.025 4
Y _ LEAD1	0.347 435	0.166 734	2.083 772	0.070 7
Y _ LEAD2	0.126 310	0.196 837	0.641 701	0.539 0
Y _ LEAD3	0.132 000	0.128 064	1.030 735	0.332 8
Y _ LEAD4	0.133 427	0.085 047	1.568 869	0.155 3

R-squared	0.998 838	Mean dependent var	139.674 8
Adjusted R-squared	0.997 822	S. D. dependent var	47.928 86
S. E. of regression	2.236 942	Akaike info criterion	4.754 949
Sum squared resid	40.031 27	Schwarz criterion	5.141 244
Log likelihood	−30.039 59	F-statistic	982.591 7
Durbin-Watson stat	1.764 596	Prob (F-statistic)	0.000 000

将方程（8.7.9）应用于第一个模型，我们有 $F=\dfrac{(RSS_R-RSS_{UR})/m}{RSS_{UR}/(n-k)}$。

$$F=\frac{(621.978-40.0313)/4}{40.0313/(20-8)}=\frac{145.487}{3.336}=43.612$$

这些结果并不能给出确定的结论，因为每个 F 检验统计上都非常显著。读者应该尝试一下其他的先导—滞后结构，并看结论是否成立。

17.32 (a) EViews 结果如下：

Dependent Variable: LN _ PC
Sample: 1960 1995
Included observations: 36

Variable	Coefficient	Std. Error	t-Statistic	Prob.
C	1.551 913	0.175 579	8.838 807	0.000 0
LN _ PDI	0.855 923	0.014 819	57.758 99	0.000 0
LTI	0.004 883	0.000 916	5.332 454	0.000 0

续前表

R-squared	0.997 495	Mean dependent var	12.465 42
Adjusted R-squared	0.997 344	S. D. dependent var	0.430 762
S. E. of regression	0.022 201	Akaike info criterion	−4.697 689
Sum squared resid	0.016 265	Schwarz criterion	−4.565 729
Log likelihood	87.558 40	F-statistic	6 571.625
Durbin-Watson stat	1.186 245	Prob (F-statistic)	0.000 000

(b) 实际上，以上模型估计的一个问题是可能存在“谬误”因果关系。例如，尽管利率是私人消费支出的一个影响因素，但是它也可能受消费影响。这本质上是一个格兰杰因果关系问题。一个解决方法是构建一个多方程体系，并从多个视角审视模型。这将在第 20 章详细阐述。

17.33 模型的提出留给读者。

第 18 章 联立方程模型

问 答 题

18.1 牙医需求数量是牙齿护理价格、病人总体收入水平、牙齿保险、牙医总体教育水平和家庭规模等变量的一个函数。牙医供给数量是牙齿护理价格、牙医教育的成本、牙医总体的规模、牙医学校的数量和营业执照的要求等变量的函数。这里的内生变量是牙医供需数量和牙齿护理的价格。其他的变量都可以视为外生变量。

18.2 布伦纳和梅尔泽使用诸如利率、真实公共财富和即期收入与持久收入之比等变量。蒂金则使用收入、短期利率和货币存量的滞后值等变量。文献中存在争议的是，短期利率和长期利率谁更适合作为货币的机会成本。

18.3 (a) 离差形式（对均值的偏离）的供需函数可表示为

$$q_t^d=\alpha_1 p_t+(u_{1t}-\bar{u}_1)=\alpha_1 p_t+u_{1t}^* \tag{1}$$

$$q_t^s=\beta_1 p_t+(u_{2t}-\bar{u}_2)=\beta_1 p_t+u_{2t}^* \tag{2}$$

我们从(1)得到

$$\hat{\alpha}_1=\frac{\sum q_t p_t}{\sum p_t^2}=\frac{\sum(\alpha_1 p_t+u_{1t}^*)p}{\sum p_t^2}=\alpha_1+\frac{\sum p_t u_{1t}^*}{\sum p_t^2} \tag{3}$$

我们通过化简均衡条件(1)=(2)便得到

$$p_t=\frac{u_{2t}^*-u_{1t}^*}{\alpha_1-\beta_1} \tag{4}$$

$$\sum p_t u_{1t}^* = \frac{\sum (u_{2t}^* - u_{1t}^*) u_{1t}^*}{\alpha_1 - \beta_1} = \frac{\sum u_{2t}^* u_{1t}^* - \sum u_{1t}^{*2}}{\alpha_1 - \beta_1} \tag{5}$$

$$\sum p_t^2 = \frac{\sum u_{2t}^{*2} + \sum u_{1t}^{*2} - 2\sum u_{2t}^* u_{1t}^*}{(\alpha_1 - \beta_1)^2} \tag{6}$$

把上述表达式代入(3)并化简便得到

$$\hat{\alpha}_1 = \alpha_1 + \frac{\sum u_{2t}^* u_{1t}^* - \sum u_{1t}^{*2}}{\sum u_{2t}^{*2} + \sum u_{1t}^{*2} - 2\sum u_{2t}^* u_{1t}^*} (\alpha_1 - \beta_1) \tag{7}$$

记住 u_1 和 u_2 不相关，通过取概率极限，我们得到

$$p\lim \hat{\alpha}_1 = \alpha_1 - (\alpha_1 - \beta_1) \frac{\sigma_{u_1^*}^2}{\sigma_{u_1^*}^2 + \sigma_{u_2^*}^2} \tag{8}$$

因为一般而言（8）中的最后一项都不等于 0，所以 $\hat{\alpha}_1$ 不是 α_1 的一致估计量。

（b）若 $\alpha_1 = \beta_1$，则上述概率将等于 α_1。

18.4 令方程（18.2.13）和（18.2.18）相等，便得到

$$\pi_0 + \pi_1 r = \lambda_0 + \lambda_1 \overline{M} + \lambda_2 r \tag{1}$$

因此，

$$r_t = \frac{\lambda_0 - \pi_0}{\pi_1 - \lambda_2} + \frac{\lambda_1}{\pi_1 - \lambda_2} \overline{M} \tag{2}$$

将（2）代入 IS 方程便得到

$$Y_t = \frac{\pi_0(\pi_1 - \lambda_2) + \pi_1(\lambda_0 - \pi_0)}{\pi_1 - \lambda_2} + \frac{\pi_1 \lambda_1}{\pi_1 - \lambda_2} \overline{M}$$

18.5 （a）变量 Y（实际人均收入）和 L（实际人均基础货币）反映了流动性偏好。变量 I（预期通货膨胀率）反映了费雪的理论。变量 NIS（一种新发行股票变量）和 E（预期期末股票回报，由滞后股价比率作为代理变量）则引入了流动性考虑。而变量 R_{bt-1}（滞后债务收益）则允许了分布滞后效应的存在。所有这些在奥迭特的论文中都有论述。

（b）&（c）内生变量为 R_{bt} 和 R_{st}。R_{bt-1} 是一个前定变量（滞后内生变量）。模型中没有 R_{st} 的滞后变量。所有其他变量都是外生或前定变量。

18.6 （a）每个 Y 变量都是内生的，每个 X 变量都是外生的。

（b）是的，每个方程都可以通过 OLS 来估计。但由于这是一个联立方程组，所以 OLS 估计量或许存在偏误并且是不一致的。

18.7 （a）巴斯显然不是考虑提出一个一般的供求模型；他在研究广告支出与香烟销售量之间的关系。

（b）若把 X_2 作为内生变量处理，那我们就需要一个解释 X_2 的方程。

18.8 （a）内生变量为 Y，C，Q 和 I。前定变量为 P，R，Y_{t-1}，C_{t-1} 和 Q_{t-1}，其中前两个变量是外生的，而其余变量都是滞后内生变量。

（b）这个变量可能解释了通货膨胀。

18.9 （a）这里没有联立方程组。没有一个方程的因变量被用于另一个方程的回归元。估计量是无偏且一致的。

（b）若变量用一阶差分形式表示，则其中如果存在（线性）趋势的话，便被消除了，这样当然就降低了 R^2 值。

实证分析题

18.10 回归结果为：

$$\widehat{\text{PCE}}_t = -359.4989 + 0.7304\text{GDP}_t$$
$$t = (-8.2423) \quad (122.2999)$$
$$r^2 = 0.9977;\ d = 0.305$$

18.11 回归结果为：

$$\hat{I}_t = -351.8932 + 0.1951\text{GDP}$$
$$t = (-7.27) \quad (29.42)$$
$$r^2 = 0.9611;\ d = 0.4123$$

18.12 回归结果为：

$$\hat{I}_t = 605.1943 + 1.9788\,(Y_t - Y_{t-1})$$
$$t = (4.95) \quad (3.95)$$
$$r^2 = 0.3140;\ d = 0.3942$$

18.13 （a）这些模型留给读者，但是一个可能的需求函数是：

$$\text{QuantGas}_t^d = \beta_0 + \beta_1\text{PriceGas}_t + \beta_2\text{PersInc}_t + \beta_3\text{CarSales}_t + u_t$$

可能的供给函数是：

$$\text{QuantGas}_t^s = \alpha_0 + \alpha_1\text{PriceGas}_t + v_t$$

（b）在上述模型中，汽油价格和数量是内生的，其他变量是外生的。

（c）由于上文提到的内生性问题，所有 OLS 的结果就不大可靠。

（d）OLS 的结果如下：

$$\widehat{\text{QuantGas}}_t^d = 5856.121 - 5.435\text{PriceGas}_t + 0.331\text{PersInc}_t + 60.301\text{CarSales}_t$$
$$t = (20.38) \quad (-4.39) \quad (29.13) \quad (2.98)$$
$$R^2 = 0.7662;\ d = 0.8099$$

$$\text{QuantGas}_t^s = 6531.825 + 7.825\text{PriceGas}_t$$
$$t = (27.04) \quad (3.78)$$
$$R^2 = 0.0462;\ d = 0.1914$$

18.14 这个模型留给读者来提出。

第19章 识别问题

19.1 利用对 M，m，K 和 k 的定义，并令 R 等于所给方程中所排除的（内生和外生）变量数，于是根据定义 19.1 便有

$$R=(M-m)+(K-k)\geqslant M-1$$

将两边同时减去（$M-m$）便得到

$$K-k\geqslant m-1$$

此即定义 19.2。

19.2 结构系数为：

$$\beta_0=\pi_3-\beta_1\pi_0 \qquad \alpha_0=\pi_3-\alpha_1\pi_0$$

$$\beta_1=\frac{\pi_4}{\pi_1} \qquad \alpha_1=\frac{\pi_5}{\pi_2}$$

$$\beta_2=\pi_5-\frac{\pi_2\pi_4}{\pi_1} \qquad \alpha_2=\pi_4-\frac{\pi_1\pi_5}{\pi_2}$$

19.3 （a）约简型方程为：

$$Y_t=\pi_0+\pi_1 I_t+w_t \tag{1}$$
$$C_t=\pi_2+\pi_3 I_t+w_t \tag{2}$$

对于这个方程组有 $M=2(C,Y)$ 和 $K=1(I)$。（2）式的阶条件表明它恰好可以识别。收入恒等式根据定义也可以识别。

（b）约简型方程为：

$$\dot{W}_t=\pi_0+\pi_1 UN_t+\pi_2\dot{M}_t+w_t \tag{1}$$

$$\dot{P}_t = \pi_4 + \pi_5 UN_t + \pi_6 \dot{R}_t + \pi_7 \dot{M}_t \qquad (2)$$

对于这个方程组有 $M=2(\dot{W},\dot{P})$ 和 $K=3(UN,\dot{R},\dot{M})$。根据阶条件，方程（1）过度识别，而方程（2）恰好识别。

（c）本题旨在说明构造约简型方程的冗长性质，答案留给读者自己完成。

19.4 见习题 19.3，秩条件检验给出的结果相同。

19.5 供给方程过度识别的原因是，需求函数包含了两个前定变量 I 和 R。如果它只包含一个，则供给方程恰好识别。因此，若 $\alpha_2=0$ 或 $\alpha_3=0$，则供给方程恰好识别。

19.6 （a）对于这个方程组有 $M=2$（Y_1，Y_2）和 $K=2$（X_1，X_2）。根据阶条件，Y_1 和 Y_2 都恰好识别。

（b）此时 Y_1 可识别，但 Y_2 不能识别。

19.7 （a）根据方程组（19.2.12）和（19.2.22）可以证明：

$$\hat{\beta}_{10} = \left[\hat{\pi}_{20} - \frac{\hat{\pi}_{22}}{\hat{\pi}_{12}}\hat{\pi}_{10}\right] = -3;\ \hat{\beta}_{12} = \frac{\hat{\pi}_{22}}{\hat{\pi}_{12}} = 1.25$$

$$\hat{\beta}_{20} = \left[\hat{\pi}_{20} - \frac{\hat{\pi}_{21}}{\hat{\pi}_{11}}\hat{\pi}_{10}\right] = -6;\ \hat{\beta}_{21} = \frac{\hat{\pi}_{21}}{\hat{\pi}_{11}} = 2$$

$$\hat{\gamma}_{11} = \left[\hat{\pi}_{21} - \frac{\hat{\pi}_{11}\hat{\pi}_{21}}{\hat{\pi}_{11}}\right] = 2.25;\ \hat{\gamma}_{12} = \left[\hat{\pi}_{22} - \frac{\hat{\pi}_{12}\hat{\pi}_{21}}{\hat{\pi}_{11}}\right] = -6$$

（b）为了检验这个假设，我们需要 $\hat{\gamma}_{11}$ 的标准误，但如你从（a）中所见，$\hat{\gamma}_{11}$ 是系数 $\hat{\pi}$ 的非线性函数，所以不容易估计它的标准误。

19.8 （a）本例中 Y_1 不能识别，但 Y_2 可以识别。这个方程组类似于方程组（19.2.12）和（19.2.13），因此，

$$\hat{\beta}_{21} = \frac{\hat{\pi}_3}{\hat{\pi}_1} = 1.5;\ \hat{\beta}_{20} = (\hat{\pi}_2 - \hat{\beta}_{21}\hat{\pi}_0) = -4$$

其他的结构系数不能识别。

（b）此时 Y_1 和 Y_2 都可以识别。

19.9 这个方程组中有 $M=4$ 和 $K=5$，所有方程都过度识别。

19.10 这里有 $M=4$ 和 $K=4$，根据阶条件，Y_1 和 Y_2 不能识别，而 Y_3 和 Y_4 恰好识别。

19.11 这里有 $M=5$ 和 $K=4$，根据阶条件，Y_1，Y_2 和 Y_5 恰好识别，Y_3 不能识别，而 Y_4 过度识别。

为了说明如何使用秩条件，考虑第一个方程。它排除了变量 Y_3，Y_5，X_2 和 X_3。因此，为了使这个方程可以识别，必须在余下的方程中能至少找到这些被排除变量的系数的一个 4×4 矩阵的行列式不等于 0。这样的一个行列式是：

$$\begin{vmatrix} \beta_{23} & 0 & \gamma_{22} & \gamma_{23} \\ 1 & \beta_{35} & 0 & \lambda_{33} \\ 0 & 0 & 0 & \gamma_{43} \\ 0 & 1 & \gamma_{52} & \gamma_{53} \end{vmatrix} \neq 0$$

因此，根据秩条件，第一个方程也是可识别的。其他方程的识别过程与此类似。

19.12 此模型中 $M=4$ 和 $K=2$，根据阶条件，C 的方程可识别，I 和 T 的方程则过度识别。

r 看作是外生的，$M=4$，$K=3$，根据阶条件，则方程 C、T 和 I 都过度识别。

19.13 根据方程（19.1.2），约简型收入方程为：

$$Y_t=\pi_0+\pi_1 I_t+u_t$$

OLS 结果为：

$$\hat{Y}_t=10.0000+5.0000I_t$$
$$t=(8.458)\quad(12.503)$$
$$R^2=0.897$$

根据方程（19.1.4），约简型消费方程为：

$$C_t=\pi_2+\pi_3 I_t+w_t$$

OLS 结果为：

$$\hat{C}_t=10.000+4.000I_t$$
$$t=(8.458)\ (10.002)$$
$$R^2=0.848$$

此模型中 $M=2$ 和 $K=1$。根据阶条件，消费函数恰好识别。结构系数的估计值为：

$$\hat{\beta}_0=\frac{\hat{\pi}_0}{\hat{\pi}_1}=2;\ \hat{\beta}_1=\frac{\hat{\pi}_3}{\hat{\pi}_2}=0.8$$

19.14 见习题 19.1。根据方程（19.3.1）和定义 19.2 有

$$K-k\geqslant m-1$$

两边同时加上 k 便得到

$$K\geqslant m+k-1$$

19.15 （a）约简型方程为：

$$P_t=\pi_1+\pi_2\left(\frac{Y_t}{N_t}\right)+\pi_3 F_t+\pi_4 W_t+\pi_5 C_{t-1}+\pi_6 T_{t-1}+\pi_7 P_{t-1}+v_t$$

$$Q_t=\pi_8+\pi_9\left(\frac{Y_t}{N_t}\right)+\pi_{10} F_t+\pi_{11} W_{t-1}+\pi_{12} C_{t-1}+\pi_{13} T_{t-1}+\pi_{14} P_{t-1}+w_t$$

（b）这里 $M=2$ 和 $K=7$。根据阶条件，两个方程都过度识别。

19.16 （a）&（b）这里 $M=2$ 和 $K=2$。根据阶条件，需求函数不能识别，而供给函数过度识别。

（c）约简型方程为

$$Y_t = \pi_0 + \pi_1 R_t + \pi_2 P_t + v_t$$
$$M_t = \pi_3 + \pi_4 R_t + \pi_5 P_t + w_t$$

(d) 为了检验供给函数的联立性：

(1) 估计 Y_t 的约简型方程，并得到残差 $\hat{v}_t$；

(2) 将 M_t 对 Y_t 和 $\hat{v}_t$ 回归；

(3) 虚拟假设是没有联立性，即第（2）步中 $\hat{v}_t$ 的系数在统计上不显著。

本题的 Stata 结果如下：

Source	SS	df	MS		
				Number of obs=	37
				F (2, 34) =	985.58
Model	120 078 361	2	60 039 180.3	Prob>F=	0.000 0
Residual	2 071 202.91	34	60 917.732 6	R-squared=	0.983 0
				Adj R-squared=	0.982 0
Total	122 149 564	36	3 393 043.43	Root MSE=	246.82
				d-statistic=	0.253 8

m2	Coef.	Std. Err.	t	P>|t|	[95% Conf.	Interval]
Y	0.805 575 2	0.018 418 2	43.74	0.000	0.768 144 9	0.843 005 4
$\hat{v}_t$	−0.022 37	0.104 351 7	−0.21	0.832	−0.234 438 2	0.189 698 2
_cons	−2 517.945	134.307	−18.75	0.000	−2 790.889	−2 245

因为残差项系数在统计上不显著，所以不拒绝不存在联立性的虚拟假设。因此，我们认为这里不存在联立性。

(e) 这里我们使用本章中讨论的外生性检验。我们估计如下回归：

$$M_t = \beta_1 + \beta_2 Y_t + \beta_3 \hat{Y}_t + u_t \qquad (1)$$

其中，$\hat{Y}_t$ 是从（c）中给出 Y 的约简型回归中得到的估计值。

若估计的 β_3 在统计上异于 0，则拒绝 Y_t 是外生的虚拟假设。

Source	SS	df	MS		
				Number of obs=	37
				F (2, 34) =	985.58
Model	120 078 361	2	60 039 180.3	Prob>F=	0.000 0
Residual	2 071 202.9	34	60 917.732 3	R-squared=	0.983 0
				Adj R-squared=	0.982 0
Total	122 149 564	36	3 393 043.43	Root MSE=	246.82

续前表

m2	Coef.	Std. Err.	t	P>|t|	[95% Conf. Interval]	
Y	0.783 205 1	0.102 713 5	7.63	0.000	0.574 466 3	0.991 944
Y_hat	0.022 370 1	0.104 351 7	0.21	0.832	−0.189 698 2	0.234 438 3
_cons	−2 517.945	134.307	−18.75	0.000	−2 790.889	−2 245

如这些结果所示，$\hat{Y}_t$ 的系数在统计上不显著，从而得到 Y 是外生的结论。

19.17 （a）为了检验这种情况，我们可以运用 8.7 节中使用受约束的最小二乘 F 检验去检验两个回归系数相等的技术方法。其含义留给读者去探究。

（b）看 $\hat{v}_t$ 是否与 u_{2t} 相关，我们可以将 $\hat{v}_t$ 看作是 Q_t 模型（19.4.7）的一个回归元，代入方程后，进行另一个受约束最小二乘 F 检验。

第 20 章 联立方程方法

问 答 题

20.1 (a) 错。OLS 可用于递归方程组。

(b) 对。若一个方程不能识别，则没有办法得到结构参数的估计值。

(c) 对。

(d) 错。在联立方程组中有内生变量也有外生变量。我们有时候不确定一个变量是外生的还是内生的。外生性检验可对此进行检验。

(e) 对。参见有关 ILS 的附录 20A.1 和教材第 725 页有关 2SLS 的注释①。

(f) 对。只有单个回归才有 R^2 值。

(g) 错。2SLS 经改造可对付自相关误差。

(h) 对。见 20.4 节。

20.2 设计 2SLS 是为了对过度识别结构方程的参数提供唯一的估计值，这是 ILS 所无法做到的。但如果一个方程恰好可以识别，则 2SLS 与 ILS 所给出的参数估计值相同。

20.3 (a) 三个约简型方程为

$$Y_t = \pi_0 + \pi_1 Y_{t-1} + \pi_2 G_t + v_{1t}$$
$$C_t = \pi_3 + \pi_4 Y_{t-1} + \pi_5 G_t + v_{2t}$$
$$I_t = \pi_6 + \pi_7 Y_{t-1} + \pi_8 G_t + v_{3t}$$

这个方程组中有 $M=3$ 和 $K=2$。根据阶条件，C 的方程过度识别，而 I 的方程恰好识别。

（b）使用 2SLS 估计过度识别的消费函数，而使用 ILS 估计消费函数。

20.4 如果 2SLS 第一阶段的 R^2 值很高，那就意味着内生变量的估计值与其实际值很接近；因此，后者不太可能与原结构方程中的随机误差项相关。但如果第一阶段的 R^2 值很低，那么 2SLS 估计值实际上没有意义，因为要将第二阶段回归中的 Y 由第一阶段回归中 Y 的估计值取代，而这个估计值基本上代表了第一阶段回归中的干扰。换言之，Y 的估计值作为实际 Y 值的代理变量很糟糕。在本题所示的结果体系中，内生变量的估计值接近实际值。2SLS 在大样本中提供了结构系数的一致估计值，所以它并非没有意义。

20.5 （a）把这个方程组写成矩阵形式有

$$\begin{bmatrix} 1 & -\alpha & -\beta \\ 1 & -1 & 0 \\ 1 & 0 & -1 \end{bmatrix} \begin{bmatrix} \ln Q \\ \ln L \\ \ln K \end{bmatrix} = \begin{bmatrix} \ln A \\ \ln \dfrac{W}{P} - \ln\beta \\ \ln \dfrac{R}{P} - \ln\alpha \end{bmatrix}$$

或简写为

$$\mathbf{Ay}=\mathbf{x}$$

现在，若 $\alpha+\beta=1$，则可以证明 $\mathbf{A}$ 的行列式 $|\mathbf{A}|=0$，这就意味着 $\mathbf{A}$ 不可逆，因而无解。

（b）即便 $\alpha+\beta\neq1$，也存在一个识别问题。由于 W/P 和 R/P 已知，所以它们可视为常数并放到常数项 $\ln A$ 中。结果方程（2）和（3）的任意线性组合都与方程（1）没有差别。

（c）有各种可能性。比如，我们可以在方程（2）和（3）中添加一个或多个外生变量，注意，理论上这种外生变量不能在生产函数（1）中出现。比如，我们可以在边际生产力关系中引入分布滞后机制，这将导致资本的边际生产力关系中包含上一期的资本存量。

20.6 （a）需求函数无法识别。

（b）供给函数过度识别。

（c）可以用 2SLS 估计过度识别供给函数的参数。

（d）现在两个函数都过度识别，因此使用 2SLS。

20.7 约简方程为

$$Y_t=\pi_0+\pi_1 I_t+v_t \tag{1}$$

$$C_t=\pi_2+\pi_3 I_t+w_t \tag{2}$$

根据所给数据，约简型回归的 OLS 估计如下：

$$\hat{Y}_t=1\,831.858\,0+4.672\,2I_t$$

$$t=(7.642\,7)\qquad(17.578\,4) \tag{1a}$$

$$R^2=0.916\,9;\ d=0.328\,7$$

$$\hat{C}_t=1\,130.843+3.205\,9I_t$$

$$t = (6.5225) \quad (16.6752) \qquad (2a)$$
$$R^2 = 0.9085;\ d = 0.3751$$

原结构方程的 ILS 估计值为：

$$\hat{\beta} = \frac{\hat{\pi}_3}{\hat{\pi}_1} = \frac{3.2059}{4.6722} = 0.6862$$
$$\hat{\beta}_0 = \hat{\pi}_0(1 - \hat{\beta}_1) = 574.8370$$

为了便于比较，C 对 Y 的 OLS 回归结果如下：

$$\hat{C}_t = -142.1826 + 0.6889 Y_t$$
$$t = (-5.3883) \quad (156.2434)$$
$$R^2 = 0.9988;\ d = 1.2019$$

可以看出，边际消费倾向（MPC）的 ILS 估计值为 0.686 2，而 OLS 估计值为 0.688 9。这个差别或许在统计上不显著，但在实际中可能很重要。在第一种情形中，乘数 $M = 1/(1 - MPC) = 3.1565$，在第二种情形中则 $M = 3.2144$。不管怎么说，由于 OLS 估计值在出现联立性的情况下是有偏且不一致的，所以在比较 OLS 估计和 ILS 估计时人们要记住这一点。

实证分析题

20.8 (a) 宏观经济学中的 IS—LM 模型或许可以说明这个模型的合理性。

(b) 根据阶条件，利率方程不能识别，但收入方程恰好识别。

(c) 在本例中，M 是外生变量，利用表 20—2 中给出的数据，我们得到如下 ILS 结果：

$$\hat{Y}_t = 2834.488 + 1.2392 M_t$$
$$t = (32.0163) \quad (37.3812)$$
$$R^2 = 0.9803;\ d = 0.3074$$

作为一个练习，请读者重新求出原结构系数 α_0 和 α_1。

20.9 (a) 根据阶条件，利率方程不能识别，而收入方程过度识别。

(b) 这里你可以使用 2SLS。我们使用 M 和 Y_{t-1} 作为工具变量，利用 EViews 4 的回归结果为：

$$\hat{Y}_t = 16977.06 - 1627.870 R_t$$
$$t = (3.0842) \quad (-2.0350)$$

其中，R 为六个月期国债利率。

注意，出于教材中讨论的原因，我们没有给出 R^2 值。

20.10 这里两个方程都恰好识别。虽然你可以使用 ILS 或 2SLS 来估计参数，但出于教材中讨论的原因，它们得到同样的结果。

这里是约简型方程的 OLS 估计（注意在约简型方程中，只有外生变量 I 和 M

才出现在每个方程的右边）：

$$\hat{R}_t = 8.705\,6 - 0.000\,49M_t - 0.000\,84I_{t-1}$$
$$t = (6.058\,9)(-0.519\,2)\ (-0.228\,1)$$
$$R^2 = 0.117\,2$$
$$\hat{Y}_t = 2\,421.074 + 0.894\,4M_t + 1.458\,5I_{t-1}$$
$$t = (32.724\,7)\ (18.314\,4)\ (7.660\,7)$$
$$R^2 = 0.993\,8$$

请读者试着从约简型系数获得原结构系数。

20.11 (a) 现在 R 和 Y 的方程不能识别，但投资方程恰好识别。

(b) 首先，我们得到投资函数的约简型。由于只有一个外生变量 M，所以我们将 I 对 M 回归，得到如下结果：

$$\hat{I}_t = 283.448\,2 + 0.236\,4M_t$$
$$t = (5.642\,4)\ \ (12.568\,1)$$
$$R^2 = 0.849\,4$$

请读者自己估计 R 和 Y 的约简型回归，并从而得到投资函数的系数。

20.12 你若遵从附录 20A. 2 中描述的程序，你应该得到方程（20. 5. 3）中给出的标准误，它曾直接从 EViews 4 软件中得到。

20.13 (a) 由于供给是上一期价格的函数，所以这个系统是递归的，因此这里没有联立性的问题。

(b) 每个方程都可以单独使用 OLS 估计。

(c) 回归结果如下：

需求函数：

$$\hat{Q}_t^d = 69.512 + 0.201P_t + 0.001X_t$$
$$t = (7.393)\ (1.782)\ \ (1.586)$$
$$R^2 = 0.501$$

由于两个回归元系数在统计上都不显著，所以对这个需求函数没有太多可说的。注意，价格系数为正，与先验预期相反。

供给函数：

$$\hat{Q}_t^s = 66.287 + 0.330P_{t-1}$$
$$t = (8.288)\ (4.579)$$
$$R^2 = 0.525$$

恰如所料，滞后价格变量的系数为正，在统计上也显著。

20.14 留作课堂练习。

20.15 (a)&(b) 一种方法是使用本章中讨论过的联立性检验。首先，我们将 lnW 对Experience和 Experience^2 做回归，并保存预测值和残差。Stata 结果如下：

$$\widehat{\ln W} = 1.7292 + 0.0393\text{Exp} - 0.0008\text{Exp}^2$$

$$t = (30.04)\ (6.32)\qquad (-5.82)$$

$$r^2 = 0.0709$$

然后利用以上预测的 $\ln W$ 值和残差值，我们得到：

$$\widehat{\text{educ}} = 12.3918 + 0.3044^{\widehat{\ln W}} + 2.0058\,\hat{v}$$

$$t = (8.07)\quad (0.41)\qquad (9.77)$$

$$r^2 = 0.1525$$

由于 $\hat{v}$ 项的 t 值统计上非常显著，所以我们不能拒绝工资（的对数）和教育之间的内生性。

20.16 留作课堂练习。

第 21 章 时间序列计量经济学：一些基本概念

问 答 题

21.1 如果一个随机过程的均值和方差不随时间而变化，且两个时期之间的协方差值只取决于两期之间的距离或滞后，而与计算协方差的实际时间无关，那么就称之为弱平稳过程。

21.2 如果一个时间序列经 d 次差分方变成平稳序列，则称之为 d 阶自积，记为 $\mathrm{I}(d)$。在未做差分的情况下，这种时间序列是非平稳的。

21.3 粗略地讲，“单位根”一词意味着给定时间序列是非平稳的。更技术性地讲，单位根这个术语指的是滞后算子多项式的根。

21.4 需 3 次差分。

21.5 DF 检验是用来判断时间序列是否平稳的一个统计检验。ADF 类似于 DF，只是它考虑到了误差项之间可能的相关。

21.6 EG 和 AEG 检验是用于判断两个时间序列是否协积（协整）的统计程序。

21.7 只要两个变量之间存在稳定的长期关系，即便每个变量都是非平稳的，就称其为协积变量。此时，一个变量对另一个变量的回归便不是谬误回归。

21.8 单位根检验基于单个时间序列而进行，而协积则处理一组都（无条件地）具有单位根的变量之间的关系。

21.9 如果将一个非平稳变量对另一个（或多个）非平稳变量进行回归，那么即便我们先验地认为它们之间没有任何关系，回归结果也可能符合通常的统计准则（R^2 很高、t 比率显著等）。特别是，两个变量没有协积时也会如此。不过，如果两个变量是协积的，那么即便它们都是非平稳的，这种回归也无谬误。

21.10 见上一题的答案。

21.11 大多数经济时间序列都表现出趋势性。若这种趋势完全可以预测，则称之为确定性趋势，否则称之为随机性趋势。非平稳时间序列通常表现为随机性趋势。

21.12 如果一个时间序列表现出确定性趋势，那么从这个时间序列对趋势变量的回归中得到的残差代表了所谓的趋势平稳过程。如果一个时间序列是非平稳的，但经一次（或多次）差分后变成平稳序列，则称这种时间序列为差分平稳过程。

21.13 随机游走是非平稳过程的一例。若一个变量服从随机游走，则意味着它今天的值等于上一期的值加上一个随机冲击（误差项）。此时我们恐怕无法预测这种变量的时间路径。股票价格和汇率都是随机游走现象的典型例子。

21.14 对。教材中有证明。

21.15 协积意味着两个（或多个）变量之间存在长期或均衡关系。但短期中，二者之间可能会出现失衡的情况。ECM 将两个变量带回到长期均衡关系。

实证分析题

21.16 所有这些时间序列的相关图都非常类似于图 21—8 给出的 GDP 相关图。所有这些相关图都表明，这些时间序列是非平稳的。

21.17 回归结果如下：

$$\Delta \log PCE_t = 0.1899 + 0.0002t - 0.0261 \log PCE_{t-1}$$
$$\tau = (1.80) \quad (1.67) \quad (-1.71)^*$$
$$R^2 = 0.0144$$

* 这个 τ 值的绝对值小于临界 τ 值，表明 logPCE 时间序列中存在一个单位根，即这个时间序列是非平稳的。

$$\Delta \log DPI_t = 0.1235 + 0.0001t - 0.0161 \log DPI_{t-1}$$
$$\tau = (1.41) \quad (1.15) \quad (-1.29)^*$$
$$R^2 = 0.017$$

* 这个 τ 值在统计上不显著，表明 logDPI 时间序列包含一个单位根，即非平稳性。

$$\Delta \log Profits_t = 0.1412 + 0.0010t - 0.0524 \log Profits_{t-1}$$
$$\tau = (2.69) \quad (2.81) \quad (-2.60)^*$$
$$R^2 = 0.0354$$

* 这个 τ 值在统计上不显著，表明这个时间序列包含一个单位根。

$$\Delta \log Dividends_t = 0.0411 + 0.0004t - 0.0180 \log Dividends_{t-1}$$
$$\tau = (2.09) \quad (1.61) \quad (-1.42)^*$$
$$R^2 = 0.0217$$

* 这个 τ 值在统计上不显著，表明 logDividends 时间序列是非平稳的。

于是，我们看到，所有给出的时间序列都是非平稳的，不含趋势及不含趋势和截距的 DF 检验结果也不会改变这个结论。

21.18 若模型中的误差项序列相关，则 ADF 是更合适的检验。从三个序列的 ADF 回归中得到的适当系数的 τ 统计量为：

log PCE	−1.73
log DPI	−1.44
log Profits	−3.14
log Dividends	−1.42

临界 τ 值仍同习题 21.17，所以结论也一样，即三个时间序列都是非平稳的。

21.19 (a) 可能是，因为单个看这两个时间序列都是非平稳的。

(b) 股息对利润的 OLS 回归结果为：

Variable	Coefficient	Std. Error	t-Statistic
C	−1.333 9	0.050 3	−26.50
PROFITS	1.126 9	0.010 3	109.63
R-squared	0.980 3	d=0.150 9	

对此回归的残差进行不含常数项、不含趋势项及同时不含常数项和趋势项的单位根检验，结果表明残差不平稳，因此导致股息和利润无协积的结论。既然如此，那 (a) 中的结论便成立。

(c) 本题没有什么意义，因为二者之间没有长期关系。

(d) 通过对每个时间序列的单位根检验可以确定，它们都有随机性趋势。

(e) 若 logDividends 和 logProfits 协积，则谁是回归子和谁是回归元都无所谓。当然，金融理论可以解决这个问题。

21.20 logDPI、logProfits 和 logDividends 的一阶差分相关图都类似于图 21—9。这些时间序列的一阶差分都是平稳的，通过 ADF 检验可以验证。

21.21 理论上不应该有截距项。但如果原模型中有一个趋势项，那么回归中就应该包括一个截距，而截距系数项便表示了趋势变量的系数。这当然假定了趋势是确定性而非随机性的。

为看清楚这一点，我们首先将 logDividends 对 logProfits 和趋势变量进行回归，结果如下：

Dependent Variable：logDIVIDEND

Variable	Coefficient	Std. Error	t-Statistic
C	0.435 8	0.105 3	4.14
Log PROFITS	0.424 5	0.040 2	10.55
trend	0.012 7	0.000 7	17.71
R-squared	0.991 4		

但应该小心这个回归，因为它假定存在一个确定性趋势。而我们知道，股息时间序列有随机性趋势。

现在将 logDividends 的一阶差分对 logProfits 的一阶差分和一个截距项进行回归，我们得到如下结果：

Variable	Coefficient	Std. Error	t-Statistic
C	0.019 3	0.002 1	9.24
ΔlogProfits	0.058 5	0.030 2	1.94
R-squared	0.015 24		

在这个回归中，截距显著，但斜率系数不显著。截距值 0.019 3 理论上等于上一个方程中趋势变量的系数；这两个值不相等，因为四舍五入的误差和红利序列并非确定性的趋势。

本题表明，在一个时间序列的回归中包含趋势变量时应特别小心，除非能肯定趋势确实是确定性的。当然，你可以使用 DF 和 ADF 检验来判断趋势是随机性的还是确定性的。

21.22 从上一题给出的一阶差分回归我们可以得到回归的残差 $\hat{u}_t$，然后对这些残差做单位根检验。我们将 $\Delta\hat{u}_t$ 对其滞后值做不含截距、含截距及同时包含截距和趋势的回归。在每种情况下，虚拟假设都是：这些残差是非平稳的，即它们包含一个单位根。三个估计的 DFτ 值为−17.05、−17.01 和−17.22。对每种情况，假设都在 5%或更好的水平上（即 p 值低于 5%）被拒绝。换言之，尽管 logDividends 和 logProfits 没有协积，但它们的一阶差分是协积的。

21.23 (a) 由于 $|\tau|$ 小于临界 $|\tau|$ 值，看来私房动工时间序列是非平稳的。因此，这个时间序列中有一个单位根。

(b) 通常，大于等于 2.35 的 t 值在 5%的水平上显著。但由于单位根情形，所以这里真实的 $|t|$ 值是 2.95 而不是 2.35。本例说明了为什么不能随意而不加区别地使用 t 统计量。

(c) 由于 ΔX_{t-1} 的 $|\tau|$ 值远大于相应的临界值，所以我们断定私房动工时间序列中没有第二个单位根。

21.24 读者自己完成。

21.25 (a)&(b)

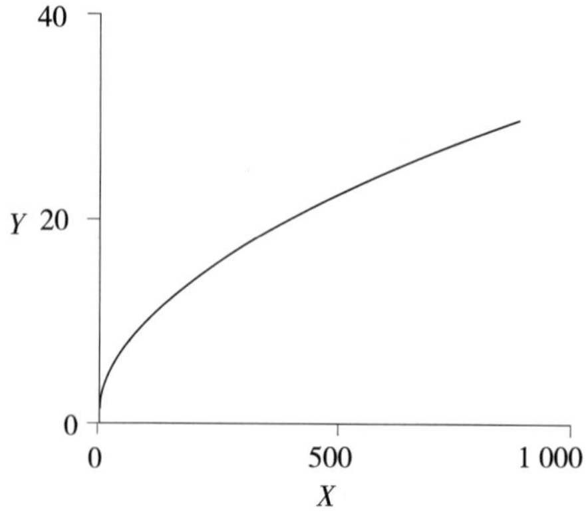

Y 表现出线性趋势，而 X 则代表了二次趋势。

Y 的实际值和拟合值如下图所示：

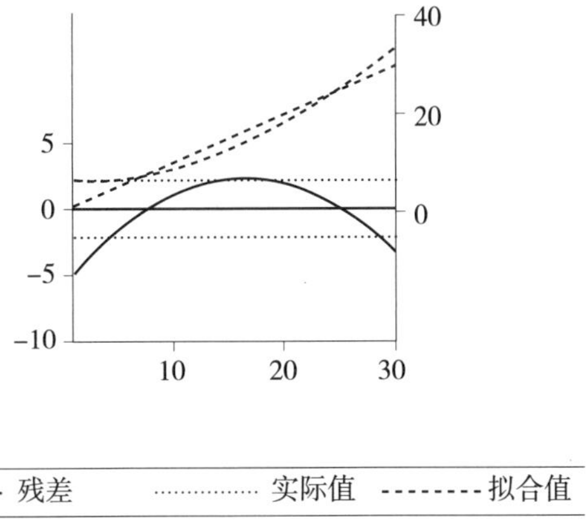

你根据回归结果或许认为，这是一个“好”回归，因为它的 R^2 很高且 t 比率显著。但它完全是一种谬误关系，因为我们将一个线性趋势变量（Y）对一个二次趋势变量（X）回归。从极低的德宾-沃森 d 值可折射出这个模型存在某种问题。

本题旨在警告我们不要太相信两个具有不同时间路径的确定性趋势变量的回归结果。

21.26 （a）回归 1 表明 M1 对 GDP 的弹性约为 1.60，由于这个系数的 t 值很高，所以看来是统计显著的。但看一下 d 值，我们便怀疑误差项中存在相关或者这个回归是谬误回归。

（b）按一阶差分形式，这两个变量之间仍存在正相关关系，但现在弹性明显下降。好在 d 值或许表明，现在没有序列相关问题了。但弹性系数的明显下降表明，这里的问题可能是两个变量之间缺乏协积的问题。

（c）&（d）从回归 3 来看，这两个变量是协积的，因为 5%的临界 τ 值为$-1.949\,5$，而估计的 τ 值远比这个数字负得更多。但 1%的临界 τ 值为$-2.622\,7$，表明这两个变量不是协积的。若我们在方程 3 中包含截距或同时包含截距与趋势，则 DF 检验表明这两个变量不是协积的。

（e）方程 2 给出货币的对数和 GDP 的对数之间的短期关系。这里给出的方程考虑了误差纠正机制（ECM），从而在两个变量偏离其长期路径时试图恢复均衡。不过，此回归中的误差项在 5%的显著性水平上不是统计显著的。

由于如（c）和（d）中的讨论所示，协积检验的结果相当含糊，很难说回归 1 中给出的结果是否谬误。

21.27 （a）&（b）CPI 的时间路径图与图 21—12 非常相像。此图清楚地表明，CPI 通常存在向上的趋势。因此，回归 1 和回归 2 不值得考虑。注意到，两种情形下滞后 CPI 的系数都为正，为满足平稳性的条件，我们要求这个值为负。

因此，这里更有意义的方程是回归 3。DF 单位根检验表明，CPI 时间序列是趋势平稳的。即 CPI 围绕着其（统计显著的）趋势值是平稳的。

（c）由于方程 1 遗漏了两个变量，所以我们必须使用 F 检验。

利用 R^2 型 F 检验，回归 1 的 R^2 值为 0.070 3，这是受约束的 R^2。回归 3 的 R^2 值 0.507 是无约束 R^2。因此，F 值为

$$F=\frac{(0.507-0.0703)/2}{(1-0.507)/45}=19.9305$$

参照附录 D 中表 D.7 给出的迪基-富勒 F 值，可看出所得到的 F 值是高度显著的（注意：表中没有给出 40 次观测的 F 值，但对所给 F 值进行插值运算便得到这个结论）。因此，结论便是回归 1 所施加的约束不真实。更明确地讲，回归 3 看来是真实的。

第 22 章 时间序列计量经济学：预测

问 答 题

22.1 如 22.1 节中的讨论那样，大致有五种经济预测方法：(1) 指数平滑，(2) 单方程回归模型，(3) 联立方程，(4) ARIMA 和 (5) VAR。

22.2 联立方程（SE）经济预测的基础是，根据某种经济理论来解释某些经济现象的一个方程组（至少由两个变量构成，但通常更多）。博克斯-詹金斯方法的基础是，对一个单独的时间序列的随机性质的分析。与基于 k 个回归元的 SE 预测不同，博克斯-詹金斯分析基于所研究的唯一变量的过去（滞后）值。因为博克斯-詹金斯分析不是从任何经济理论推导而来的，所以通常被描述为乏理论方法。

22.3 博克斯-詹金斯方法的主要步骤为：(1) 识别，(2) 估计，(3) 诊断检验和 (4) 预测。

22.4 由于博克斯-詹金斯方法明确地假定了时间序列的平稳性，所以若将它用于非平稳时间序列，则其结果完全不可信赖。例如，考虑对一个随机游走变量的预测。

22.5 博克斯-詹金斯预测方法的基础是对单独一个时间序列概率性质的分析，而无须依赖任何经济理论。VAR 方法的基础是一个联立方程组，其中所有变量都被认为是内生变量。在 VAR 模型的建立中，一个变量的值被表示成该变量和模型中所有其他变量的滞后值的线性函数。

22.6 因为它使用的先验信息比 SE 模型少，所以是乏理论的。在 SE 模型中，一个特定变量被包括或被排斥，在模型识别中起到关键作用。

22.7 如我们在习题 22.1 中讨论的那样，有五种预测方法。每种方法都有其优劣。没有一种方法适用于所有情形。

22.8 我们想包括足够多的滞后以充分刻画模型系统的动态。另一方面，滞后越长，需估计的参数就越多，因此自由度就越小。于是，在拥有充分的滞后数和拥有充分的自由度之间存在取舍关系。这是 VAR 的缺点。当然，你可以使用赤池或施瓦茨信息准则来选择滞后长度。

22.9 见习题 22.2 和 22.6 中的答案。

22.10 从操作上讲，两种方法类似。区别来自研究目的。在格兰杰因果检验中，我们的目标是检验两个或多个变量之间的因果联系。在 VAR 中，我们的主要目标是，为预测而提出一个模型。注意，除非所考虑的变量是平稳或协积的，否则就不应该使用这些程序。

实证分析题

22.11 步骤如下：

(1) 检查序列的平稳性。我们已经看到，log DPI 序列是非平稳的，但它的一阶差分是平稳的。

(2) 检查 log DPI 一阶差分序列的自相关函数（ACF）和偏自相关函数（PACF），以决定哪种 ARMA 模型适合。

(3) 在选择了一个适当的 ARMA 模型后，下一步任务是估计这个模型并检查估计模型的残差。如果这些残差是白噪音，则无须进一步改进这个模型。但若它们不是白噪音，我们必须再次开始搜索或迭代程序。

对一阶差分对数序列的 ACF 和 PACF 函数的检查都表现出 4 期滞后的尖峰。作为尝试，便可以拟合一个差分序列的 AR（4）或 MA（4）模型。

AR（4）模型的回归结果如下：

$$\ln DPI_t^* = 0.0098 - 0.1412 \ln DPI_{t-4}^*$$

$$t = (0.0008)(-2.27)$$

$$r^2 = 0.0212 \quad d = 2.054$$

其中 ln DPI* 表示 ln DPI 的一阶差分。

此回归的残差看来是白噪音，表明无须改进模型。

当然，你可以在模型中添加 MA 成分并尝试重新估计这个模型。留给读者作为练习。

22.12 根据习题 22.11 并尝试 log PCE 序列一阶差分的 MA(2)、MA(6)、AR(2) 和 AR(4) 模型。（提示：例如，你可能只想用某些滞后而不是全部 1～4 阶滞后。）

22.13 根据习题 22.11 并尝试模型 MA(1) 和 AR(1)，也是使用 log CP 序列的一阶差分。注意，一阶差分序列的 ARIMA(1，0，0) 模型与原始序列的 ARIMA(1，1，0) 模型完全一样。

22.14 根据习题 22.11 并尝试 log Dividents 序列一阶差分的 AR(12) 和 MA(12) 模型。

22.15 根据施瓦茨信息准则，选择施瓦茨统计量取值最小的模型。同样适用于赤池准则。于是，在比较一个含 8 期滞后的 VAR 模型和一个含 10 期滞后的 VAR 模型时，你就选择施瓦茨统计量取值最小的那个模型。

22.16 基于施瓦茨准则，判断含 log DPI 和 log PCE 的 3 阶滞后的 VAR 模型足矣。回归结果如下：

Dependent Variable→	log PCE	log DPI
Explanatory Variable↓		
Intercept	0.004 2 (0.52)	0.031 9 (3.24)
$\log PCE_{t-1}$	0.924 0 (13.41)	0.377 7 (4.45)
$\log PCE_{t-2}$	0.254 9 (2.88)	−0.312 3 (−2.86)
$\log PCE_{t-3}$	−0.193 3 (−2.79)	−0.025 1 (−0.29)
$\log DPI_{t-1}$	0.140 6 (2.41)	0.816 1 (11.37)
$\log DPI_{t-2}$	−0.008 9 (−0.13)	0.137 8 (1.62)
$\log DPI_{t-3}$	−0.117 4 (−2.11)	0.003 2 (3.24)
R^2	0.999 8	0.999 7

注：圆括号中的数字为 t 比率。

基于此模型，两个变量在 2007 年第 1 季度至 2007 年第 4 季度的实际值和预测值如下：

季度	实际 log PCE	预测 log PCE	实际 log DPI	预测 log DPI
2007 年第 1 季度	9.013 8	9.011 7	9.062 3	9.056 9
2007 年第 2 季度	9.017 3	9.022 5	9.060 3	9.070 1
2007 年第 3 季度	9.024 3	9.024 0	9.070 2	9.068 6
2007 年第 4 季度	9.029 9	9.029 5	9.070 5	9.077 7

22.17 请读者自己操作使用 3 期滞后的实际步骤。

22.18 比如，参考 EViews 6 对脉冲响应分析的讨论及其实际步骤。

22.19 见习题 22.18 的答案。

22.20 尽管模型不是专门检验因果性，但我们可以从报告的 F 统计量中得到一点看法。对变量 x，只有它自己的滞后值才是显著的。对变量 y，除了其自己的滞后值外，x 的滞后值也很重要。可能有从 x 到 y 的某种因果关系。对变量 z，除了其自己的滞后值外，y 的滞后值也很重要。可能有从 y 到 z 的某种因果关系。

22.21 为了使用 VAR 方法，所有进入模型的变量都必须（联合）平稳。可能作者发现所有三个变量在水平值的形式上都是非平稳的，所以使用百分比变化是实现平稳性的办法之一。

22.22 按其水平值的形式，M1 是平稳的，这是根据各种形式的 DF 检验作出的判断，R 也是一样。

为了看出它们是否协积，我们将 M1 对 R 进行回归并得到如下结果：

$$\widehat{\text{M1}}_t=36\ 622.11-744.463\ 5R_t$$
$$t=(19.262\ 7)\ (-4.758\ 1)$$
$$R^2=0.399\ 7;\ d=0.234\ 6$$

将此回归的残差进行单位根分析，应用各种形式的 DF 检验，发现这两个时间序列是非协积的。

22.23 (a) 回归结果如下：

Variable	Coefficient	Std. Error	t-Statistic
C	−7.861 8	1.280 7	−6.138 5
LOG (GDP)	1.425 4	0.096 2	14.817 3
LOG (R)	−0.078 0	0.030 2	−2.582 2
R-squared	0.931 6	Durbin-Watson d	0.347 6

由于这是一个双对数模型，所以斜率系数代表了（偏）弹性。这里的收入弹性为 1.425 4，利率弹性为−0.078 0，都是统计显著的。但需注意，低 DW 值表明有序列相关的可能性，从而使人怀疑计算出来的 t 值是否正确。

(b) 为了看出是否出现 ARCH 效应，我们从 (a) 给出的回归中得到残差 $\hat{u}_t$，并得到如下 ARCH (1) 回归：

$$\hat{u}_t^2=0.000\ 64+0.344\ 2\hat{u}_{t-1}^2$$
$$t=(3.117\ 3)\ (2.920\ 6)$$
$$R^2=0.205\ 4;\ d=2.11$$

虽然我们试了一个 ARCH (2) 模型，但结果不显著。因此，看来本例中有某种 ARCH 效应。

22.24 这里给出的模型是方程 (22.11.4) 给出模型的约束型。因此，我们可以使用第 8 章关于约束的 F 检验。这里无约束 R^2 是 0.215 3，约束 R^2 是 0.139 7，因此 F 值为

$$F=\frac{(0.215\ 3-0.139\ 7)/2}{(1-0.215\ 3)/(649-4)}=31.5$$

这个 F 值是高度显著的，表明应该选择方程 (22.11.4) 给出的模型，而不是本例中的模型。

22.25 （a）这两个序列的时间序列图如下：

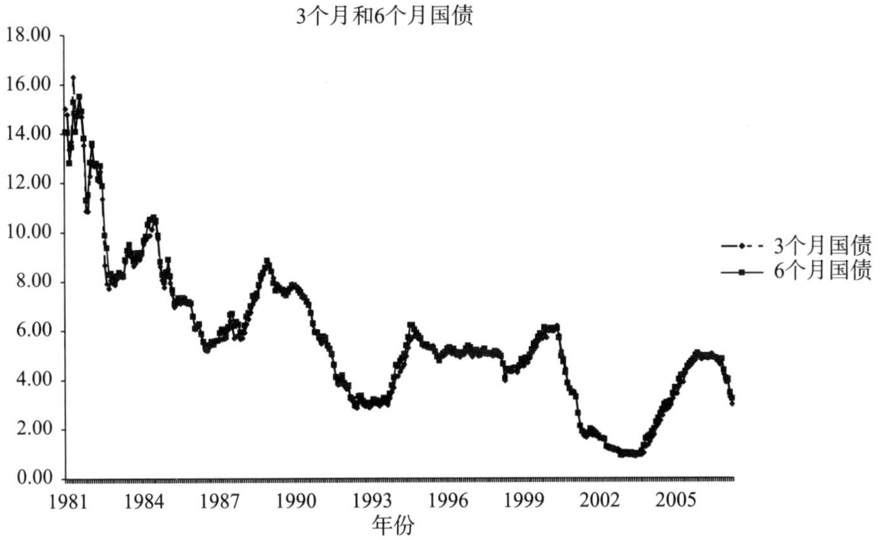

两个时间序列图彼此非常相似。看起来它们都是非平稳的。

（b）为了进行单位根检验，我们用一阶差分对滞后的序列做如下回归：

3 个月国债：

Source	SS	df	MS		
				Number of obs=	323
				F (1, 321) =	10.47
Model	1.586 756 94	1	1.586 756 94	Prob>F=	0.001 3
Residual	48.658 935 5	321	0.151 585 469	R-squared=	0.031 6
				Adj R-squared=	0.028 6
Total	50.245 692 4	322	0.156 042 523	Root MSE=	0.389 34

tb3 _ diff	Coef.	Std. Err.	t	P>|t|	[95% Conf.	Interval]
tb3 _ lag1	−0.023 877 9	0.007 380 2	−3.24	0.001	−0.038 397 6	−0.009 358 2
_ cons	0.096 267 4	0.046 598 4	2.07	0.040	0.004 590 6	0.187 944 1

6 个月国债：

Source	SS	df	MS		
				Number of obs=	323
				F (1, 321) =	8.09
Model	1.037 673 61	1	1.037 673 61	Prob>F=	0.004 7
Residual	41.181 560 4	321	0.128 291 465	R-squared=	0.024 6
				Adj R-squared=	0.021 5
Total	42.219 234	322	0.131 115 634	Root MSE=	0.358 18

tb6 _ diff	Coef.	Std. Err.	t	P>|t|	[95% Conf.	Interval]
tb6 _ lag1	−0.019 459 3	0.006 842 2	−2.84	0.005	−0.032 920 5	−0.005 998 1
_ cons	0.077 377 2	0.043 813 4	1.77	0.078	−0.008 820 5	0.163 574 9

5%和 1%水平的 τ 统计量临界值分别大约是−2.88 和−3.46。在 1%的水平，两个序列都没有充分证据拒绝虚拟假设，因而结果便是两个序列都存在单位根。留给读者去检查没有常数项且有趋势成分的模型结果。

(c) 为了检验这两个序列是否协整，我们使用恩格尔-格兰杰检验。首先我们估计用 3 个月国债对 6 个月国债进行回归的残差：

Source	SS	df	MS		
				Number of obs=	324
				F (1, 322) =	62 428.06
Model	2 775.412 05	1	2 775.412 05	Prob>F=	0.000 0
Residual	14.315 399 7	322	0.044 457 763	R-squared=	0.994 9
				Adj R-squared=	0.994 9
Total	2 789.727 45	323	8.636 927 09	Root MSE=	0.210 85

tb3m	Coef.	Std. Err.	t	P>|t|	[95% Conf.	Interval]
tb6m	1.005 258	0.004 023 3	249.86	0.000	0.997 343	1.013 174
_ cons	−0.142 755 2	0.025 733 5	−5.55	0.000	−0.193 382 2	−0.092 128 1

我们保存从这个回归中得到的残差，然后用差分残差对滞后残差进行回归的结果如下：

Source	SS	df	MS		
				Number of obs=	323
				F (1, 321) =	45.56
Model	0.607 086 075	1	0.607 086 075	Prob>F=	0.000 0
Residual	4.276 898 33	321	0.013 323 671	R-squared=	0.124 3
				Adj R-squared=	0.121 6
Total	4.883 984 41	322	0.015 167 653	Root MSE=	0.115 43

res _ diff	Coef.	Std. Err.	t	P>|t|	[95% Conf. Inter-	val]
res _ lag1	−0.206 010 2	0.030 519 4	−6.75	0.000	−0.266 053 5	−0.145 967
_ cons	−0.003 379 2	0.006 422 6	−0.53	0.599	−0.016 014 9	0.009 256 5

这个回归中斜率的 t 统计量为−6.75，显然是在拒绝区域。因此，这个回归的残差是平稳的，两个序列协整。

22.26 留作课堂练习。

22.27 留作课堂练习。

经济科学译丛						
序号	书名	作者	Author	单价	出版年份	ISBN
1	《计量经济学基础》(第五版)学生习题解答手册	达摩达尔·N·古扎拉蒂等	Damodar N. Gujarati	23.00	2012	978-7-300-15091-8
2	《宏观经济学》学生指导和练习册	罗杰·T·考夫曼	Roger T. Kaufman	52.00	2012	978-7-300-15307-0
3	现代劳动经济学:理论与公共政策(第十版)	罗纳德·G·伊兰伯格等	Ronald G. Ehrenberg	69.00	2011	978-7-300-14482-5
4	宏观经济学(第七版)	N·格里高利·曼昆	N. Gregory Mankiw	65.00	2011	978-7-300-14018-6
5	环境与自然资源经济学(第八版)	汤姆·蒂坦伯格等	Tom Tietenberg	69.00	2011	978-7-300-14810-0
6	宏观经济学:理论与政策(第九版)	理查德·T·弗罗恩	Richard T. Froyen	55.00	2011	978-7-300-14108-4
7	宏观经济学(第十版)	鲁迪格·多恩布什等	Rudiger Dornbusch	60.00	2010	978-7-300-11528-3
8	宏观经济学(第三版)	斯蒂芬·D·威廉森	StephenD. Williamson	65.00	2010	978-7-300-11133-9
9	微观经济学(第七版)	罗伯特·S·平狄克等	Robert S. Pindyck	75.00	2009	978-7-300-11073-8
10	曼昆《宏观经济学》(第六版)学生指导和练习册	罗杰·T·考夫曼	Roger T. Kaufman	49.00	2010	978-7-300-09497-7
11	平狄克《微观经济学》(第七版)学习指导	乔纳森·汉密尔顿	Jonathan Hamilton	28.00	2010	978-7-300-11928-1
12	经济学原理(第四版)	威廉·博伊斯等	William Boyes	59.00	2011	978-7-300-13518-2
13	计量经济学基础(第五版)(上下册)	达摩达尔·N·古扎拉蒂	Damodar N. Gujarati	99.00	2011	978-7-300-13693-6
14	计量经济分析(第六版)(上下册)	威廉·H·格林	William H. Greene	128.00	2011	978-7-300-12779-8
15	计量经济学导论(第四版)	杰弗里·M·伍德里奇	Jeffrey M. Wooldridge	95.00	2010	978-7-300-12319-6
16	货币金融学(第九版)	弗雷德里克·S·米什金等	Frederic S. Mishkin	79.00	2010	978-7-300-12926-6
17	米什金《货币金融学》(第九版)学习指导	爱德华·甘伯,戴维·哈克斯	Edward Gamber	29.00	2011	978-7-300-13542-7
18	金融学(第二版)	兹维·博迪等	Zvi Bodie	59.00	2010	978-7-300-11134-6
19	财政学(第八版)	哈维·S·罗森等	Harvey S. Rosen	63.00	2009	978-7-300-11092-9
20	国际经济学:理论与政策(第八版)(上册 国际贸易部分)	保罗·R·克鲁格曼等	Paul R. Krugman	36.00	2011	978-7-300-13102-3
21	国际经济学:理论与政策(第八版)(下册 国际金融部分)	保罗·R·克鲁格曼 等	Paul R. Krugman	49.00	2011	978-7-300-13101-6
22	克鲁格曼《国际经济学:理论与政策》(第八版)(学习指导)	琳达·戈德堡 等	Linda Goldberg	22.00	2011	978-7-300-13692-9
23	国际经济学(第三版)	W·查尔斯·索耶等	W. Charles Sawyer	58.00	2010	978-7-300-12150-5
24	国际贸易	罗伯特·C· 芬斯特拉等	Robert C. Feenstra	49.00	2011	978-7-300-13704-9
25	芬斯特拉《国际贸易》学习指导与习题集	斯蒂芬·罗斯·耶普尔	Stephen Ross Yeaple	26.00	2011	978-7-300-13879-4
26	经济增长(第二版)	戴维·N·韦尔	David N. Weil	63.00	2011	978-7-300-12778-1
27	博弈论	朱·弗登博格等	Drew Fudenberg	68.00	2010	978-7-300-11785-0
28	投资学精要(第七版)(上下册)	兹维·博迪等	Zvi Bodie	99.00	2010	978-7-300-12417-9
29	社会问题经济学(第十八版)	安塞尔·M·夏普等	Ansel M. Sharp	45.00	2009	978-7-300-10995-4
30	投资科学	戴维·G·卢恩伯格	David G. Luenberger	58.00	2011	978-7-300-14747-5

经济科学译库						
序号	书名	作者	Author	单价	出版年份	ISBN
1	经济地理学:区域和国家一体化	皮埃尔-菲利普·库姆斯等	Pierre-Philippe Combes	42.00	2011	978-7-300-13702-5
2	社会与经济网络	马修·O·杰克逊	Matthew O. Jackson	58.00	2011	978-7-300-13707-0
3	克鲁格曼经济学原理	保罗·克鲁格曼,罗宾·韦尔斯等	Paul Krugman	58.00	2011	978-7-300-12905-1
4	环境经济学	查尔斯·D·科尔斯塔德	Charles D. Kolstad	53.00	2011	978-7-300-13173-3
5	金融风险管理师考试手册(第五版)	菲利普·乔瑞	Philippe Jorion	148.00	2011	978-7-300-13172-6
6	空间经济学——城市、区域与国际贸易	藤田昌久,保罗·克鲁格曼等	Masahisa Fujita	42.00	2011	978-7-300-13037-8
7	国际贸易理论:对偶和一般均衡方法	阿维纳什·迪克西特等	Avinash Dixit	45.00	2011	978-7-300-13098-9
8	契约经济学:理论和应用	埃里克·布鲁索等	Eric Brousseau	68.00	2011	978-7-300-13223-5
9	经济学简史——处理沉闷科学的巧妙方法	E·雷·坎特伯里	E. Ray Canterbery	55.00	2011	978-7-300-13127-6
10	国际经济学(第十版)	罗伯特·J·凯伯	Robert J. Carbaugh	68.00	2011	978-7-300-13128-3
11	宏观经济学原理(第四版)	罗宾·巴德等	Robin Bade	62.00	2010	978-7-300-12970-9
12	微观经济学原理(第四版)	罗宾·巴德,迈克尔·帕金	Robin Bade	66.00	2010	978-7-300-12969-3
13	微观经济学	保罗·克鲁格曼等	Paul Krugman	68.00	2009	978-7-300-10557-4
14	克鲁格曼、韦尔斯《微观经济学》学习指导	罗斯玛丽·坎宁安等	Rosemary Cunningham	39.00	2010	978-7-300-12965-5
15	宏观经济学	保罗·克鲁格曼等	Paul Krugman	68.00	2009	978-7-300-10393-8
16	克鲁格曼、韦尔斯《宏观经济学》课后习题解答	罗宾·韦尔斯等	Robin Wells	25.00	2010	978-7-300-12871-9
17	克鲁格曼、韦尔斯《宏观经济学》学习指导	伊丽莎白·索耶·凯利等	Elizabeth Sawyer Kelly	35.00	2010	978-7-300-12466-7
18	反垄断与管制经济学(第四版)	W·基普·维斯库斯 等	W. Kip Viscusi	89.00	2010	978-7-300-12615-9
19	拍卖理论	维佳·克里斯纳等	Vijay Krishna	42.00	2010	978-7-300-12664-7
20	计量经济学指南(第五版)	皮特·肯尼迪	Peter Kennedy	65.00	2010	978-7-300-12333-2
21	MBA微观经济学	理查德·B·麦肯齐等	Richard B. McKenzie	68.00	2010	978-7-300-12098-0
22	管理者宏观经济学	迈克尔·K·伊万斯等	Michael K. Evans	68.00	2010	978-7-300-12262-5
23	英国历史经济学:1870—1926——经济史学科的兴起与新重商主义	杰拉德·M·库特等	Gerard M. Koot	42.00	2010	978-7-300-11926-7
24	利息与价格——货币政策理论基础	迈克尔·伍德福德	Michael Woodford	68.00	2010	978-7-300-11661-7
25	理解资本主义:竞争、统制与变革(第三版)	塞缪尔·鲍尔斯等	Samuel Bowles	66.00	2010	978-7-300-11596-2
26	递归宏观经济理论(第二版)	扬奎斯特 萨金特	Lars Ljungqvist	79.00	2010	978-7-300-11595-5
27	数理经济学(第二版)	高山晟		69.00	2009	978-7-300-10860-5
28	时间序列分析——单变量和多变量方法(第二版)	魏武雄	William W. S. Wei	65.00	2009	978-7-300-10313-6

经济科学译库

序号	书名	作者	Author	单价	出版年份	ISBN
29	经济理论的回顾(第五版)	马克·布劳格	Mark Blang	78.00	2009	978-7-300-10173-6
30	策略博弈(第二版)	阿维纳什·迪克西特等	Avinash K. Dixit	65.00	2009	978-7-300-10135-4
31	税收筹划原理——经营和投资规划的税收原则(第十一版)	萨莉·M·琼斯等	Sally M. Jones	49.90	2008	978-7-300-09333-8
32	剑桥美国经济史(第一卷):殖民地时期	斯坦利·L·恩格尔曼等	Stanley L·Engerman	48.00	2008	978-7-300-08254-7
33	剑桥美国经济史(第二卷):漫长的19世纪	斯坦利·L·恩格尔曼等	Stanley L·Engerman	88.00	2008	978-7-300-09394-9
34	剑桥美国经济史(第三卷):20世纪	斯坦利·L·恩格尔曼等	Stanley L·Engerman	98.00	2008	978-7-300-09395-6
35	《宏观经济学》学生指导和练习册——与曼昆《宏观经济学》(第五版)相配套	罗杰·T·考夫曼	Roger T. Kaufman	49.00	2007	978-7-300-08793-1
36	管理者经济学	保罗·G·法尔汉	Paul G. Farnham	68.00	2007	978-7-300-08768-9
37	组织的经济学与管理学:协调、激励与策略	乔治·亨德里克斯	George Hendrikse	58.00	2007	978-7-300-08113-7
38	横截面与面板数据的经济计量分析	J. M. 伍德里奇	Jeffrey M. Wooldridge	68.00	2007	978-7-300-08090-1
39	微观经济学:行为,制度和演化	萨缪·鲍尔斯	Saumuel Bowles	58.00	2007	7-300-07170-8
40	统计学:在经济和管理中的应用(第六版)	凯勒	Keller	88.00	2007	7-300-07742-0

金融学译丛

序号	书名	作者	Author	单价	出版年份	ISBN
1	资本市场:机构与工具(第四版)	弗兰克·J·法博齐	Frank J. Fabozzi	85.00	2011	978-7-300-13828-2
2	衍生品市场(第二版)	罗伯特·L·麦克唐纳	Robert L. McDonald	98.00	2011	978-7-300-13130-6
3	债券市场:分析与策略(第七版)	弗兰克·J·法博齐	Frank J. Fabozzi	89.00	2011	978-7-300-13081-1
4	跨国金融原理(第三版)	迈克尔·H·莫菲特等	Michael H. Moffett	78.00	2011	978-7-300-12781-1
5	风险管理与保险原理(第十版)	乔治·E·瑞达	George E. Rejda	95.00	2010	978-7-300-12739-2
6	兼并、收购和公司重组(第四版)	帕特里克·A·高根	Patrick A. Gaughan	69.00	2010	978-7-300-12465-0
7	个人理财(第四版)	阿瑟·J·基翁	Athur J. Keown	79.00	2010	978-7-300-11787-4
8	统计与金融	戴维·鲁珀特	David Ruppert	48.00	2010	978-7-300-11547-4
9	国际投资(第六版)	布鲁诺·索尔尼克等	Bruno Solnik	62.00	2010	978-7-300-11289-3
10	财务报表分析(第三版)	马丁·弗里德森	Martin Fridson	35.00	2010	978-7-300-11290-9
11	财务管理原理(第11版)	劳伦斯·J·吉特曼	Lawrence J. Gitman	89.00	2009	978-7-300-08789-4
12	银行风险管理(第二版)	乔尔·贝西斯	Joel Bessis	86.00	2009	978-7-300-11135-3
13	金融机构、金融工具和金融市场(第四版)	克里斯托弗·瓦伊尼	Christopher Viney	89.00	2008	978-7-300-09348-2
14	投资学导论(第七版)	赫伯特·B·梅奥	Herbert B. Mayo	118.00	2008	978-7-300-09116-7
15	国际金融(第二版)	爱默德·A·穆萨	Imad A. Moosa	70.00	2008	978-7-300-09009-2
16	现代投资管理——一种均衡方法	鲍勃·李特曼	Bob Litterman	68.00	2007	978-7-300-08339-1

Damodar N. Gujarati, Dawn C. Porter
Student Solutions Manual of Basic Econometrics, 5e
0-07-337577-2

北京市版权局著作权合同登记号：01-2012-3648

图书在版编目（CIP）数据

《计量经济学基础》（第五版）学生习题解答手册/古扎拉蒂，波特编；费剑平，王俊杰译. —北京：中国人民大学出版社，2012.6

“十三五”国家重点出版物出版规划项目

（经济科学译丛）

ISBN 978-7-300-15091-8

Ⅰ. ①计… Ⅱ. ①古… ②波… ③费… ④王… Ⅲ. ①计量经济学-高等学校-教学参考资料 Ⅳ. ①F224.0

中国版本图书馆 CIP 数据核字（2011）第 278718 号

“十三五”国家重点出版物出版规划项目

经济科学译丛

《计量经济学基础》（第五版）学生习题解答手册

达摩达尔·N·古扎拉蒂
唐·C·波特 编

林少宫 校

费剑平 王俊杰 译

Jiliang Jingjixue Jichu Xuesheng Xiti Jieda Shouce

出版发行	中国人民大学出版社		
社　　址	北京中关村大街 31 号	**邮政编码**	100080
电　　话	010－62511242（总编室）		010－62511770（质管部）
	010－82501766（邮购部）		010－62514148（门市部）
	010－62515195（发行公司）		010－62515275（盗版举报）
网　　址	http://www.crup.com.cn		
经　　销	新华书店		
印　　刷	涿州市星河印刷有限公司		
规　　格	185 mm×260 mm 16 开本	**版　　次**	2012 年 6 月第 1 版
印　　张	12.5 插页 2	**印　　次**	2023 年 2 月第 11 次印刷
字　　数	260 000	**定　　价**	32.00 元

教师反馈表

麦格劳-希尔教育集团（McGraw-Hill Education）是全球领先的教育资源与数字化解决方案提供商。为了更好地提供教学服务，提升教学质量，麦格劳-希尔教师服务中心于2003年在京成立。在您确认将本书作为指定教材后，请填好以下表格并经系主任签字盖章后返回我们（或联系我们索要电子版），我们将免费向您提供相应的教学辅助资源。如果您需要订购或参阅本书的英文原版，我们也将竭诚为您服务。

★ 基本信息					
姓		名		性别	
学校			院系		
职称			职务		
办公电话			家庭电话		
手机			电子邮箱		
通信地址及邮编					

★ 课程信息					
主讲课程一1		课程性质		学生年级	
学生人数		授课语言		学时数	
开课日期		学期数		教材决策者	
教材名称、作者、出版社					

★ 教师需求及建议			
提供配套教学课件（请注明作者/书名/版次）			
推荐教材 （请注明感兴趣领域或相关信息）			
其他需求			
意见和建议（图书和服务）			
是否需要最新图书信息	是、否	系主任签字/盖章	
是否有翻译意愿	是、否		

McGraw Hill Education | Higher Education

教师服务热线：800-810-1936

教师服务信箱：instructorchina@mheducation. com

网址：www. mheducation. com

麦格劳-希尔教育教师服务中心

地址：北京市东城区北三环东路36号环球贸易中心A座702室教师服务中心　100013

电话：010-57997600

传真：010 59575582